悄悄是
归来的
笙箫

徐志摩 传

晓松溪月 著

团结出版社
UNITY PRESS

图书在版编目（ＣＩＰ）数据

悄悄是归来的笙箫：徐志摩传 / 晓松溪月著 . —
北京：团结出版社，2023.3
ISBN 978-7-5126-9357-9

Ⅰ.①悄… Ⅱ.①晓… Ⅲ.①徐志摩（1896-1931）
－传记 Ⅳ.① K825.6

中国版本图书馆 CIP 数据核字 (2022) 第 047295 号

出　版：团结出版社
　　　　（北京市东城区东皇城根南街 84 号　邮编：100006）
电　话：（010）65228880　65244790（出版社）
　　　　（010）65238766　85113874　65133603（发行部）
　　　　（010）65133603（邮购）
网　址：http://www.tjpress.com
E-mail：zb65244790@vip.163.com
　　　　tjcbsfxb@163.com（发行部邮购）
经　销：全国新华书店
印　装：三河市东方印刷有限公司

开　本：160mm×230mm　16 开
印　张：16.5
字　数：214 千字
版　次：2023 年 3 月　第 1 版
印　次：2023 年 3 月　第 1 次印刷

书　号：978-7-5126-9357-9
定　价：59.00 元
　　　　（版权所属，盗版必究）

序

　　莎士比亚（Shakespeare）曾有一句名言："一千个读者眼中就会有一千个哈姆雷特。"意思是说，每个立场不同的人都可以在《Hamlets》（《哈姆雷特》）这本书里看出完全不同的意境。

　　如果把这句话套用到诗人徐志摩身上，似乎也无有不适。

　　令人欣慰的是，在办徐志摩纪念馆近六年来，我们接待最多的，是来自全国各地的许多年长的大学者、大教授、大编辑和大艺术家们，其中还有多位与徐志摩同时代名人的后裔，还接待过多位中国科学院和中国工程院的院士。他们对徐志摩为人为文的高度评价，常常给予我无穷的力量。

　　相比短暂的三十四岁人生，徐志摩的各种文体的传记应该是现当代文学家中最多的少数几位之一。仅徐州工程学院蒋成德教授《近三十年徐志摩传记作品述评》一文中列举的就有 52 种之多。在该书中，作者坦率地表达了他对这些徐志摩传记作品的看法，有赞有弹，并不无遗憾地指出：从研究来看，或述其生平经历，或铺张其风流情事，而于徐志摩的思想则探索得不够。虽然徐志摩说他的思想不成系统、也难说深刻，

1

但徐志摩一开始学的是政治，其理想是做一个中国的"汉密尔顿"（美国政治家）。他在留学时，因热衷社会主义而被人称为"鲍雪维克"（即布尔什维克），连所写的硕士论文也是《论中国妇女的地位》。后来到英国是为了"从罗素"研究哲学；即使走上诗坛而于政治也是非常热心。他虽然没有像胡适那样参与政治活动或从政，但"他的政治意识非常浓烈"（茅盾语）。他的政治观——民主思想，社会观——自由主义，伦理道德观——人道主义，文艺观——浪漫主义，以及他的整个一生悲剧的理想主义，很少有人去做认真地、深入地挖掘与研究。徐志摩是中国现代文学史上与外国思想家和作家交流最多、最密切的一个诗人，这方面知之者也只说其一般交往，而很少从思想上、文化上、心理上、创作上做更进一步的探究，研究的范围既不宽，更难说有深度。

蒋成德先生还引用了著名学者梁锡华先生早在数十年前就说过的这么两句话："徐志摩比其他同时期的作家，似乎拥有更多的读者。""世界该有志摩这一类人，但可惜太少。"并说"徐志摩无论是在社会政治上，在婚恋爱情上，还是在文艺创作上都是一个努力追求'爱、自由、美'的理想主义者，这种理想又是悲剧的，就更易引人同情。徐志摩有他的人格魅力。……相信徐志摩还会继续受人喜爱，受人关注，而徐志摩研究及徐志摩传记作品的出版还会持续下去。"

是的，在徐志摩热一热再热的今天，徐志摩研究及徐志摩传记作品的出版方兴未艾，写作《徐志摩传》的作者队伍似乎也增加了不少年轻学者进来，本书作者"晓松溪月"就是一位90后苏州大学的在读博士生，是颇受年轻人喜爱的青年作家，在他短短十年的创作生涯中，已为古今多位文化名人写作过传记，并受到众多年轻读者的极大关注。今年1月24日，山东"摩友"朱恩强先生给我发来此书及作者的简介，说应作者之请故而致电，嘱我为此书写一篇序文。我闻言颇为惴惴，盖因我既非徐志摩研究的专家，也算不得一位作家。无奈，与朱恩强先生相交已多年，实难推却，后又与作者做了许多交流，深为其热诚所感动。是以只好硬着头皮冒昧为文，略作阐述罢。

不禁想起我的老师叶泽民先生当年赠送给我三册台湾版的《小脚与西服》一书时曾说过的一句话："书是随他写，读则由我读。"并竖起大拇指盛赞徐志摩先生"了不起"，说他"热情、天真、纯洁、善良，是一位大大的好人"！

电视连续剧《人间四月天》曾因对剧中人物有失实描述而引发争议，但我们不能不承认这部电视剧对多位剧中人物重回大众视野的极大影响力。新冠疫情发生前已经连续14年在每年的11月19日（诗人遇难日）赶到海宁为徐志摩扫墓的著名香港"摩友"安娜女士曾坦言，就是看了这部电视剧之后才发现徐志摩并不由自主地爱上他的，她每次都会捧着鲜花、带着红酒从沪杭线上坐火车来，在墓碑前静静地和她的"达令"（安娜女士对诗人的爱称）对饮，并给他烧去一封她自己手书的亲笔信（即她所谓的"情书"）。她说，他（徐志摩）一定会很开心的。

我自己也曾从凡尼、晓春所著的《徐志摩：人和诗》一书中得到最多的"爱、自由与美"的滋养，成了一名不折不扣的徐志摩粉丝（现在大多把我们这类粉丝称作"摩友")。那么，晓松溪月这部《悄悄是归来的笙箫：徐志摩传》的出版，或许也能再一次在极其广大的年轻读者群中种下更多"爱、自由与美"的种子，催生出更多对徐志摩先生尊敬有加、向往其"纯洁、天真，热情、善良"的"摩友"来。倘若真能如此，岂非大功德一件？

我热切地期盼着，权以为序。

罗烈弘

2022 年 6 月 1 日 于杭州徐志摩纪念馆

自 序

　　他深信理想的人生必须有爱，必须有自由，必须有美；他深信这种三位一体的人生是可以追求的，至少是可以用纯洁的心血培养出来的。——我们若从这个观点来观察志摩的一生，他这十年中的一切行为就全可以了解了。①

——胡适

　　志摩的最动人的特点，是他那不可信的纯净的天真，对他的理想的愚诚，对艺术欣赏的认真，体会情感的切实，全是难能可贵到极点。②

——林徽因

　　徐志摩（1897 年 1 月 15 日—1931 年 11 月 19 日），原名章垿，字槱森，留学美国之前改名志摩。我们对他印象最深的称谓，是散文家、新月派诗人、新月诗社成员等。

---

① 胡适：《南游杂忆》，出版发行：吉林出版集团股份有限公司，2018 年版，第 160 页。
② 林徽因：《你是人间四月天》，煤炭工业出版社，2017 年版，第 7 页。

当然，除此之外，坊间对他的情感生活也极为关注。尤其他与林徽因、张幼仪和陆小曼之间的爱情纠葛，曾是人们茶余饭后的谈资。

本书的写作主旨是尽可能还原一个真实的徐志摩。他的热情，他的浪漫，他的愚诚，他的理想主义，他的天真，他的开放包容……这一切，全都浓缩在了这本小书之中。相反，有关他的情感话题，则尽可能做了减法处理——这主要是希望大家把焦点凝聚在他的成就上面。

徐志摩从小就是一个头脑聪明且多动爱玩的学生。他不是一个书呆子，不会一心只坠入汪洋书海，从而不闻天下趣事乐事。恰恰相反，徐志摩感兴趣的内容非常之多。

看到梁启超发表了《论小说与群治之关系》，他紧跟着模仿任公之笔韵，写下一篇《论小说与社会之关系》，这是徐志摩对文学的再思考与辩论；看到爱因斯坦发表了相对论，他立即参考了六部出版于1920年的英文文献，挥笔写下《安斯坦相对主义》一文，这是徐志摩对物理学科的认知与广采博纳；看到居里夫人发现镭的新闻后，他很快写下一篇名为《镭锭与地球之历史》的文章，热烈表达了他对化学学科和天文知识的看法……

徐志摩的爱好也极为广泛。他喜欢踢足球，曾发起组织过足球队。他还喜欢戏剧、绘画、音乐等。据朋友们回忆，徐志摩经常在家里唱杨小楼的京剧段子，足可见他对京戏的热爱。

这样一位天选之子也不负众望，先后就读于上海沪江大学、天津北洋大学和北京大学。1918年赴美国克拉克大学学习银行学，十个月即获得学士学位，并获得一等荣誉奖；同年转入纽约的哥伦比亚大学研究院，进修经济学，随后获得硕士学位；1921年赴英国留学，成为剑桥大学的特别生，研究政治经济学。虽然没有如愿获得博士学位，但在那个年代也算得上是一位学贯中西的学者了。归国后，徐志摩又在北京大学、光华大学、大夏大学、南京大学、东吴大学等任过教。徐志摩有一堆名号响亮的朋友和师长，诸如梁启超、梁思成、林徽因、金岳霖、蔓殊菲儿、罗素、胡适、郁达夫、梁实秋、泰戈尔，等等。

有人说，徐志摩是依仗殷实的家底和强大的人脉，才走向了人生的巅峰。但是，翻阅史料就不难发现，无论是中学时代，还是留学在外时期，如果没有自身不懈的努力和过硬的学识，绝不可能成就后来的徐志摩。家境和人脉只是他步入社会的敲门砖，才华和努力，外加理想主义的执念，才是成就徐志摩的秘钥。再退一步而言，一个能被时代念念不忘的人，也绝不会是一个只有艳情秘史的无用之人。徐志摩的价值和贡献，值得我们后世之人好好评估和发掘。

杭州徐志摩纪念馆馆长、"摩粉"罗烈弘先生欣然为本书作序。罗先生致力于推广徐志摩文化多年，深谙徐志摩的旧事旧迹，为本书的写作提供了诸多史料和有价值的建议，在此谨表示诚挚的谢忱。

谨以此书献给热爱徐志摩、热爱中国文学、热爱传统文化，并且心中盛着浪漫主义和理想主义的朋友们，愿每个人都能找到属于自己的信仰之花。

目　录

1

第一章

星河里的硖石

第一节　没有记忆的童年

遥望漫长而幽邃的历史长河，早在秦郡天下之时，就曾在峡石置县，"峡石"之名，始见于此。唐永徽六年（655 年），因东、西两山隔村相望，夹水迤逦，故而易名为硖石。

明代正德年间，徐氏始迁祖徐松亭来硖石经商，后来世代长居住于此，繁衍子嗣，广置产业，建屋筑舍，逐渐成为硖石的名门望族。

而谈及硖石众多名人，一定绕不开徐志摩。

徐志摩出生于清光绪二十三年十二月十三日（1897 年 1 月 15 日）[①] 酉时，大约是下午 5 时至 7 时之间，鸡开始归巢之时。

白居易在《醉歌》中云："黄鸡催晓丑时鸣，白日催年酉前没。"因此，酉时也被叫作日入。此时正值天色已黑的严冬，即便不下雪也一样能感受到凛冽的寒风和南方独有的湿冷。

徐志摩降生在保宁坊的一家四进深的院落里，吴其昌在《志摩在家乡》一文中曾这样描述徐志摩出生的那间房子："两家的老厅，一样的旧，一样的黑，一样的古老，一样的'马头墙''四开柱''砺壳窗'，一样的经过'长毛'而没有毁。'地坪砖'照例是破碎了，听说是因为'长毛'屯军时候的劈柴。厅前的'天井'，规矩是扁长的，两边不是两株桂花，就是紫荆；要不然，山茶也行。……'徐慎思堂'，虽然是志摩老家的老厅，因为它资格'老'的缘故，不免于黑而且旧，有事还要挂上

---

① 有关徐志摩的出生时间，学界有 1895 年、1896 年和 1897 年三种说法，黄立安和肖百容两位学者经过考证，断定徐志摩出生于公历 1897 年 1 月 15 日，本文采用了这个说法。参见文章：黄立安、肖百容：《徐志摩生年亟待明确》，《中国文学研究》2011 年第 1 期。

'货栈'的兼职；货件的旁角，谁能保得住不给老妈子放几个鸡箱？而黑漆的'四开柱'上，有时既然攀上麻绳，'长年老伯伯'偶然晒一双布袜，或裤子，也不能算为奇事。然而，一幢一幢的内厅，我可以赌咒决不如此，全都是'金漆金光''高厅大屋'。"①

徐志摩出生的这一年，他的父亲徐申如刚好二十五岁，母亲钱慕英二十三岁，两个人正当最好的年华。不久前，徐申如刚与友人合股创办了硖石第一家钱庄——裕通钱庄，生意还算兴隆，日子也蒸蒸日上。

徐申如在族谱中排行老七，人称"老七爷"，生得头大、身大、手大、脚大。因为近视，戴着一副黑边眼镜，看上去斯斯文文，颇有教书先生的模样。

长子的出生，令徐申如十分欣悦，他当即按照族谱给徐志摩取名章垿，字槱森，后来想到自己是同治十一年（壬申年）出生而取名申如，而今又是个带"申"字的年头，就给徐志摩起了乳名幼申。

有关徐志摩三岁前的故事，海宁硖石籍作家顾永棣在《风流诗人徐志摩》一书中描述过一个传说，为徐志摩的生平增添了一抹神秘的色彩：

> 周岁那天举家庆贺，按江南风俗，周岁称"睟盘之喜"。……突然闯进来一个名叫志恢的和尚，自称能摸骨算命，预知未来。他在志摩头上抚摸一遍后说："此子系麒麟再生，将来必成大器。"这一捧场，正击中了徐申如望子成龙的下怀。因为他家虽富裕，但富而不贵。②

"此子系麒麟再生，将来必成大器"，短短十三个字的评语，也许深深戳中了徐申如的心——虽然大家都知道，这不过是法师想讨个吉利才说的恭维话。

---

① 金庸等著：《旧梦——表弟眼中的徐志摩》，江西教育出版社，2017年版，第79页。
② 顾永棣著：《风流诗人徐志摩》，四川文艺出版社，1988年版，第4页。

对徐申如来说，富而不贵的生活困境，一直以来都是他心口的伤疤。

古人云，"士农工商"，"商"位于末，就算他把家族产业经营得再好，如果家族中无人入仕，就无法跻身社会名流之列。

这种学而优则仕的心理萌芽，无论是对于徐志摩的成长，还是潜移默化的教育，都起着十分重要的助推作用。

徐章垿正式改名为徐志摩是二十一岁之后的事。

那时他准备赴美留学，徐申如也许想起了志恢和尚的话，就给他改字为"志摩"，大概有志恢法师抚摩之意。

后来也有人说是受到梁启超的影响。因为梁启超推崇墨子，故而有了志摩之名的由来。不管是哪种情况，都只是揣测，我们后人只能用一种看似合理的方式来分析罢了。

徐志摩周岁这年，正值清末时期，举国上下很不太平，目之所及的是耻辱和斗争。

1898 年 3 月 27 日，清政府与沙俄签订了《旅大租地条约》；4 月 14 日，清政府与美国签订了《粤汉铁路借款合同》；4 月，法国强占广东遂溪县的海头汛，然后向东西两边的内地扩张，这为中法签订《中法互订广州湾租界条约》埋下了伏笔；5 月，清政府与沙俄在圣彼得堡签订了《续订旅大租地条约》六款；6 月 9 日，清政府与英国签订了《展拓香港界址专条》……

一个个丧权辱国的条约就像在一块块地剜人的肉，帝国主义正在一点点蚕食中国的大好河山，麻木而不自知的清政府只会一步步地退让，一步步把历史钉在耻辱柱上。

这一年，比徐申如小一岁，也是后来成为徐志摩恩师的梁启超，眼见国土危机，天下动荡，遂联合康有为等维新人士，拉开了一场浩浩荡荡的政治改革运动——百日维新。

这场运动不仅是一场政治活动，还是一次很深刻的思想启蒙运动，"鼓民力""开民智""新民德"等思潮在中华大地上滋长着。

如此炙热的思潮，就像大火燃烧着腐朽堕落的封建王朝，也为中国的知识分子们撕开了一片崭新的思想解放的天地。

徐志摩正是沐浴到了恩师等先辈送来的春风，待到长大成人之后，才能在大浪滔天的岁月里寻觅到自由和纵脱。即便粉身碎骨，也要追逐心中的那一丝崇奉。

当然，孩提时的徐志摩，还没有这么深刻的思想。他只是用一双孩童的眼睛，观望着这座大厦将倾的封建王朝。那些零星的回忆，凑成了旧时代里的一卷凄凉的剪影。

徐志摩渐渐长大，从牙牙学语到拥有自己的思想，一晃三四年过去了。这一年他还没有入学，第一位启蒙老师其实是他的佣人家鳞。

在那段时光里，徐志摩跟着这个佣人一起亲近大自然和文学。家鳞在徐家管理菜园和后花园，时常带着徐志摩一块儿干活。

每一株花草，每一寸阳光，每一袭微风，每一只蝴蝶，家鳞总有说不完的相关的话。他犹爱花，花的脾，花的胃，花的颜色，花的种种皆被他描述得绘声绘色：梅花有单瓣双瓣，兰花有荤心素心，山茶花有家有野……

家鳞不仅在无形中影响着徐志摩对大自然的感悟与欣赏，而且还经常给徐志摩讲故事。徐志摩最喜欢听家鳞讲《岳飞传》，自觉比私塾先生所讲的"之乎者也"要有趣很多。

那一段段精忠报国的故事，对于幼时的徐志摩而言，既丰富了想象力与冒险精神，也让他在心底油然而生出一种生命的韧力，以及无所畏惧的抗争精神。

后来家鳞不幸去世，徐志摩曾以他为原型，万分悲痛地写下小说《家德》，纪念这位逝世的老仆人。

然而，人的长大终究伴随着告别。

成长的代价总是遍布着这样的残酷。无论徐志摩多么讨厌"之乎者也"，他也无法改变学习这些枯燥文章的现状。

徐志摩出生于新旧交替的中国，虽然科举制度已被废除，但是旧私塾依然存在，四书五经和八股文章仍然活跃在课堂上。

徐家是硖石大户，自家就有私塾，所以徐志摩五岁就在家塾开始了学业。他的业师孙荫轩先生，是清代诗人孙祖珍的曾孙，海宁同里庆云桥（今海宁市庆云镇）人。孙荫轩是清末秀才，写得一手好字，擅长撰写隶书。

虽然孙荫轩学识颇丰，但徐志摩跟随孙荫轩的学习时光很短。不久，徐志摩又拜了第二位业师查桐轸。查桐轸，字桐荪，同邑袁化镇（今海宁市袁花镇）人，古文功底深厚，学富五车，尤擅医术，是一个特立独行的怪人。

徐志摩长大后提及，查桐轸刚出生时，其父母因为害怕他受冷而没有给他洗浴。此后几十年直到去世，查桐轸也从未洗过一次澡。查桐轸平时不刷牙，不洗头，擦脸也很少，简直像极了魏晋时期的嵇康。

徐志摩早年写过的一篇札记里，除了生动地检讨自己的错误，还这样提到了查桐轸："生平病一懒字。母亲无日不以为言，几乎把一生懒了过去，从今打起精神，以杀懒虫，减懒气第一桩要事。因懒而散漫，美其称曰落拓，余父母皆勤而能励，儿子何以懒散若是，岂查桐荪先生之遗教邪！"[1]

由此可见，查先生的确是一位特立独行的老师。他不太注重自身打扮，更多的是在学养上异于常人。在没有到新式学堂求学之前，徐志摩跟着这样的先生学习，倒是一段很有意思的时光。

---

[1] 徐志摩著：《徐志摩全集》第8卷，上海书店，1995年版，第12页。

徐志摩对那段时光格外怀念，他在《雨后虹》这篇文章里，很生动地记录下了那些旧事：

我记得儿时在家塾中读书，最爱夏天的打阵。塾前是一个方形铺石的"天井"，其中有石砌的金鱼潭，周围杂生花草，几个积水的大缸，几盆应时的鲜花——这是我们的"大花园"。南边的夏天下午，蒸热得厉害，全靠傍晚一阵雷雨，来驱散暑气。

黄昏时满天星出，凉风透院，我常常袒胸跣足和姊嫂兄弟婢仆杂坐在门口"风头里"，随便谈笑，随便歌唱，算是绝大的快乐。但在白天不论天热得连气都转不过来，可怜的"读书官官"们，还是照常临帖习字，高喊着"黄鸟黄鸟"，"不亦说乎"；虽则手里一把大蒲扇，不住地扇动，满须满腋的汗，依旧蒸炉似透发，先生亦还是照常抽他的大烟，哼他的"清平乐府"。

在这样烦溽的时候，对面四丈高白墙上的日影忽然隐息，清朗的天上忽然满布了乌云，花园里的水缸盆景，也沉静暗澹，仿佛等候什么重大的消息，书房里的光线也渐渐减淡，直到先生榻上那只烟灯，原来只像一磷鬼火，大放光明，满屋子里的书桌，墙上的字画，天花板上挂的方玻璃灯，都像变了形，怪可怕的。

突然一股尖劲的凉风，穿透了重闷的空气，从窗外吹进房来，吹得我们毛骨悚然，满身腻烦的汗，几乎结冰，这感觉又痛快又难过；但我们那时的注意，却不在身体上，而在这凶兆所预告的大变，我们新学得的什么洪水泛滥、混沌、天翻地覆、皇天震怒等等字句，立刻在我们小脑子的内库里跳了出来，益发引起孩子们：只望烟头起的本性。我们在这阴迷的时刻，往往相顾悍然，热性放开，大噪狂读，身子也狂摇得连坐椅都碌格作响。[1]

---

[1]　徐志摩著，王任主编：《徐志摩精选集》，齐鲁书社，2016年版，第99页。

　　这时的徐志摩相当惬意。平凡而自由的人生小事，美丽而富有画面感的时光滤镜，一起构成了最浪漫的童年记忆。

　　1907 年，硖石开办了一所叫开智学堂的新式学校。徐志摩离开家塾以后，便到这里读书。他头脑灵活，学习也刻苦，每次都能考全班第一，久而久之便有了"神童"的美誉。

　　这个时期，徐志摩的老师叫张仲梧，字树森，功名为乡试副榜。张仲梧擅长书法，为人也恭正严谨，一时与程宗伊齐名，还著有《子庐诗存》。他在当地教书颇有名望，吴其昌、吴世昌等名人都是他的学生。

　　吴其昌在《志摩在家乡》一文中，有关于张仲梧的记录："张先生长方脸，结实身子，浓眉毛，两只眼睛炯炯有光，常常吓得孩子们心里别别乱跳，又是一位桐城古文家，读一句'……乎''……耶'的文章，那尾音拖至二分钟以上——我敢罚咒说：就是听龚云甫唱戏，也没有听张先生念书那么好听……张先生古文的高足，前后应该有三位：第一位一致的推戴志摩。第二位，是轮到许葆国先生。第三位，他们听说是我……至于志摩少年之擅长桐城古文的这个秘密，恐怕由我造孽，刚才揭开吧？"[①]

　　不难看出，少年时期的徐志摩古文功底相当深厚。在张仲梧的谆谆教导之下，徐志摩已展现出了过人的文学天赋。他于 1909 年写过一篇名叫《论哥舒翰潼关之败》的古文，我们不妨摘录片段赏析一番：

　　……夫禄山甫叛，而河北二十四郡，望风瓦解，其势不可谓不盛，其锋不可谓不锐。乘胜渡河，鼓行而西，岂有以壮健勇猛之师，骤变而为羸弱顽疲之卒哉？其匿精锐以示弱，是冒顿饵汉高之奸谋也。若以为可败而轻之，适足以中其计耳，其不丧师辱国者鲜矣！欲挫其

———————
① 吴其昌：《志摩在家乡》，载 1931 年 12 月 12 日《北平晨报·学园》。

锐，非深沟高垒，坚壁不出也不可，且贼之千里进攻，利在速战，苟与之坚壁相持，则贼计易穷。幸而潼关天险，西连京师，粮运既易，形势又得，据此以待援军之集，贼粮之匮，斯不待战而可困敌也。哥舒之计，诚以逸待劳，而有胜无败之上策也，奈何元（玄）宗昏懦，信任国忠，惑邪说而诅良策，以至于败。故曰：潼关之失实国忠而非哥舒也……①

此文措辞典雅，用字讲究，气势恢宏，倒有几分苏老泉《六国论》煌煌烨烨的神韵。也许那段时间读书太过用功，徐志摩害了近视，家里不得不给他配了一副眼镜。

第二节　少年心比天高

1910年春天，徐志摩顺利从开智学堂毕业。他凭借优异的成绩考入位于大方伯的杭州府中学堂。虽是第一次离家到外求学，但他并非孤独者。

为了给表兄沈淑薇谋个学校，姑丈蒋谨旃便托当时任浙江省咨议局副议长的沈钧儒先生设法给杭州府中学的监督邵伯绚去了一封信。这封信很奏效，不久后表兄沈淑薇便成了徐志摩的学伴。

身边除了有血缘至亲的表兄，徐志摩还意外结识了一个久居乡下的少年郁达夫。当时，郁达夫刚从富阳转入杭州府中。

从乡下到省府城，从布衣粗饭到华衣美看，这个叫郁达夫的少年，心底激荡着新鲜和不可为外人道的恐慌，"同蜗牛似的蜷伏着，连头也不敢

---

① 徐志摩著，韩石山编：《徐志摩散文全编：上》，天津人民出版社，2005年版，第3页。

伸一伸"[1]。

与之相反，徐志摩却是另外一种样子。他天生聪慧，尤爱戏耍，是个就算天天疯玩也一样次次考第一的学霸。

大家每天都能看到他与同学们打打闹闹，嬉笑怒骂，你追我赶。他似乎很享受引起别人注意的感觉，也愿意成为大家关注的焦点。

由于徐志摩、沈淑薇和郁达夫是同寝好友，所以郁达夫对那段时光印象深刻。多年后，他在《志摩的回忆》这篇文章里这般温馨地写道："在同一级同一宿舍里却有两位奇人在跳跃活动……而尤其是那个头大尾巴小（当时幼申长得头大身子小），戴金丝边近视眼镜的玩屁小孩，平时那样的不用功，那样的爱看小说——他平时拿在手里的总是一卷有光纸上印着石印细字的小本子——而考起来或作文起来总是分数得最多的一个。"[2]

这段文字饶有趣味地记录下了徐志摩的中学时光，也为我们勾勒出一个具象的徐志摩形象。告别了传统"四书""五经"的学习，徐志摩开始拥抱数学、物理、化学、英文、地理等新式学科。他依旧是那个品学兼优的孩子，每次期终考试总能考年级第一名。

杭州府中有个传统的校规，如果学生次次考第一，就可荣任年级长。徐志摩因而长期担任年级长，一时风光无限。

读书期间，徐志摩的性情洒脱不羁，迅速聚拢了一众好友，其中就有董任坚、姜立夫、郑午昌、郁达夫等后来的名流们。

徐志摩是幸运的，他赶上了一个相对宽松的求学环境。因为就在1909年的冬天，在距离杭州府中不远的浙江两级师范学堂，曾经爆发过一场激烈的师生请愿运动。

---

[1] 郁达夫著：《郁达夫全集》第3卷，浙江文艺出版社，1992年版，第147页。

[2] 郁达夫著：《郁达夫全集》第3卷，浙江文艺出版社，1992年版，第148页。

当时，浙江教育总会会长兼浙江两级师范学堂监督夏震武，公然主张尊孔读经。他鄙视科学，很快就遭到了许寿裳、鲁迅等教员们的强烈反对。于是，师生们以集体罢教的方式逼他辞职。这场轰轰烈烈的学潮运动，以师生们的胜利而结束。

如此大事，撼动了整个杭州乃至浙江的教育界。自那而后，无数科学、民主、自由等思潮的种子被"裹挟"进了中学教育，仿佛细密的春雨浇灌进了徐志摩的心里。

一年以后，历史的大舞台再次给徐志摩带来了新的契机。1911 年秋，随着武昌的一阵枪声响起，中国这条昏昏欲睡的东方巨龙，开始缓缓地苏醒。

辛亥革命爆发，起义军很快掌控了武汉三镇。黎元洪被推举为都督，改国号为中华民国，并号召各省民众起义响应辛亥革命。

一场轰轰烈烈的革命在中华大地上燃烧起来，一段救亡图存的历史也拉开帷幕。国家不太平，杭州府中不得不被迫停课，徐志摩也因此回了硖石自修。

虽是十四岁的青春年纪，但徐志摩耳濡目染了许多革命事迹，心底已暗暗滋生出了不便与外人道的崇高理想。

徐志摩不再跟同龄人打打闹闹，虚妄度日，而是渐渐找到了自己的人生目标——成为一个在文学上有建树的人。

在徐志摩的眼中，梁任公先生是以文载道、匡救世人的先驱。他希望像梁任公一样写出能有益于世的文章。于是，他的文章开始刊印在学堂的报纸上，文学之路渐渐有了起色。

1912 年春，杭州府中更名为杭州第一中学，并且陆续安排停课的学生们入学，徐志摩因此迎来了回校读书的机会。

这是崭新的一年。

　　经过辛亥革命，全国的面貌焕然一新，自上而下席卷起热烈、澎湃的新思潮解放运动，徐志摩也置身这场求新求变的社会改良风潮中。

　　徐志摩最崇拜的人依然没有变过，还是那位参与过维新变法的梁启超。

　　当得知时任保定军校校长的同乡和父执蒋百里曾拜师梁启超的事情后，徐志摩只要有空就会去请教蒋百里。有时探讨政治改良观点，有时讨教学术问题。

　　那时，徐志摩最佩服的是梁启超有关文艺与政治关系主张的论述。是年，徐志摩发表了他的第一篇论文《论小说与社会之关系》，刊登在了杭州一中校刊《友声》的第一期。

　　这篇论文无论是主题还是内容，都能看出来是对梁启超于 1902 年 11 月 14 日所发表的《论小说与群治之关系》一文的阐释与再讨论，可见徐志摩对梁启超思想与观点的认同。

　　梁启超在文章里这样写道："欲新一国之民，不可不先新一国之小说。故欲新道德，必新小说；欲新宗教，必新小说；欲新政治，必新小说；欲新风俗，必新小说；欲新学艺，必新小说；乃至欲新人心，必新人格，必新小说。何以故？小说有不可思议之力支配人道故……故今日欲改良群治，必自小说界革命始！欲新民，必自新小说始。"[①] 这种把"新国民""新道德""新宗教""新政治""新风俗""新学艺""新人格"等思想贯于小说创作的论述，十分吸引徐志摩。

　　徐志摩不仅非常赞同梁启超的观点，还在《论小说与社会之关系》一文中不无热烈地写道："若科学、社会、警世、探险、航海、滑稽等诸小说，概有裨益于社会，请备言之，科学小说，发明新奇，足长科学知

---

① 梁启超著：《中国的沉思：梁启超读本》，内蒙古大学出版社，2008 年版，第 109—112 页。

识；社会小说，则切举社会之陋习积弊，陈其利害，或破除迷信、解释真理、强人民之自治性质、兴社会之改革观念，厥功最伟；警世小说，历述人心之险恶，世事之崎岖，触目刿心，足长涉世经验；探险航海小说，或乘长风，破万里浪，或辟草莱，登最高峰，或探两极，或觅新地，志气坚忍，百折不回，足以养成人民之壮志毅力；至于滑稽小说，虽属小品文字，而藉诙谐以讽世，昔日之方朔髡奴，亦足以怡情适性，解愁破闷。凡诸所述，皆有益小说也，其裨益社会殊非浅鲜，有志改良社会者，宜竭力提倡之。"①

小说本来就是综合性最高的文本，不仅涉及众多关照社会的类型和题材，还能用来表达不同领域的思想与文化态势，并以海纳百川的气魄触及社会生活的方方面面——这是滋养人民心灵与精神的不竭源泉。

徐志摩的这篇文章，既表达了他独到的文学观，也是对梁启超所提出的小说与群治关系命题的再升华。两人此次微妙的思想碰撞，亦为日后的拜师埋下伏笔。

徐志摩不单单是人文科学的拥趸者，也是自然科学的热爱者。《友声》第二期上，他用文言文发表了一篇名叫《镭锭与地球之历史》的论文，文中这样写道："吾人知镭锭存在于地球内，由其不绝崩坏，可得发生热力。然当开尔屏卿计出地球年龄之际，尚未知地球中有镭锭者存，故地球因镭锭而得迟延冷却之期，亦未经计算……"②此文章不仅认可了镭的社会意义，还站在全人类的高度给予了充分的肯定。

不久以后，他又兴致勃勃地写下了《安斯坦相对主义》一文，文中这样简单直接地解释相对论："总而言之，在你身上的眼睛，看东西只见三量，就是'长''高''宽'，再也没有了，你飞的那只眼睛，可非但看

---

① 徐志摩著：《徐志摩全集·8　补编·散文集》，上海书店，1995年版，第3页。
② 徐志摩著，顾永棣编：《徐志摩全集·散文卷》，浙江人民出版社，2015年版，第367页。

见三量，而且看见第四量——就是我们平常看不见的'时间'，也变成量了……"① 爱因斯坦的相对论从逻辑思想上统一了经典物理学，使其成为一个完美的科学体系。徐志摩看到了这一世界科学新成果的价值，也为人类攻克了又一难题而高兴。与此同时，徐志摩还用通俗易懂的话语诠释了相对论原理，实为难得。

这就是博学杂识的徐志摩。在那个新旧思想激烈碰撞的年代，徐志摩已开始把新思潮与传统文化密切地结合在一起。他始终坚持吸纳中西方的双重人文养分，并希望更好地为自己所用——这种兼容并包的性情为他日后的发展奠定了良好的思想基础。

虽说那时的徐志摩渐渐号准了人生方向的脉搏，可他也经历了一次记忆深刻的分别：最好的学伴郁达夫在复校以后就没有回来，而是追随兄长去了日本。

曾几何时，他因遇到了一位文学上志同道合的朋友而开心，彼此可以无所顾忌地秉烛夜谈到天明，何其幸哉！

然而天下没有不散的筵席，谁的一生不都是在错过又重聚的风波里辗转呢？山高水长只是空间上的距离，永远也阻隔不了两个真心相待的友朋。

多年以后，他们均成为中国新文学史上最杰出的作家之一，而从前君子之交淡如水的情谊，也为彼此的文学传奇平添了一抹亮色。

徐志摩或许怎么也不会想到，就在告别挚友郁达夫后不久，他便迎来了一位在他生命里永远擦不去的传奇女子——张幼仪。

1913年春夏之际，宝山县城张宅里，烛光闪烁，十三岁的张幼仪忽然看到四哥张公权一脸兴奋地回到家里。

---

① 徐志摩著，赵遐秋等编：《徐志摩全集·第4卷·散文集（下）》，广西民族出版社，1991年版，第35页。

张公权大张幼仪十一岁，当时已二十四岁，在浙江省都督朱瑞那里担任秘书。通常，他因忙碌而鲜少回家，不知今日为何会早早归来。

张公权这次是专门为张幼仪而来。他兴致勃勃地跟张幼仪说起，几个星期前，他在杭州府中视察，偶然看到了一篇名叫《论小说与社会之关系》的文章，霎时间就被震住了。

张公权万万想不到，一个中学生竟有如此才情和胆略，不仅把梁任公先生的文风模仿得惟妙惟肖，而且措辞高雅又能自成一派。

起初，张公权以为杭州府中人杰地灵，也许很多学生都有这般才情。可他又翻阅了数百份学生的文章，竟再也找不到一篇可与之媲美。

这个人的才情之高，就算是他这个年纪的人，也不由得暗自叹服。此外，此人的书法也劲道十足，一撇一捺皆有力透纸背的豪情与魄力。

单从字迹来看，张公权断定，这是一个意志笃定而且上进的人，他日必能成就一番事业。

说完这些话，张公权话锋一转，语重心长地表示，这个年轻人叫徐章垿，他认为是妹夫的绝佳人选，就问张幼仪是否喜欢。

张幼仪不说喜欢也不说不喜欢，只是脸上飞过赤红的赧色，只怕是想见一见这位才子的样貌。张公权随即把徐志摩的照片拿给她看。

张幼仪第一次看到这个男子的样子：他戴着金丝边眼镜，穿着黑色的西装，面容白皙干净，轮廓棱角分明，尤其那双眼睛里，透着坚毅和清澈。

父亲张润之问她对照片中的人什么看法，张幼仪把相片装进盒子里盖上，小心翼翼地回答："我没意见。"

张公权见妹妹同意了这门婚事，当天夜里就以本名张嘉璈写了一封信，寄给了远在硖石的徐申如。他直截了当地提议，希望八妹张幼仪与徐章垿成婚。

　　信寄出去没多久，徐申如便收到了。在徐申如看来，张家过去还算富有，但到了张幼仪之父张祖泽这一辈就开始中落了，以至于张祖泽带着妻子和儿女搬到南翔县后，不得不靠行医过活，后来又从南翔搬到上海居住。

　　虽说张父的家底不算殷实，按理说配不上他们徐家，可好在生了几个优秀的儿子。

　　二子张君劢，字嘉森，三年前获得政治学学士学位，两年前经殿试被授予翰林院庶吉士，当时在梁启超的安排下，即将赴德入柏林大学攻读政治学博士学位，日后前途不可限量。

　　四子张公权，字嘉璈，1906 年在日本东京庆应大学攻读经济学，1909年回国任邮传部路政司司员，1911 年参加筹建民主党，1913 年担任浙江省都督朱瑞的秘书，也是风头正盛。

　　八子张禹九，字嘉铸，是徐志摩的好友，还曾到家中做过客。

　　这一番知根知底的了解，让徐申如还算满意。徐申如在硖石的生意将来说不定还要张家人关照，此番联姻门当户对，岂有不快之理？于是，徐申如欣然给张嘉璈回了一封信，回信简洁地写道："我徐申如有幸以张嘉璈之妹为媳。"

　　这是一段多么美好的姻缘。双方亲人无不满意，张幼仪小小的少女心事也在悄然盛开，并且憧憬着一段幸福浪漫的婚姻生活。

　　然而，两情须得相悦。如果只是一方动心，而另外一方无感，又怎能叫幸福呢？当张幼仪的照片传到徐志摩的手中时，徐志摩一点也没有表现出激动和羞涩，只是端详了几秒，就把嘴角往下一撇，用极为嫌弃的口吻说道："乡下土包子。"[①]一言罢了，随手把照片丢给了佣人，仿佛丢掉一张无关紧要的废纸。

[①]　张邦梅著，谭佳瑜译：《小脚与西服——张幼仪与徐志摩的家变》，台湾智库文化出版公司，1998 年版，第 69—70 页。

第三节 婚姻与留学

虽说徐志摩并没有看上张幼仪，但这段婚姻到底还是在父母之命媒妁之言的包办下，盛大而奢华地举行了。婚礼举行的日期是 1915 年 12 月 5 日，农历乙卯年十月二十九日。

张家人极为重视这场婚礼。为了撑排面，张父吩咐六子率领专人到欧洲采办嫁妆。传闻张家从欧洲购置的嫁妆异常丰厚，只家具一类，几乎一列火车车厢都塞不进去。六子不得办法，只好从上海雇了一批驳船，才勉强把嫁妆运到了硖石。婚礼的会场在硖石商会，新房是租赁的中宁巷的一座新建楼房。

证婚人是萧山的汤寿潜先生。他是实业家和政治活动家，曾经担任过浙江都督、中国交通总长等职，同时也是晚清立宪派的领袖人物，因争路权和修铁路而名噪一时。汤寿潜曾写过一句遗言："竞利固属小人，贪名亦非佳士"，[①] 足可见此人一片赤子之心。

在这位老先生的祝福下，两个年轻人就这样走到了一起。只不过，他们彼此心里却横亘着不一样的心事。张幼仪沉浸在美好的婚姻生活里，计划着将来照顾丈夫、孝敬公婆，做一个知书达理的好妻子。

徐志摩的心里却盛着别样的打算。早在结婚之前，他就考上了上海浸信会学院，满脑子憧憬着大学生活。徐志摩想飞出去看辽阔的天与地，一颗激情澎湃的心炙热而汹涌。反观张幼仪，只得默默地为他收拾书籍，一个人咽下独守闺房的寂寞。

---

① 浙江省政协文史资料委员会编：《辛亥革命浙江人物谱》，浙江人民出版社，2011 年版，第 278 页。

迈入大学后，徐志摩好学如旧。在这所学校里，他修完了中外历史、中英文学、数学、物理、化学及必修课《圣经》，分数门门在九十分以上。

即便如此，徐志摩仍不觉得欣喜，他还有更高的追求。这个追求，只有更高等的学府才能帮他实现。于是，1916 年秋，徐志摩转入天津北洋大学念法科的预科。

1917 年秋，北洋大学法科并入北京大学，他也随之转入北京大学，并进修了一年的政治学，同时还选修了法文和日文。

多年后，好朋友毛子水曾这样回忆起徐志摩在北大的求学生涯："那时他对于文艺，似乎是很有兴趣的。我记得当时有所谓菊选，大家都纷纷拥戴梅兰芳，结果果然梅兰芳被选为剧界大王。志摩却说，平心而论，当然是杨小楼最好——我头一次去看杨小楼的戏，还是跟他去的——不知志摩的思想后来改变了没有。而我对于中国戏的观念，一直到现在，还受了他那时一句话的影响：我以为如果我们中国的旧戏，有些可看的地方，还是杨小楼好看些。他进预科的第一年，本住锡拉胡同他的亲戚蒋君家中。后来袁氏叛国以后，他的亲戚南返，他就搬到腊库去住。我有时候上他那边去，远远便听见他唱戏的声音了。（大约是学杨小楼的！）他对于网球，也有相当的嗜好，不过兴致不十分浓罢了。"[①]

这一年的北京，袁世凯称帝之梦刚刚破碎，张勋复辟的丑剧也只是刹那光华。与此同时，黎元洪与段祺瑞发生了府院之争，段祺瑞被迫下台。

为重振雄风，段祺瑞便以讨逆之名挑起战争。年轻的徐志摩，亲眼看到了共和与反帝的历史潮流，也相信光明终将战胜黑暗。

---

① 毛子水：《北大求学时代的志摩》，载 1931 年 12 月 8 日《北平晨报·学园》。

　　1918 年，徐志摩的长子在硖石出生，乳名叫阿欢，名积锴。长子出生前，徐志摩刚成家，觉得自己还年轻，还能拼命去闯；长子出生后，他忽然察觉，该考虑立业了。

　　然而，尽管徐志摩在多所学校有过求学经历，可依然觉得心里空落落的。那种感觉，就像一个人身处茫茫寂夜看不到光芒。

　　直到有一天，徐志摩在姑丈蒋谨旃之族弟蒋百里家里，迎来了他人生的一次绝佳机遇。

　　蒋百里，生于光绪八年（1882 年），名方震，字百里，乳名福，中华民国著名军事教育家。他文思颇高，十七岁参加桐乡县"观风题"考试，荣获"超等第一名"，可见其天生之才。

　　平日里，徐志摩习惯称蒋百里为福叔。1918 年夏天，经蒋百里介绍，再加上张君劢的引荐，徐志摩正式拜梁启超为师。蒋百里是梁启超的得意门生，两个人亦师亦友，关系匪浅。

　　早在八九年前，徐志摩就是梁启超的推崇者，而今可以参拜偶像为恩师，自是欣喜若狂。后来，徐志摩在日记中这样写道："读任公先生《新民说》及《德育鉴》，合十稽首，喜惧愧感，一时交集，《石头记》宝玉读宝钗之《螃蟹咏》而曰：'我的也该烧了！'今我读先生文亦曰：'弟子的也该烧了。'"①

　　徐志摩的父亲也异常欣喜。为了支持徐志摩拜师，他特意出了一千块银圆作为贽礼。②徐申如豪掷钱财，既是在为儿子捐一个前程，也有拓展家族人脉之意。

　　后来不久，徐志摩南归准备出洋，一切安置妥当后，徐志摩给梁启超写了一封信表示感谢，其中有一句："首涂之日，奉握金诲，片语提撕，

---

① 陈从周编：《徐志摩年谱》，上海书店，1984 年版，第 11 页。
② 陈从周著：《随宜集》，同济大学出版社，1990 年版，第 157 页。

皆旷可发蒙。"①短短几句话，虽是潦草记录，但也看出梁启超对这位弟子的钟爱。

拜师梁启超以后，徐志摩的学习视野得到了进一步拓展。梁公告诫他，如果还想获得更广的视域，不妨考虑出国留洋。在那时，出国留学主要有两种途径：一是通过政府的选拔考试，用庚子赔款公费留学；二是自费留学。

徐家家大业大，自费留学并不算事。只不过那段时间里，徐志摩的母亲身染恶疾，卧病不起。这种牵挂一直让徐志摩心神不宁，更是无心去留学。

然而，无论事情如何波折，徐志摩那颗一往无前的心始终未变。待母亲身体有所好转，徐志摩的留学生涯也终于开启了。

1918年8月14日，上海十六浦码头上人潮汹涌，徐志摩告别祖母和父母，登上了南京号轮，赴美留学。

十七日后，当轮船行至太平洋上时，徐志摩一时性情大起，情绪激昂地挥下一篇《民国七年八月十四日赴美致亲友书》，文中这样写道：

启行赴美，诸先生即祖饯之，复临送之，其惠于摩者至，抑其期于摩者深矣。

窃闻之，课不出几席者，忧隐于眉睫，足不逾闾里者，知拘于蓬蒿。诸先生于志摩之行也，岂不曰国难方兴，忧心如捣，室如县磬，野无青草，嗟尔青年，维国之宝，慎尔所习，以骇我脑。诚哉，是摩之所以引惕而自励也。

传曰：父母在，不远游。今弃祖国五万里，违父母之养，入异俗之

---

① 徐志摩著：《徐志摩全集》第9卷，上海书店，1999年版，第5页。

域，舍安乐而耽劳苦，固未尝不痛心欲泣，而卒不得已者，将以忍小剧而克大绪也。耻德业之不立，趋恤斯之辛苦，悼邦国之殄瘁，敢恋晨昏之小节，刘子舞剑，良有以也。祖生击楫，岂徒然哉？惟以华夏文物之邦，不能使有志之士，左右逢源，至于跋涉间关，乞他人之糟粕，作无谬之妄想，其亦可悲而可恸矣。

垂髫之年，辄抵掌慷慨，以破浪乘风为人生至乐，今自出海以来，身之所历，目之所触，皆足悲鸣呜咽，不自知涕之何从也，而何有于乐？

…………

幸而有成，亦所以答诸先生期望之心于万一也。

8 月 31 日徐志摩在太平洋舟中记 [1]

虽说还没有到达美国，但徐志摩已了解到中国留学生许多坎坷的故事，大体上看到了我国自戊戌政变以来，青年学子归国后的各种不尽人意。

为了进一步说明这种情况，他还列举了意大利等国家的爱国青年，以及他们为国家民族的兴盛而奔走呼号的感人事迹。徐志摩的爱国之心，拳拳可见。他深刻地明白，当下之中国，国难当头，留学生的任务是寻一剂解救中国的良药。

总而言之，当时的徐志摩已在心间种下一颗种子：他要学习刘子舞剑、祖生击楫的国人精神，即便粉身碎骨，也要挽狂澜于既倒。这一艘船上的同行者，有那年从清华毕业的六十二名公费留学生，还有五十七名自费生。另外，同行者之中，也有未来会搅动国家命运的一批人物，诸如汪兆铭、朱家骅、李济、查良钊、董时、刘叔和、张歆海等人。

南京号从上海吴淞口出发，途经日本横滨，路过美国檀香山，9 月 4日到达旧金山。不久，船只跨过美国大陆，取道芝加哥和纽约，最终抵达

---

[1]　徐志摩著：《徐志摩全集》第 8 卷，上海书店，1999 年版，第 8 页。

马萨诸塞州的克拉克大学。

徐志摩在克拉克大学就读于三年制本科的历史系。宿舍一共五人，徐志摩与同船赶往的李济、董任坚、张道宏、汪心渠合住一间公寓。

1918年10月15日，徐志摩与舍友制定了章程，互相敦促彼此发奋学习，不可堕落。六点准时起床，七点一起"朝会"，之后便是在外勤学、运动健身等，晚上十点半才回寝室。

这期间，徐志摩读到了梁启超所写的《意大利三杰传》，一时激情澎湃，忍不住在日记里写道："读梁先生《意大利三杰传》，而志摩血气之勇始见……向使志摩能持续三杰之意气，而奔迅直前也：则玛志尼志摩也，加里保志摩也，加富尔志摩也。"[①]

起初，徐志摩并不满足克拉克大学的入学要求。直到1919年6月，经过入康乃尔大学夏令班修够了四个学分，并于本年冬天及时毕业，徐志摩这才获得了一等荣誉学位。

此外，徐志摩在夏令班的成绩很好，充分发挥了他的聪明才智。后来，林徽因在《悼志摩》一文中写道："听说有一次康乃尔暑校里一位极严的经济教授还写了信去克拉克大学教授那里恭维他的学生，关于一门很难的功课。"[②] 由此可见，徐志摩的才华应该得到过一些教授的嘉许。然而，这段在克拉克大学的求学时间并不长，只有短短三个学期。我们穿过历史的尘埃，通过查阅徐志摩选修的一些课程，也能一窥他的这段留学生活：

三年历史学课程：

（1）欧洲现代史（半年）

---

① 徐志摩著：《徐志摩全集》第8卷，上海书店，1999年版，第13—14页。
② 梁从诚编：《林徽因文集·文学卷》，百花文艺出版社，1999年版，第9页。

（2）十九世纪欧洲社会政治学（一年）

（3）一七八九年后的国家主义、军国主义、外交及国际政治（一年）

两科经济学课程：

（1）商业管理（半年）

（2）劳工问题（一年）

两科法文课程（共一年半）：

（1）西班牙文（一年）

（2）心理学（半年）

两科社会学（共一年半）①

这些课程的安排时间紧、任务重，普通人只是为了毕业，恐怕都要多耗费些时间学习，更别提挤出时间来发展兴趣爱好了。

徐志摩显然具有极高的学习天赋，他不仅能把课程应付自如，甚至还在业余时间，约上李济、周延鼎、向哲浚等人，于1918年12月21日抵达波士顿，落脚康桥青年会，一起计划参加"中国国防会"。

第二日，一行人来到哈佛大学，游玩途中结识了尹寰枢、万兆芷、陈达迈、陈宏振、吴宓、奚伦、徐允中、梅光迪、赵元任、朱宗焘、唐腴庐等中国留学生。

这些人之中的吴宓还在回忆类文章《徐志摩与雪莱》中记述过与徐志摩的交往："就在那时，我初和志摩认识。一日，有克拉克大学的两位中国学生，来加入国防会；其中一位李济（济之），另一位便是徐章垿，字志摩。照例签名注册之后，大家便畅谈国事和外交政治等。以后还会见过几次，所谈仍不出此范围。"②

---

① 梁锡华著：《徐志摩新传》，台湾联经出版事业公司，1994年第2版，第4—5页。

② 吴宓：《徐志摩与雪莱》，载于1936年3月1日《宇宙风》第12期。

　　这一段插曲开拓了徐志摩的视野和交际圈，并让他把理论知识和学习实践完美地结合在了一起。所以，从克拉克大学毕业以后，徐志摩就进入了哥伦比亚大学经济系攻读硕士学位。

　　然而，这个时候的徐志摩内心极为矛盾，因为有件事一直横亘在他的心间。1920 年 1 月 19 日，徐志摩已到哥伦比亚大学攻读硕士，李济还在克拉克大学求学。徐志摩在给李济的信中写道："我现在想陈请官费。两路进兵——省费及清华半费。"初夏前后，他又给李济写了一封信："我近来做了些中文，关于社会主义，想登《政学丛报》的，抄写得真苦，臂膀也酸了，指头也肿了。几时有个书记官才好。您论文都快完了。真是有您的。我还没有动手，爽性不做也未可知。"①

　　从这里不难看出，徐志摩一直想获得官费或者半官费的留学资格。这倒不是想占一些便宜，而是想证明，自己不是仰仗家财来混学位的人。

第四节　他乡寻知己

　　凭借着这股顽强的劲头，徐志摩于 1920 年 9 月获得了硕士学位，毕业论文是《论中国妇女的地位》，论文的导论这样写道：

　　中国今天的妇女问题几乎是一个至关重要、无所不包的问题。它不但是一个社会、文化、思想的问题，也是一个经济和道德的问题。因为在考虑妇女问题的时候，我们是在考虑着整个人口的一半，它和另外一半紧密相关，并不断对其发挥着难以估量的影响。要了解中国文化，了解它的长处和弱点。它的落后性和进步性，要懂得它当前为了适应新的状况而进

---

① 徐志摩：《徐志摩致李济信函九封》，载于《中国现代文学研究丛刊》，1991 年第 3 期。

行改良和革新的必要，并估量它改革和发展的可能进程，都必须对不同阶段的妇女地位问题进行公平的、仔细的考虑，因为家庭制度是中国社会结构的基础，而且包容了中国的道德准则和政治准则，我们尤其有必要这样做。①

这篇导论很好地诠释了徐志摩对中国妇女问题的清醒认识。他深刻看到了中国妇女问题的落后性与进步性，也相应提出了为适应新的状况而进行改良和革新的想法。

虽说有些看法不一定具有权威性和前瞻性，甚至会被一些人诟病，如香港学者梁锡华就评论他的这篇论文道："这全然是爱国的志摩在洋人面前为中国妇女，也是为中国争面子的一篇文章，其中不少情节都不免有穿凿附会之嫌。从心理学分析，这篇论文在颇大的程度上源于民族自卑感。这种因自卑而转化为自炫自大的情形，在当时的中国留学生中，几乎是普遍性的。"②梁先生的论断尽管有一定可取之处，但也未免有些过于极端化。事实上，徐志摩的论文还是具有一定的客观性的，也有着独到的思考和表达，只是有些地方大抵不够成熟。

除了学业方面稳步前进，徐志摩在生活上也尝试着做一些改变。不知道是出于生活上的窘况，还是因为想体验一下打工的岁月，徐志摩在纽约时，曾经在乔治湖畔打过工。

那是一种在厨房和饭厅来回穿梭的工作。每天不过是整理刀叉碗碟，往返送餐。有时寂寞了，口里哼着小曲，自由地推着小车在轨道上前行。

当然，徐志摩也遇到过翻车的情况，多亏来自西班牙的助手帮他化解

---

① 徐志摩著，顾永棣编：《徐志摩全集·评论集》，浙江人民出版社，2015 年版，第 197 页。
② 梁锡华著：《徐志摩新传》，台湾联经出版事业公司，1994 年第 2 版，第 5 页。

危机，及时把垃圾倒入阴沟里，他才免于被罚，但也因两手被碎屑划破，导致他满手鲜血。

整个硕士生涯也许波折不断，但徐志摩基本上都挺了过来。他原本可以继续在哥伦比亚大学攻读博士学位。一来，他不喜欢固化的研究；二来，他已迷上英国的一位全才大学者罗素。于是，徐志摩果断放弃这次读博机会，一心打算投奔罗素。

罗素是英国的哲学家、数学家、逻辑学家、历史学家、文学家，也是分析哲学的创始人，更是世界和平运动的倡导者和组织者。他出生于曼摩兹郡一个贵族家庭，毕业于剑桥大学三一学院，后来两度在这所大学任教。

徐志摩一早就读过罗素的经典文章，尤其热爱《战争中的公理问题》《社会改造的原则》《政治理论》等社会科学著作，并且被罗素的卓越见识和不凡气概所深深折服。

于是，1920 年 9 月 24 日，徐志摩在结束了硕士生涯后，决心与刘叔和一起乘船前往英国，正式到伦敦剑桥大学研究院攻读博士学位，也希望追随大师罗素学习济世利民的学问。

后来，徐志摩在《我所知道的康桥》一文中写道："我到英国是为要从罗素。罗素来中国时，我已经在美国。他那不确的死耗传到的时候，我真的出眼泪不够，还做悼诗来了。他没有死，我自然高兴。我摆脱了哥伦比亚大博士衔的引诱，买船票过大西洋，想跟这位二十世纪的福禄泰尔（伏尔泰——作者注）认真念一点书去。"[1]

徐志摩对罗素极为推崇，然而两个人似乎缘分未到——当徐志摩从美国来到英国时，罗素恰好从英国前往中国讲学去了，他们就这样互相错过。

---

[1] 徐志摩著：《徐志摩全集》第 4 卷，上海书店，1999 年版，第 135 页。

无法见到罗素，可也总不能在英国空耗，于是徐志摩只好被迫进入伦敦政治经济学院，暂时跟随拉斯基攻读博士学位。

徐志摩是个喜欢热闹的人。到达伦敦以后，他就没有闲下来过。只要有时间，他便去各种饭厅和交集场所会见中外学者。

这期间，徐志摩结识了陈源（通伯）、章士钊、威尔斯、魏雷、卡因等作家和学者。1940 年，魏雷在《欠中国的一笔债》一文中高度评价过徐志摩：

> 以往多年来，中国学生一直在英国接受工业教育。在剑桥大学那一班，大部分来自新加坡；他们当中许多人不能说中文，写就更不用谈了。大战过后，有一位在中国已略有名气的诗人到了剑桥。他似乎是一下子就从中国士子儒雅生活的主流跳进了欧洲的诗人、艺术家和思想家的行列。这个人就是徐志摩。[①]

徐志摩非常乐于交际，尤其喜欢跟学识渊博的人一起交谈。通过魏雷的描述我们不难看出，徐志摩的谈吐一定也让很多学者有所启迪。

这些经历，我们可以从徐志摩的家信里一窥究竟。1920 年 11 月 26日，抵达伦敦不到两个月，徐志摩就在寄给父母的信中分享起他的喜悦：

> 更有一事为大人所乐闻者，即儿自到伦敦以来，顿觉性灵益发开展，求学兴味益深，庶几有成，其在此乎？儿尤喜与英国名士交接，得益倍蓰，真所谓学不完的聪明。儿过一年始觉一年之过去不妥。以前初到美国，回首从前教育如腐朽，到纽约后，回首第一年如虚度，今复悔去年之未算用，大概下半年又是一种进步之表现，要可喜也。[②]

---

① 魏雷，梁锡华译：《欠中国的一笔债》，收入《港台·国外谈中国现代文学作家》，四川文艺出版社，1986 年版，第 232 页。
② 徐志摩著：《徐志摩全集》第 9 卷，上海书店，1999 年版，第 9—10 页。

不难看出，徐志摩对自己的教育和未来发展有着清晰的认识。除了一点点进步，他也时常反省自己。此外，这封信里还透露了张幼仪要去伦敦的讯息：

> 从前纷媳尚不时有短简为慰，比自发心游欧以来，竟亦不复作书。儿实可怜，大人知否？即今纷媳出来事，虽蒙大人慨诺，犹不知何日能来？张奚若言犹在耳，以彼血性，奈何以风波生怯，况冬渡重洋，又极安便哉。如此信到家时，犹未有解决，望大人更以儿意小助奚若，儿切盼其来，非徒为儿媳计也。①

信中提及，张幼仪到伦敦是源于徐申如的安排。关于这件事，张幼仪的侄女张邦梅在《小脚与西服》一书中进行过更为详细的描述：

> 我从不敢问我公婆我能不能到海外去，二哥就说他会帮我问问老爷。老爷到上海谈生意的时候，二哥经常与他碰面。在他们接下来一次碰头的时候，二哥就说："如果徐志摩继续在国外读书，而幼仪留在硖石的话，他们两人的心就要愈分愈开了。"
>
> …………
>
> 徐家决定让我去和徐志摩团聚的时候，我已经读了一年书，但这个决定和我进一步的学业没有一点儿关系。我想，我公婆之所以决定送我出去，是因为他们怀疑徐志摩出了岔子。他放弃哥伦比亚大学的博士学业跑去欧洲，已经让每个人大吃一惊了。他的来信中透露出不安和忧郁，令他的父母感到忧心。②

---

① 徐志摩著：《徐志摩全集》第9卷，上海书店，1999年版，第8—9页。
② （美）张邦梅著，谭家瑜译：《小脚与西服：张幼仪与徐志摩的家变》，黄山书社，2011年版，第101—102页。

　　前文中提到，徐志摩放弃哥伦比亚大学的博士学位，到英国伦敦去深造，主要是为了拜师罗素。可是身在硖石的徐家人，并不知道徐志摩的抱负，也难以理解他为什么这么做，故而很可能怀疑他在外面出了情变。最后安排张幼仪去伦敦，很可能是张、徐两家人商量后做的决定。

　　事实上，两家的揣测也并非空穴来风。徐志摩在剑桥求学的过程中，先是遇到了一位影响自己终生的好友狄更生，后来又经过狄更生的介绍获得了特别生资格，继而到剑桥大学选科听课。可谁也不会想到，就是这样看似平常的事情，意外让徐志摩在伦敦国际联盟协会上结识了林长民和林徽因（原名徽音）父女。如果说从前的交际帮助他拓展了知识和人脉，那这一次的相逢却铸造了徐志摩一生的牵绊和纠葛。

　　林长民字宗孟，幼名则泽，福建闽侯人，清末民初著名的政治家、外交家、教育家和书法家。宣统元年（1909 年），林长民任福建官立法政学堂教务长兼咨议局书记长，1920 年与梁启超等倡导组建讲学社。

　　1920 年，巴黎和会通过了"国际联盟"组织章程，林长民和蔡元培等积极响应，主张成立中国的"国际联盟同志会"。不久，林长民被推举为理事，并以首席代表的身份自英国前往意大利出席世界"国联会议"。

　　1920 年 8 月 7 日，林徽因跟随父亲林长民离开伦敦到欧洲大陆旅游，当日便到达了巴黎。9 月 15 日，由巴黎返回了伦敦。

　　那时的林徽因才十六岁，容貌如花，娇小玲珑。林徽因聪明且理性，既有中国女子的含蓄婉约，又有西方女子的大方得体。徐志摩去世以后，林徽因在《悼志摩》一文中介绍过他们相识的过程：

　　我认得他，今年整十年，那时候他在伦敦经济学院，尚未去康桥。我初次遇到他，也就是他初次认识到影响他迁学的狄更生先生。不用说他和我父亲最谈得来，虽然他们年岁上差别不算少，一见面之后便互相引为知己。①

徐志摩在《我所知道的康桥》一文中也记述了这段插曲：

我在伦敦政治经济学院里混了半年，正感着闷想换路走时，我认识了狄更生先生……我第一次会着他是在伦敦国际联盟协会席上，那天林宗孟（林长民）先生演说，他做主席；第二次是宗孟寓里吃茶，有他。②

林徽因和徐志摩初见这件事，二人各自的说法相差无几。如果采取林徽因的说法，他们初次见面，是在徐志摩初次认识狄更生的时候，即伦敦国际联盟协会上的那次谋面，可以推断，两人相见的时间应该在徐志摩到达伦敦半年之后。

陈学勇先生在《〈林徽因年表〉补》一文中补充了一段资料，具体如下：

一九二○年　十六岁

九月二十日，林徽因考入 St.Marg's College，林长民陪林徽因到校报到。

九月二十一日，聘斐理朴教授林长民、林徽因父女英语。

九月二十三日，林徽因开始入校上课。

十月五日，林长民往法国访问，林徽因留伦敦。

十二月一日，林长民致信徐志摩，有言："足下用情之烈令人感悚，徽亦惶恐不知何以为答，并无丝毫 mockery（嘲笑），想足下误解了。"信尾有"徽言附候"。③

---

① 林徽因著：《林徽因文学精品选》，现代出版社，2018 年版，第 147 页。
② 徐志摩著：《徐志摩全集》第 4 卷，上海书店，1999 年版，第 135—136 页。
③ 陈学勇：《〈林徽因年表〉补》，载《新文学史料》，1999 年第 2 期。

　　通过这段资料我们不难看出，1920 年 12 月 1 日，林长民给徐志摩回了一封信，信中提及，徐志摩曾对林徽因展开过激烈的追求，以至让林徽因惶恐。这说明，徐志摩当是在 12 月 1 日前就已认识了林家父女。

　　前文提到，徐志摩于 1920 年 9 月 24 日到达英国伦敦，至 12 月 1 日，不过两个月，显然没有半年那么久。

　　通过查看上述的《〈林徽因年表〉补》一文可知，9 月 23 日林徽因入校上课，10 月 5 日林长民前往法国访问，把林徽因留在了伦敦。

　　因而，徐志摩真正结识林徽因，应该在 9 月 24 日之后，12 月 1 日之前。这个时间，明显在张幼仪去伦敦事件之后，所以张幼仪到伦敦投奔徐志摩，并非因为林徽因，也许只是揣测徐志摩放弃哥伦比亚大学的博士别有原因，转而奔赴伦敦来盯着徐志摩。

　　林徽因和徐志摩二人交往的情况，可在林徽因写给胡适的一封信上见些"端倪"。这封信写于 1927 年 3 月 15 日，距离林、徐两个人相知已过去七年。

　　回去时看见朋友们替我问候，请你告诉志摩，我这三年来寂寞受够了，失望也遇多了，现在倒能在寂寞和失望中得着自慰和满足。

　　…………

　　告诉他我绝对的不怪他，只有盼他原谅我从前的种种的不了解。但是路远隔膜，误会是所不免的，他也该原谅我。我昨天把他的旧信一一翻阅了，旧的志摩我现在真真透彻的明白了，但是过去的算过去，现在不必重提了，我只永远纪念着。①

---

① 林徽因著：《林徽因诗文集》，北方文艺出版社，2018 年版，第 234 页。

第五节　曾经沧海难为水

1921 年 4、5 月间，徐志摩在狄更生的帮助下，正准备以特别生的资格去剑桥大学皇家学院读书。不久，张幼仪来到了马赛。徐志摩接上她以后，一起乘火车赶赴巴黎。

这期间，徐志摩为张幼仪买了几件衣服，接着两个人马不停蹄地乘飞机飞往伦敦。抵达伦敦后，他们暂时住在了中国同学会。

联系好去剑桥的事后，两个人才搬到距离剑桥六英里的沙士顿。原本两个人是住在一所大房子里，后来徐志摩又让一个叫郭虞裳的中国留学生也住了进来。

就是在这段时间里，张幼仪发现了徐志摩不太正常的地方。张幼仪对于徐志摩的怀疑，后来跟她的侄女张邦梅说起，记录在了《小脚与西服》一书中：

后来住在沙士顿的时候，看到他每天一吃完早饭就赶着出门理发，而且那么热心地告诉我，我也不知他怎么搞的，就猜到他这么早离家，一定和那女朋友有关系。

…………

几年以后，我才从郭君那儿得知徐志摩之所以每天早上赶忙出去，的确是因为要和住在伦敦的女朋友联络。他们用理发铺对街的杂货铺当他的地址，那时伦敦和沙士顿之间的邮件送得很快，所以徐志摩和他女朋友至少每天都可以鱼雁往返。他们信里写的是英文，目的就在预防我碰巧发现那些信件，不过我从没发现过就是了。①

张幼仪口中的"女朋友"应该就是林徽因。此时，徐志摩与林徽因正在进行着精神上的深度交流。无论是灵魂上的契合，还是生活上的共生，都已让徐志摩痴迷着魔。

与之相反，张幼仪的保守和传统，经常让徐志摩感觉到乏味。早在他们从马赛回来时，徐志摩就已表现出了这种抵触的情绪。

多年后，张幼仪在她所写的《回望：家人眼中的徐志摩》一书中，详细记载过他们一起从马赛乘坐飞机回伦敦的情形：

> 我们从巴黎飞到伦敦时乘坐的飞机太小了，所以我不得不紧挨着他坐下，两个膝盖都跨在他膝上。我从来没坐过飞机，拿了个纸袋呕吐。我并不害怕，只是飞机上的空气质量真的很差，班机又很颠簸。在我反胃的时候，徐志摩就别过脸去，厌恶地摇摇头："你真是个乡下土包子。"
>
> 不久之后，他自己也开始往纸袋呕吐了。我就温和地说："哦，你也是个乡下土包子了。"无须心怀多大恶意，这话本身就已具备足够的杀伤力。②

"乡下土包子"这个称呼，早在徐志摩第一次看到张幼仪的照片时就已用过。不过那次张幼仪并不在场，所以也体会不到恶意。这一次，徐志摩公开向张幼仪展开攻击，而张幼仪也不甘示弱地回怼，显然无形间给了徐志摩一记重锤。

---

① （美）张邦梅著，谭家瑜译：《小脚与西服：张幼仪与徐志摩的家变》，黄山书社，2011 年版，第 134 页。

② 张幼仪、徐积锴、徐善曾著：《回望：家人眼中的徐志摩》，江西教育出版社，2017 年版，第 15 页。

事实上，徐志摩是一个热烈追求灵魂自由的人。随着他的学识不断提升，身边接触的又都是更高层次的学者，所以心里越来越希望遇到一个可以平等对话的女伴，张幼仪显然不是让他感到满意的女伴。

为了反抗这种不公的命运，只要张幼仪在身边，他都会表现出一种高高在上的精英主义者的姿态。无论是给林徽因写信用英文，还是只要张幼仪在身边他就用英文和朋友们聊天，都是这种反抗的一个缩影。张幼仪曾讲述过一件这样的趣事：

> 徐志摩的两个朋友到伦敦机场接我们。显然巴黎到伦敦的日常航班是一年前才刚开放，所以他的朋友一见到我们就急切地问航班的情况。徐志摩突然又恢复了精神，兴致勃勃地用英文和他们交流起来。这些朋友都是中国人，我们完全可以用中文交流。但徐志摩却并不愿意讲中文，所以这三人就旁若无人地攀谈起来。有一个朋友每分钟都要勒紧一下他的裤子，另一个每次紧张地抽搐时都要皱起半张脸。①

在这里，我们不妨猜测一下。这两位中国朋友也许英语不太流利，简单的交流还可以，一直用英语交流，不免有点吃力，所以才会出现一个紧张地勒裤子，一个抽搐半张脸的窘状。

正如张幼仪所言，徐志摩明明可以说汉语，为何非要说英语呢？只怕是他反抗无灵魂维系的婚姻的一种方式。

自从和徐志摩一起生活，这种情绪上的不满和行为上的反抗，一直充斥在张幼仪的眼里，渐渐成为一种令她窒息的负累。张幼仪曾说："最初我认为是自己的无助让徐志摩如此排斥。但其实远不止这些。正如他现在每天早上都要穿的带立领的笔挺衬衣，以及三颗扣子的毛呢外套一样，他

---

① 张幼仪、徐积锴、徐善曾著：《回望：家人眼中的徐志摩》，江西教育出版社，2017年版，第14—15页。

对我来说就是个外国人。他对我很陌生。他说话的间歇会点根烟，而不是拿着折叠扇，还喝加糖和牛奶的浓茶。他实际上来自完全不同的世界，用地道的英语与一名叫戈兹沃西·洛斯·迪金森（狄更生）的外国人交谈，他曾有一次将人请进屋子……徐志摩与朋友相处时总是很愉快，但只见过一面，看到这两人在一起时，我就知道徐志摩与迪金森的关系非同一般。我见过他丰富的肢体语言，也听出了他语气中对此人的敬重。而当徐志摩送迪金森出门回屋子里后，我又看到了他眼中对我的厌恶。"①

张幼仪的亲口陈述，向我们展现了徐志摩对待她的一种态度。他对外人亲和随性，而看到张幼仪就会生出鄙夷。

这种骨子里的嫌弃，由从前看到照片时的不入眼，渐渐上升到思想与行为上彼此间的格格不入。说到底，他们一来没有看对眼，二来也无法达到灵魂上的沟通——这一切，注定给两个人的不幸婚姻埋下了伏笔。

张幼仪并不甘心于这样的生活。她满心都想着如何学习，如何跟丈夫达成平等对话。当时，徐志摩给她请了一位家庭女教师教她说英语。

不久，张幼仪便能进行简单的对话了。可等她还要再学时，女教师却因为路途太远，单方终止了课程。这期间，张幼仪一直在忙着采购、打扫卫生，还得做饭。学习虽然很重要，但却被这一件件的小事给耽搁了。

多年后，张幼仪跟自己的第二任丈夫苏医生再度回到波士顿，也算是故地重游。彼时，一幕幕往事在她的眼前回闪，她忽然又想起了那一段段被岁月封存的过往：

我就像中国的佣人一样，乘汽车去市场，再把食物拎回房子。我们每隔几周会收到徐家寄来的包裹——中国的食材，但多数时候我都是孤身一

---

① 张幼仪、徐积锴、徐善曾著：《回望：家人眼中的徐志摩》，江西教育出版社，2017年版，第17—18页。

人。我真不知道自己是怎么打发这些时间的，我什么也不懂，手头常常很拮据。徐志摩很少给我补贴家用的钱。甚至市场离我们也很远——大多数时候，我得在蔬菜贩子的货车停在我们屋前时，我才能去买些新鲜蔬菜。那时候的我真是无知！我记得客厅的壁橱里有台奇怪的机器，而我当时却不知道那就是吸尘器，所以我依旧用扫帚扫地。①

初到伦敦的张幼仪，的确还不太适应现代文明高度发展的生活状态。她一方面囚困在知识的贫瘠区，想着如何靠学习突破这片荒原，另一方面又在短时间内无法从根本上完成思想和行为的转变。再加上心思的敏感，原生环境的保守且传统，性格的温吞和柔弱，注定了她是一个被流放在异域他乡的孤独客。

当然，多年后的张幼仪还是完成了转变。诸如性情、认知、思想等一系列现代思维，她都已超越了当时的自己。但是，这种转变是建立在很长时间的学习，以及与徐志摩离婚以后自强不息的精神感召基础上的。那时的张幼仪，日子显然很不好过。

此外，徐志摩与张幼仪还有性格上的明显差异。徐志摩热情、随性、率真，有时不太会顾忌一些琐事。张幼仪有着女性独有的敏感，又羞于启齿，遇上一些不太舒服的事不会表达，就算到了表达的时候，又担心被徐志摩浇冷水，所以长期保持缄默。

张幼仪曾说过一件小事，为我们揭开了他们两个人性格的差异之谜：

我白天很少见到徐志摩，他总是待在学校。有一次，他带我去剑桥看船赛，另一次是带我去看瓦伦蒂诺电影。我们只能白天去看电影，因为

① 张幼仪、徐积锴、徐善曾著：《回望：家人眼中的徐志摩》，江西教育出版社，2017年版，第22—23页。

晚上就没有公车可以回来了。我们本打算去看卓别林的电影，但在去的路上碰到了徐志摩的一位朋友，对方称瓦伦蒂诺的电影更好看。徐志摩就说好吧，于是我们这一行人就改道去了相反的方向。徐志摩总是这样，愉快，好性格。他是一名艺术家，一位梦想家，我却恰恰相反。我们本来要看卓别林电影，结果却临时改变主意的做法让我甚是不快。瓦伦蒂诺出现在大屏幕上时，徐志摩和他朋友都和观众一起连声鼓掌，而我只是静坐在黑暗中，把手搁在大腿上。[①]

瓦伦蒂诺是美国非常著名的男星。他英俊帅气，身上带有强烈的艺术气息。徐志摩和他们的朋友之所以喜欢看瓦伦蒂诺的电影，大抵是因为能从这位演员身上找到自己的影子。与瓦伦帝诺相比，卓别林是一位通俗且老少都喜欢的滑稽演员，他的表演风格更市井，人物也接地气，倒是能让张幼仪产生共鸣。

虽然只是两场不一样的电影，却折射出了张幼仪和徐志摩不同的情感世界。徐志摩是沉浸在艺术世界里的理想主义者，脑袋里装着的是浮游于现实之上的人生和思想。而张幼仪则是普通女子，她寻求的是生活上的平淡与祥和，想要的是柴米油盐的平常生活——这是他们两个人最大的隔阂。

这一切说到底，还是因为两个人无法进行灵魂上的交流。小矛盾一点点累积，终有一天会诱发一场大矛盾。

虽然张幼仪已经习惯了徐志摩的冷嘲热讽，甚至是一些冷漠和排斥，但她没有想到，这个人竟会薄情至此：

夏天来临时，我感到了自己身体的变化。我原来在家怀着阿欢的时

① 张幼仪、徐积锴、徐善曾著：《回望：家人眼中的徐志摩》，江西教育出版社，2017年版，第25页。

候，早晨时就会感到恶心和虚弱。在硖石我希望也必须生个孩子，但在这里我却不知如何是好。我怀孕时还怎么料理家务？我可以在这里生养个孩子吗？我是不是该回硖石？我思忖了多日，不知如何把这个消息告诉徐志摩。有天下午郭先生不在时，我就把事情告诉了他。

徐志摩马上说："把它拿掉。"

我此生从未料到自己得到的竟然是这样的回答。据我所知，当时的人流很危险，有性命之忧。只有走投无路的女人——发生婚外情，或者全家快饿死，无力喂养另一张嘴时，才会冒险去堕胎。

我说："我听说有人死于堕胎。"

徐志摩只是冷冷地回答："那还有人死于火车肇事呢，大家就不再坐火车了吗？"他不耐烦地转过脸去。

我又问："那我该去哪做人流？"他摇摇头："你会找到地方的，做人流在西方是普遍的事。"①

徐志摩对待孩子的冷漠和绝情，让张幼仪一时难以接受。她曾无数次扪心自问：这个男人究竟是不是二哥和父母眼里的那位孝顺、儒雅、善良的好丈夫？

一直以来，张幼仪都以为徐志摩在外深造是为了把自己打造成学术精英，为的是光宗耀祖，她现在才发现，眼前的男人并非自己心中所想和所求的那类男人。

徐志摩的确孝顺，但凡给徐申如回信，言谈之中，他们夫妻是那么的琴瑟相和，不生一丝矛盾。可是抽离于信件之外，徐志摩对待她，却是另外一番冷漠的样子。

---

① 张幼仪、徐积锴、徐善曾著：《回望：家人眼中的徐志摩》，江西教育出版社，2017年版，第26—27页。

第二章

一个诗人
的诞生

第一节　追寻那灵魂的自由

这样的生活已让张幼仪心力憔悴。不过，这些事都还没有触及双方的底线，直到有一天，徐志摩带着一位明小姐来到家中，张幼仪才预感到"山雨欲来风满楼"的危机：

奇怪的是，我却记不清那晚来我们家做客的那位女子的姓名了。我只唤她为明小姐，我只记得她的长相了。她一直努力表现得很西化。她剪着短发，涂着深色的口红，穿着海军羊毛夹克和裙子。沿着她的长筒袜的腿望下去时，我倒吸一口冷气——她的两只小脚塞进一双中国绣花鞋，所以这个摩登女子其实缠了足！我几乎快失声笑出来。

她根本就不是我想象的那样。我本以为她是个完全现代做派的女子。结果证明我的想法是对的，徐志摩的女友另有其人，是一个思想更复杂，美丽，完全没缠足的女人。这位明小姐根本就不是徐志摩的女友，只是当时我并不知道内情。

…………

徐志摩回到家里时，我还在厨房中洗碗。他看起来很慌张，在我身边来回徘徊。我对他感到非常愤怒、失望和厌恶，什么话都不想说。等我终于洗好碗，徐志摩跟着我走进了客厅。他问我对明小姐有什么看法。

我心里有太多想法了，尽管我发誓自己一定要优雅有度，但还是脱口说出了自己的第一个念头："她看起来不错，"因为我知道自己应该接受他纳的妾，"但缠足和西服并不搭。"

徐志摩停下了在屋里走动的脚步。他转过身来，仿佛我的话引爆了他所有的急躁和失意。他突然咆哮道："我当然知道，这正是我想离婚的原因。"

这是徐志摩首次对我提高嗓门说话。我在困惑、震惊和恐惧之余，飞奔出了后门。我得自己一个人静一静。冷冷的夜风灌进了我的肺腑。

徐志摩突然悄无声息地出现在门廊走到我身边，他说："我担心你会去自杀。"

…………

大约一周过后的某一天，正如他跟我提离婚一样，他突然消失了。

…………

在这些恐怖的日子里，有天早晨我被一阵敲门声吓到了，来者是一位叫王子美（音译自 Wang Zhi mei）的男人。他说他明白我现在孤身一人的处境，特意从伦敦带来徐志摩的口信。我请王先生进屋，给他斟上茶，忐忑不安又满怀期待地坐在他的桌前。

"徐志摩想知道，"王先生停顿了半晌又微微皱了下眉头，似乎在仔细斟酌我丈夫的每个字句，"——他让我来问问你，你愿不愿意成为徐家的儿媳，而不是徐志摩的妻子？"

我没有立即作答，因为这对我来说没什么意义。最后我终于问："这是什么意思？我不明白。"

"如果你愿意，事情就很好办了，"王先生似乎没有听到我的话，兀自接过话茬。他努力平静自己的口吻："徐志摩不要你了。"

他这番话出口时，我努力让自己不要显得太僵硬，而是重复着那个问题："这是什么意思？如果徐志摩想离婚，我还怎么做徐家的儿媳？"

王先生抿了一口茶，若有所思地看着我，上下打量着我的头发、脸和衣着。我知道他得去跟徐志摩汇报情况，这个想法让我很是恼火。我向他扬起下颌直接反问道："徐志摩就这么忙，连亲自见我一面都不行？你这一路赶过来就是为了向我提这些蠢问题？"

我看着他走出去，重重地关上了门，知道徐志摩是真的不会回来了。①

这场离婚风波看似起源于明小姐，但那只是一个导火索。也不知道，这位明小姐是徐志摩故意请来，旨在向张幼仪提出离婚寻求借口；还是不过是一个偶然，离婚事件不过是借此发酵而已。无论是哪种原因，徐志摩和张幼仪的婚姻在此刻走到了尽头。

这件事对张幼仪的打击无疑是巨大的。她也不知道该如何处置，只好急匆匆给远在巴黎的二哥张君劢写了一封求救信。

张幼仪把怀孕的事，以及徐志摩提出离婚的事，一五一十说了个明白。最后，她还把王子美留下的那句"你愿不愿意成为徐家的儿媳，而不是徐志摩的妻子"也说给了二哥听。

没过几天，张君劢就寄来了信。张幼仪匆忙打开，只见上面劈头就是一句中国古话："张家失徐志摩之痛，如丧考妣。"

张君劢并未生徐志摩的气，也没有对妹妹的不幸遭遇表示同情，反而以这种处处为徐志摩着想的角度，说出了这句有点让张幼仪很不是滋味的话，可见张君劢对徐志摩的热爱之深。

张幼仪在信上还看到了张君劢的安排和重托："万勿打胎，兄愿收养。抛却诸事，前来巴黎。"张幼仪听从了张君劢的安排，立即收拾好东西，沿着那条尘沙飞扬的小路走向了火车站。离开之际，她感觉自己已把徐志摩忘记了，只是忘不掉公婆从硖石邮寄到波士顿的那些冬瓜。由此看来，张幼仪对徐家人的感情很深。

然而，这一切已成为镜中月水中花。徐志摩和张幼仪此生终究是了断

---

① 张幼仪、徐积锴、徐善曾著：《回望：家人眼中的徐志摩》，江西教育出版社，2017 年版，第33—41 页。

了。为了方便张幼仪生产，张君劢特意把她和一对来巴黎大学深造的刘姓夫妇安排到一起居住。

刘姓夫妇居住的地方在乡下，张幼仪在那里生活了三个月，直到七弟赶来乡下看她，她才跟着七弟一起去了德国的柏林。

1922年2月24日，张幼仪诞下一个男孩。张幼仪每每看到这个男孩，无形间就会想起徐志摩，想起他的无情。所以那时的她，十分想生个女孩，可惜事与愿违。

兴许是生的孩子不合心意，张幼仪就没有按照徐家的辈分用"锴"字给孩子起名，而是直接给孩子取名德生，意思是从德国出生。

大约是3月上旬，张幼仪出了医院。刚回到七弟的家中，就意外收到了一封徐志摩寄来的信。听七弟说起，这封信是吴经熊送过来的。吴经熊是著名的法学家，一年前刚获得美国密歇根大学法学院法律博士学位。徐志摩在信上说起：

> ……故转夜为日，转地狱为天堂，直指顾间事矣。无爱之婚姻无可忍，自由之偿还自由。……真生命必自奋斗自求得来，真幸福亦必自奋斗自求得来，真恋爱亦必自奋斗自求得来！彼此前途无限，……彼此有改良社会之心，彼此有造福人类之心，其先自作榜样，勇决智断，彼此尊重人格，自由离婚，止绝苦痛，始兆幸福，皆在此矣。[①]

收到信以后，张幼仪马上拨通了吴经熊的电话，提出要见一见徐志摩。经过徐志摩同意，第二天，张幼仪就在吴家见到了五个人，其中就有徐志摩。张幼仪万万没有想到，她来不过是来看自己的丈夫，居然发现四个人围着徐志摩走来走去，像是在保护他。

---

① 此信不全，原载于1932年11月1日《新月》第4卷胡适《追悼志摩》一文。本段引自：徐志摩著：《半世光阴人生忙》，南海出版公司，2018年版，第253页。

四个人中，张幼仪只认出来两人，一个是吴经熊，另一个是刚从美国到欧洲旅游的金岳霖。那一刻，她早已不在乎眼前人的来历，只是隐约觉得心里一阵凉意——原来徐志摩不仅防着她，而且已决心与她恩断义绝了。

那日他们见面的情形，张幼仪多年后曾口述给了侄女张邦梅，记录于《小脚与西服》一书中：

> 我的开场白是："如果你要离婚，那很容易。"
>
> "我已经告诉我父母了，他们同意这件事。"他说。
>
> 他一提到老爷和老太太，我的眼泪就情不自禁涌了出来。他们二老是怎么看这件事的？
>
> 接着，我想到我自己的父母，于是我对徐志摩说："你有父母，我也有父母，如果可以的话，让我先等我父母批准这件事。"
>
> 他急躁地摇摇头说："不行，不行。你晓得，我没时间等了。你一定要现在签字，林徽因……"他停了一下又继续说："林徽因要回国了，我非现在离婚不可。"
>
> 徐志摩提到林徽因名字的时候，我心想：他何必在信上写什么勇气和理想？他要他的女朋友，所以才这么情急。[1]

在张幼仪看来，徐志摩就因为急着得到林徽因，所以不许她花时间征得她父母的同意。这个男人，果然是因为别的女人，所以丝毫不顾及她的生死和感受。一念及此，张幼仪咬了咬牙，到底是服从似的说道："如果你认为离婚这件事做得对，我就签字。"

听到张幼仪这么说，徐志摩高兴坏了，笑着把文件递给了张幼仪。张幼仪接过文件，简单看了看，挥笔签完了名字，并用新婚那日没有用上的

---

[1]　（美）张邦梅著，谭家瑜译：《小脚与西服：张幼仪与徐志摩的家变》，黄山书社，2011年版，第145页。

坦荡目光看着徐志摩道："你去给自己找个更好的太太吧！"

这个时候，四位朋友都来给徐志摩道贺。徐志摩拿着那封离婚协议书，就像在对全世界宣誓一样："你张幼仪不想离婚，可是不得不离，因为我们一定要做给别人看，非开离婚先例不可。"[1]

后来徐志摩想去看看他们的孩子，张幼仪说孩子在医院。徐志摩这时表现得有点恼怒，质问她为何要把孩子留在医院，张幼仪却在心里想，这件事与你何干？

在张幼仪的带领下，徐志摩来到了医院。他始终没有问张幼仪这个孩子怎么养的问题，也没考虑过孩子未来的生活。他就像着了魔一样，直直地站在医院育婴床的窗口，看着躺在小床上的孩子，热情地把脸贴在窗玻璃上，看得如痴如醉，近乎神魂颠倒。

这就是徐志摩，一个活在理想主义和浪漫主义世界的男人。他或许没有考虑过人世的艰辛和波折。他只是站在理想的制高点俯视生命，为了达到内心的愿景，赴汤蹈火也不畏惧。

徐志摩与张幼仪离婚后，立即赶回了剑桥，也就是《再别康桥》这首诗里的康桥。此时已是 1922 年 3 月间，而早在半年前，即 1921 年 10 月 14 日，林徽因已随着父亲从英国赶赴了法国，乘坐"波罗加"号船归国了。

简而言之，徐志摩回到剑桥时，并没有遇见林徽因。既如此，那徐志摩跟张幼仪离婚，究竟是不是因为林徽因呢？

杨步伟女士在《杂记赵家》一书中描述过一件事，这件事倒是能从另一个角度为我们解答徐志摩和张幼仪的离婚缘由：

> 那时还有一个风行的事，就是大家鼓励离婚，几个人无事干都这个离

---

[1]　（美）张邦梅著，谭家瑜译：《小脚与西服：张幼仪与徐志摩的家变》，黄山书社，2011 年版，第145 页。

婚，帮那个离婚，首当其冲的是陈翰笙和他的太太顾淑型及徐志摩和他太太张幼仪，张其时还正有孕呢。[①]

从这段话不难看出，徐志摩离婚也许跟当时流行的离婚风潮有关。徐志摩本就不爱张幼仪，骨子里就对她十分鄙夷，因而也谈不上喜欢和珍惜。

虽说作为一个丈夫，甚至是一个男人来讲，他这么欺辱自己的妻子，难免有些过火。但是，如果站在徐志摩的角度来看待这个问题，也许会得出另外一个答案——他迫不及待地想离婚，不仅仅是不爱了，还有个原因是他还想做第一个挥刀斩断旧规则的人。

徐志摩大抵希望以这种几乎不近人情的方式来达到反抗国内不能离婚，甚至夫妻之间死板守旧的相处模式，从而实现自由平等的夫妻生态。

所以说，徐志摩与张幼仪离婚，并不一定是为了迎娶林徽因，还有可能是冲击古旧的中国传统思想的理想主义在作祟。

康桥是梦开始的地方，徐志摩对康桥有着很深的执念。康桥带给他的，不只是优美的环境、高深的学识、渊博的人文，还带给了他最至关重要的一种心灵力量——那就是理想主义的培育和绽放。徐志摩写过一首著名的《再别康桥》怀念那段求学岁月，除了那首诗，他还在其他的文章中不止一次表达过对康桥的着迷：

那年的秋季我一个人回到康桥，整整有一学年，那时我才有机会接近真正的康桥生活，同时我也慢慢的"发现"了康桥。我不曾知道过更大的愉快。[②]

---

① 杨步伟著：《杂记赵家》，辽宁教育出版社，1998 年版，第 32 页。
② 徐志摩著：《再别康桥》，煤炭工业出版社，2017 年版，第 204 页。

我在康桥的日子可真是幸福，深怕这辈子再也得不到那样蜜甜的机会
了。我不敢说康桥给了我多少学问或是教会了我什么。我不敢说受了康桥
的洗礼，一个人就会变气息，脱凡胎。我敢说的只是——就我个人说，我
的眼是康桥教我睁的，我的求知欲是康桥给我拨动的，我的自我的意识是
康桥给我胚胎的。我在美国有整两年，在英国也算是整两年。在美国我忙
的是上课，听讲，写考卷，啃橡皮糖，看电影，赌咒，在康桥我忙的是散
步，划船，骑自转车，抽烟，闲谈，吃五点钟茶牛油烤饼，看闲书。如其
我到美国的时候是一个不含糊的草包，我离开自由神的时候还是那原封没
有动；但如其我在美国时候不曾通窍，我在康桥的日子至少自己明白了原
先只是一肚子颟顸。这分别不能算小。①

第二节 蜕变诗人

那时的徐志摩与张幼仪离婚不久，在他那时写的文章里，我们看不到
任何不快，反而捕捉到了他轻松愉悦的求学生活。

当然了，我们不能以后来者的视角去揣测当时的人，这种揣测的真实
性本来就打了一个问号。我们也不能说，徐志摩离婚以后，对张幼仪一丁
点愧怍都没有，不过大体可以看出来，这段婚姻的结束，并未在徐志摩的
心里掀起多么强烈的波澜。

为了心中的理想主义，徐志摩似乎并不太在乎别人怎么看，怎么评
价，他心里很清楚自己想要什么，并且一以贯之地坚持到底。

徐志摩曾说过一段趣味盎然的话，就很好地印证了他当时的心境：

① 徐志摩著：《徐志摩全集》第 4 卷，上海书店，1999 年版，第 140—141 页。

真诗人梦境最深——诗人们除了做梦再没有正当的职业——神魂远在祥云缥缈之间那时候随意吐露出来的零句断片，英国大诗人宛茨渥士所谓茶壶煮沸时嘶嘶的微音；最可以象征入神的诗境——例如李太白的"我醉欲眠卿且去，明朝有意抱琴来"，或是开茨的"Then T shut her wild，wild eyes with kisses four"，你们知道宛茨渥士和雪莱他们不朽的诗歌，大都是在田野间、海滩边、树林里，独自徘徊着像离魂病似的自言自语的成绩。①

那时的徐志摩正在进行着人生中最重要的蜕变——变成诗人。康桥给他提供了诗人所需要的"田野""海滩""树林"等诗歌意象，也给他带去了一种沉寂，以及与自然共生的艺术气息。自那而后，徐志摩的诗情山洪海啸般地爆发了。

多年以后，徐志摩对这段蜕变过程，也进行过阐述：

说到我自己的写诗，那是再没有更意外的事了。我查过我的家谱，从永乐以来我们家里没有写过一行可供传颂的诗句。在二十四岁以前我对于诗的兴味远不如对于相对论或民约论的兴味。我父亲送我出洋留学是要我将来进"金融界"的，我自己最高的野心是想作为一个中国的 Hamilton！在二十四岁以前，诗，不论新旧，于我完全没有相干。我这样一个人如果真会成为一个诗人——哪还有什么话说？②

徐志摩自言，他是从二十四岁以后开始写诗。1921 年 11 月 23 日，徐志摩发表了一首诗——《草上的露珠儿》。

后来，徐志摩又陆续写下许多脍炙人口的诗歌，诸如《春》《人种由

① 徐志摩著：《再别康桥》，中国工人出版社，2016 年版，第 95—96 页。
② 徐志摩著：《中国 20 世纪名家散文经典丛书：徐志摩散文集》，太白文艺出版社，2016 年版，第 156 页。

来》等，每一首诗歌都洋溢着澎湃的激情，那是火一样炙热的诗情。不得不说，这种热情是康桥带给他的，也是那段一个人浪漫求索的过程所带给他的。

徐志摩自己坦言："只有一个时期我的诗情真有些像是山洪爆发，不分方向的乱冲。那就是我最早写诗那半年，生命受了一种伟大力量的震撼，什么半成熟的未成熟的意念都在指顾间散作缤纷的花雨。我那时是绝无依傍，也不知顾虑，心头有什么郁积，就托付腕底胡乱给爬梳了去，救命似的迫切，哪还顾得了什么美丑！我短时间内写了很多，但几乎全部都是见不得人面的。这是一个教训。"①

徐志摩口中的"那半年"，正是在康桥的时候。那时的徐志摩，正处在想象力、情感、表达欲等最强盛的时期，任何生活上的乐趣和苦难，几乎全演变成了他的诗情。

比如 1922 年的夏天，徐志摩听说康桥要"打震"了，于是戴上方帽，拿上雨衣，骑上一辆自行车就飞速赶去了校门。门房笑他说："你来的真巧，再过一分钟，你准让阵雨漫透！"面对这种玩笑，徐志摩无不纯真地笑道："我正为要漫透来的！"

就这样，徐志摩一个人看着大雨滂沱，看着雷电交加，看着天空浮现万丈霞光，看着一条五彩鲜明的虹桥从天上生出，直到盛景一点点映入眼前。

如此小事，反而折射出了徐志摩的真性情。这种真性情，正是他写诗的动力之一。当然，徐志摩写诗的动力还有很多。

譬如他与林徽因的暧昧，点燃了他内心深处的爱火与欲望；广交瑞恰慈、欧格顿、狄更生、吴雅各等激进的青年学者，收获了广而杂的思想；

---

① 徐志摩著：《中国 20 世纪名家散文经典丛书：徐志摩散文集》，太白文艺出版社，2016 年版，第 156—157 页。

参加欧格顿等人创办的"邪学会"，激发了他的新思想和新思考……

但凡遇到新鲜且有意思的探索，徐志摩都不会放过学习的机会。多年以后，著名文学评论家兼徐志摩好友瑞恰慈，曾描述过徐志摩在剑桥时的形象特征：那个时候，徐志摩经常手里拿着中国书画手卷，随处可见他跟同学们和老师激情昂扬地交流。

这样的个性和人物，自然引得大家的喜欢。因而，徐志摩在剑桥的朋友很多，特别在皇家学院，他成了一位很有名气的人物，以至于连皇家学院的门房，都极为喜欢徐志摩。

1929 年，徐志摩的学生郭子雄赴英留学时，因为没有找到狄更生和另一名教授，正走投无路之际，他忽然想起老师让他去找一位门房。

没想到，那位门房得知他是徐志摩的学生，很兴奋地说，大家都很喜欢徐志摩，也欢迎徐志摩的朋友到皇家学院。正因如此，后世学者才分外感慨——徐志摩是最适应西方生活的中国文人。

当然，徐志摩始终没有忘记自己来英国的一片初心，那就是拜罗素为师。当得知罗素返回英国时，徐志摩立即于 1921 年 10 月 18 日给他写了一封信，希望可以见一见这位大师。

一个星期后，徐志摩如愿见到了罗素。此后的很多日子里，他都会去拜访罗素，有时是生活上的聚会，有时是学术上的各种活动。有一天，得知罗素夫妇生了个儿子，徐志摩大为欢喜，即刻写了一封信表示祝贺：

罗素先生：

你的信从剑桥转来，刚收到了。我现在要立即告诉你，中国同学们盼望十二月十日与贤伉俪见面。我几乎可以肯定，你大概已收到了我们正式的请柬。我也写了一封信给主理这事的朋友，请他多寄一张，以防邮误。

为了一个美丽婴儿的来临，让我向尊夫人及你自己致以最热烈的祝贺，你们弄璋的喜讯是鲍惠尔小姐日前在剑桥告诉我的。为这次即将来临的聚会，我们准备了红鸡蛋和寿面，这是中国人在这类场合中的惯例。我们期盼尊夫人在十号那天能和你一起赏脸光临。

我五号到伦敦，原意是要听你的演讲，但忽然伤风感冒大作，以致事与愿违。我现在还是睡床，盼一两天内有好转，能够再尝与贤伉俪共聚之乐。此候

近安。

徐志摩敬上

一九二一年十二月六日

伦敦韩斯德区爱莱路一〇五号 A[①]

自从来到剑桥大学，并拜罗素为师，徐志摩在文体写作方面有了新的变化。他原先是受梁启超的影响，言语多是激昂澎湃之音，经过罗素的培养，徐志摩的文字里已渗透着英式幽默、辛辣的讽刺和批判味道，渐渐铸成一种明快利落的风格。

然而，说到底，真正带给徐志摩写作刺激的人物，一定是英国著名的小说家蔓殊菲儿，现在译为凯瑟琳·曼斯菲尔德。

蔓殊菲儿是新西兰文学的奠基人，后来又被誉为一百多年来新西兰最有影响的作家之一。由于作者自身是女性，所以她的作品一直在为女性发声，矛头直指女性的生存处境，故而也被后世视为新西兰女权主义的先驱。

徐志摩是在 1922 年 7 月的一天去拜访这位女作家的，当时距离蔓殊菲儿逝世仅余半年。早在几天前，徐志摩就跟蔓殊菲儿的丈夫麦雷聊过英法

---

① 徐志摩著，金黎明、虞坤林编：《徐志摩书信新编》，浙江古籍出版社，2017 年版，第 38 页。

文坛的情况。

两个人相谈甚欢，对话很快就引到了蔓殊菲儿的身上。当徐志摩提出亲自拜访时，麦雷给了他地址，徐志摩便于星期四晚上去了彭德街蔓殊菲儿夫妇的住所。

这天下起了雨，徐志摩撑伞询问了路警，终于摸到了彭德街第十号。麦雷接见了他，可蔓殊菲儿因病不能下楼，徐志摩只好坐下来等。左等右等，后来有两位先生上楼看望去了，麦雷却不说让徐志摩也上去，这不免有点儿尴尬。

一直等到晚上十点半，徐志摩实在不愿再耗下去，只好起身准备离开。这时麦雷也觉得不好意思，才允许他上楼去见一见蔓殊菲儿。

两位先生一同出了房门，只剩下徐志摩、麦雷和蔓殊菲儿留在屋子里。三个人各自坐了下来。

徐志摩斜倚，蔓殊菲儿正坐，这让徐志摩觉得蔓殊菲儿比他高很多。后来，徐志摩在《蔓殊菲儿》一文中这样描写这位传奇女子：

> 她也是铄亮的漆皮鞋，闪色的绿丝袜，枣红丝绒的围裙，嫩黄薄绸的上衣，领口是尖开的，胸前挂一串细珍珠，袖口只齐及肘弯。她的发是黑的，也同密司 B 一样剪短的，但她栉发的式样，却是我在欧洲从没有见过的，我疑心她有心仿效中国式，因为她的发不但纯黑而且直而不卷，整整齐齐的一圈，前面像我们十余年前的"刘海"梳得光滑异常，我虽则说不出所以然我只觉她发之美也是生平所仅见。[①]

这次会面，徐志摩见识到了蔓殊菲儿的美丽大方，以及她极为美妙的声音。两个人一起聊了当时英国几个最风行的小说家，以及东方的好处。

---

① 徐志摩著：《翡冷翠山居闲话》，西苑出版社，2017年版，第172—173页。

由于蔓殊菲儿夫妇与罗素夫妇互有往来，大家又都很喜欢中国，所以经常一起谈论这个东方古国，故而两个人还聊了一会儿中国诗的美妙。

后来，蔓殊菲儿问起徐志摩回中国后的打算。她郑重地告诫徐志摩，将来不要进政治圈。

当聊到蔓殊菲儿自己的小说时，徐志摩提出想尝试着翻译她的作品。出乎徐志摩的意料，此举得到了蔓殊菲儿本人的积极回应并同意。

从徐志摩进入房门，到蔓殊菲儿站在门口送他，两个人谈了不过二十分钟，徐志摩却感觉受益匪浅，甚至称之为"那二十分不死的时间"。[1]

罗素和蔓殊菲儿这两位巨匠，可以说对徐志摩的一生影响匪浅。如果说罗素教给了徐志摩敏锐的思维和广博的社会意识，那蔓殊菲儿则带给了他性灵十足的艺术感受能力。

多年后，徐志摩创立了《新月》月刊，其中的核心理念，正是肇始于这两位大师。因为有两位大师的教诲，徐志摩才能在成长的道路上越走越稳，越走越远。

徐志摩在皇家学院学习生涯的后期，已从非正式的特别生转成了正式的研究生。学院对徐志摩还是十分看好的，曾给他写了这样一句八字评语：持智守礼，放眼世界。[2]

然而，一心热衷交际的徐志摩，把在剑桥的大部分时间，用在了拜访名人和探求诗歌创作上，反而疏于学术研究。故而，他没有取得博士学位，甚至连一篇像样的学术论文也没有写出来，更别提发表于世了。

1922 年 8 月，徐志摩告别剑桥大学，计划启程回国——这个决定有点非同寻常。要知道，他刚从特别生转成了正式生，各种艰辛，只怕只有经历的人才能体会。

---

[1] 徐志摩著：《翡冷翠山居闲话》，西苑出版社，2017 年版，第 174—183 页。
[2] 徐志摩著：《徐志摩文集下 小说书信日记》，长城出版社，2000 年版，第 476 页。

以他的才华，一两年内取得博士学位并不算难事。可他为何宁肯不要博士学位，也要归国呢？徐志摩自己曾坦言："我这一生的周折，大都寻得出感情的线索。不论别的，单说求学。"[1] 如果说，徐志摩放弃博士学位是因为感情，那他为的那个人是谁呢？我们在陈学勇先生的《〈林徽因年表〉补》一文中可以发现一些端倪：

一九二二年　十八岁

年初，梁思成第一次拜访林徽因即建立恋爱关系。梁受林影响立志于建筑，梁说："她谈到以后要学建筑。我当时连建筑是什么还不知道，徽音告诉我，那是包括艺术和工程技术为一体的一门学科。因为我喜欢绘画，所以我也选择了建筑这个专业。"

十一月，徐志摩作《月照与湖》一文。[2]

从这则年谱可以看出，1922 年年初，梁思成和林徽因正式确定了恋爱关系。这段关系漂洋过海，传到徐志摩耳中时，也许已是 8 月间了。他大抵不能接受这个结果，所以才急着回国。当然了，如果把徐志摩定性为一个恋爱脑的人，未免有失偏颇。

事实上，这一年，梁启超等人决定实施一个振兴中国文化的计划，也被称为"中国的文艺复兴"。既然是文艺复兴，就必须有大量的人才注入。

梁启超想到了徐志摩，并且在《致蒋百里、张东荪、舒新城三公书》里说道："南开之局，非赶紧成就之不可，然吾辈人才如此缺乏，真令人急煞……徐志摩大约（公权言）不能速归，博生、为蕃、品今三人不审有

---

[1]　徐志摩著：《我所知道的康桥 徐志摩散文精选集》，青岛出版社，2019 年版，第 267 页。

[2]　陈学勇：《〈林徽因年表〉补》，载《新文学史料》，1999 年第 2 期。

能归者否？"①

这封信上提到徐志摩不能速归，显然是两个人之前就写信联系过。至于不能速归的原因，也许是徐志摩想等拿到博士学位后再回去。

谁想到，林徽因和梁思成确定恋爱关系这件事也传到了他的耳中。两件事交织在一起，扰得他再无心学业，故而想赶紧回去。

第三节　访我唯一灵魂之伴侣

离开英国时，徐志摩还想再见一见罗素夫妇，于是在1922年8月29日匆忙给罗素夫妇写了一封信，信里注明他本人的收信地址是："柏林　夏绿敦堡　惠兹里宾街三十二号　Y·张转。"②

这里的"Y·张"是指张幼仪，也就是说，徐志摩在离开英国之前，应该见过张幼仪一面。陈从周先生在《徐志摩年谱》一文之中指出："后来他（徐志摩）回国了，婚是离了，而家庭与社会却不能谅解他，最奇怪的是和他已离婚的夫人通信更勤，感情更好，社会上的人更不明白了。"③由此可见，徐志摩跟张幼仪离婚以后，他们的感情反而更深，大抵有由夫妻转化为亲人的趋势。这也就不难理解，为何徐志摩要让罗素把信寄给张幼仪了。

9月中旬，徐志摩从马赛坐上一艘名为三岛丸的日本远洋客货轮船，漂行了一个月，终于在10月15日到达上海。

至于他归来的情形，徐志摩在《志摩日记》里这样记述道："十月十五

---

① 张品兴主编：《梁启超全集1—10》，北京出版社，1999年版，第6035页。
② 韩石山编：《徐志摩书信集》，天津人民出版社，2006年版，第231页。
③ 陈从周等编：《民国丛书第三编77历史·地理类》，上海书店影印，1991年版，第22页。

日，天将晚时，我在三岛丸船上拿着远镜望碇泊处的接客者，渐次的望着了这个亲，那个友，与我最爱的父亲，五年别后，似乎苍老了不少，那时我在狂跳的心头，突然迸起一股不辨是悲是喜的寒流，腮边便觉着两行急流的热泪。后来回三泰栈，我可怜的娘，生生隔绝了五年，也只有两行热泪迎接她惟一的不孝的娇儿。但久别初会的悲感，毕竟是暂时的，久离重聚的欢怀，毕竟是实现了，那时老祖母的不减的清健，给我不少的安慰，虽则母亲也着实见老。"①

徐志摩到上海以后，先跟着祖母去普陀烧香，而后因学事跟着父亲去了南京。这个学事是指南京成贤学舍举办的佛学大师欧阳竟无的讲学活动。徐志摩是陪父亲去听讲，他自己对佛事并不感兴趣。

有趣的是，梁启超正好也在南京讲学，于是徐志摩经常过去接受梁启超的教诲。后来因为梁启超酗酒患病，只得匆匆回上海休养，徐志摩也紧跟着去了上海。

到上海时，徐志摩的中学同学郁达夫带领一众好友为他设下接风洗尘宴，当时郁达夫正在泰东书局的编辑部工作。

众人推杯换盏之间，徐志摩滔滔不绝地讲起了他在归国途中所遇到的趣事。原来，徐志摩曾意外帮助香港警方缉拿了一个往中国贩毒的犯罪团伙。起初，郁达夫表示不信，可等询问了沈松泉以后，才得知为真，不禁被徐志摩的侠肝义胆深深折服。

从上海离开以后，徐志摩匆匆赶去了北京。徐志摩并非独身前往北京，而是与瞿秋白的本家弟弟瞿菊农一起。两个人先在东板桥妞妞房瞿菊农的家里住了下来。几天后，徐志摩又搬到了陈博生的家中。

虽是一路辗转，但徐志摩并未感觉到疲惫，反而觉得心里沉甸甸的，

---

① 徐志摩著：《徐志摩文集下 小说书信日记》，长城出版社，2000年版，第400页。

就像压着一块千斤巨石——因为他始终放不下林徽因。

1923 年 1 月 7 日，梁启超在给他的女儿思顺所写的一封信上提及："思成和徽音已有成言，我告思成和徽音须彼此学成后乃定婚约，婚约定后不久便结婚。林家欲即行定婚，朋友中也多说该如此。你的意见怎样呢？"①

由此可见，此时的林徽因已与梁思成在一起了，而且正准备订婚——这对徐志摩来说无疑是晴天霹雳。也许，徐志摩想到北京挽回林徽因的心。为了得到林徽因，他宁肯付出一切的牺牲和努力。关于徐志摩设法追回林徽因这件事，梁实秋在他所著的《雅舍情书》中曾描写过这样一个细节：

徐志摩是一个风流潇洒的人物，他比我大七八岁。我初次见到他是通过同学梁思成的介绍以清华文学社名义去请他到清华演讲，这是民国十一年秋的事。他的讲演"艺术与人生"虽不成功，他的风采却是很能令人倾倒。梁思成这时候正追求林徽因小姐，林长民的女儿，美貌顾问，才情出众，二人每周要约的地点是北海公园内的松坡图书馆。徐志摩在欧洲和林徽因早已交往，有相当深厚的友谊。据梁思成告诉我，徐志摩时常至松坡图书馆去做不受欢迎的第三者。松坡图书馆星期日照例不开放，梁因特殊关系自备钥匙可以自由出入。梁不耐受到骚扰，遂于门上张一纸条，大书：Lovers want to be left alone（情人不愿受干扰）。志摩只得怏怏而去，从此退出竞逐。②

作为最了解徐志摩的人之一，梁启超焉能不知道徐志摩为何去北京？此时梁启超正在上海的沧洲旅馆休养，因为担心最疼爱的弟子做出傻事，

<hr>

① 梁启超著，林洙编：《梁启超家书》，中国青年出版社，2013 年版，第 48 页。
② 梁实秋著：《雅舍情书 彩插精编》，群言出版社，2017 年版，第 33—34 页。

于是在 1 月 2 日这天，"夜中思此，不复成寐，披衣起，作此数纸"[1]。

梁启超没有直言徐志摩与林徽因的事，而是先告诉徐志摩，张君劢已把他和张幼仪离婚的事告知了自己。这几日细细想来，梁启超始终觉得这件事很奇怪。

起初，梁启超以为徐志摩与张幼仪的婚姻已走到了尽头，只怕是老死不相往来，故而没有多说一句话。

而今，梁启超才知道，徐志摩回国以后，经常给张幼仪写信，这就大大出乎梁启超的预料了。他也不知道弟子徐志摩的脑袋里究竟在想些什么，于是写了封信来规劝他：

其一，人类持有同情心以自贵以万物，义不容以他人之苦痛易自己之快乐。弟之此举，其以弟将来之快乐能得与否，殆茫如捕风，然先已予多数人以无量之苦痛，重闻之悲诧，微，君劢言吾亦可以推想得之，君劢家之老人，当亦同兹感。夫人或与弟同怀抱所疼灭杀？然最难堪者两儿，弟既已育之，胡能置之，兹事恐弟将终身受良心上之重罚无以自宁也。

其二，恋爱神圣为今之少年所最乐道，吾于兹义固不反对，然吾以为天下神圣之事亦多矣，以兹事为唯一之神圣，非吾之所敢闻，且兹事尽可遇而不可求，非可谓吾欲云云即云云也。况多情多感之人，其幻象起落鹘突，而得满足得宁帖也极难，所梦想之神圣境界，恐终不可得，徒以烦恼终其身已耳。呜呼。志摩，天下岂有圆满之宇宙若尔尔者？

……呜呼。志摩，当知人生树立甚难，消磨甚易，如志摩之年，实一生最可贵之时期，亦最危险之时期也。若沉迷于不可必得之梦境，挫折数次，生意尽矣，郁邑诧傺以死，死为无名。死犹可也，最可畏者，不死不

---

[1]　徐志摩著，虞坤林编：《志摩的信》，学林出版社，2004 年版，第 387 页。

生而堕落至不复能自拔。

　　呜呼志摩，可无惧耶！可无惧耶！吾与志摩相处之日殊浅，吾所虑者或皆不衷于事实，然吾之爱惜吾志摩者至厚，自闻君励言后，耿耿于中，无一时能释。①

　　正如胡适所言，梁启超一眼就看透了徐志摩的行为是追求一种"梦想的神圣境界"。梁启超料到徐志摩必然会失望，也害怕徐志摩的少年心性受不得挫折，会想到死亡，抑或长久堕落下去，所以才用老师的口吻警告道："天下岂有圆满之宇宙？"

　　这封信之所以写得激荡万千，也许是梁启超听说了徐志摩热烈追求林徽因，并且受到梁思成打击的事了。

　　一边是自己的儿子和未来的儿媳，一边又是自己最得意的弟子。梁启超夹在中间，本身就难以维系。再则，徐志摩是个用情炽烈的人，一时受不得打击而自刎，也或有可能。

　　然而，梁启超终究是小觑了徐志摩。实际上，经过多年留学生涯的历练，徐志摩已成为一个勇往直前的理想主义者。梁启超的反理想主义，显然让他不太能接受。尤其当梁启超说起"义不容以他人之苦痛易自己之快乐"时，徐志摩这样回复道："我之甘冒世之不韪，竭全力以斗者，非特求免凶惨之苦痛，实求良心之安顿，求人格之确立，求灵魂之救度耳。人谁不求庸德？人谁不安现成？人谁不畏艰险？然且有突围而出者，夫岂得已而然哉？"②

　　恋爱这件事无比神圣，徐志摩向来希望追求一种自然而纯粹的情感，为了这种情感，宁肯赴汤蹈火而死，也在所不惜。与其说爱情是他情感的

---

① 徐志摩著，虞坤林编：《志摩的信》，学林出版社，2004年版，第386—387页。
② 徐志摩著，虞坤林编：《志摩的信》，学林出版社，2004年版，第387页。

一部分，倒不如说爱情是他理想主义里的一束光，一颗种子，甚至是一种映照。不过，真正两情相悦的爱情，显然是可遇而不可求。可就算再难遇见，他也要穷追不息，这才是大无畏的徐志摩。

于是，徐志摩在信里写下了一句非常经典的话："我将于茫茫人海中访我唯一灵魂之伴侣；得之，我幸；不得，我命，如此而已。"紧随其后，徐志摩又把自己单纯的理想主义观念，几乎澎湃热烈地抒发了出来："嗟夫吾师！我尝奋我灵魂之精髓，以凝成一理想之明珠，涵之以热满之心血，朗照我深奥之灵府。而庸俗忌之嫉之，辄欲麻木其灵魂，捣碎其理想，杀灭其希望，污毁其纯洁！我之不流入堕落，流入庸懦，流入卑污，其几亦微矣！"[①]

不难看出，在徐志摩的世界里，爱、自由和美这三种元素，一起浇灌着他的人生，缺了哪个都是残缺，人生都不会完美。胡适曾说过，我们只有先认清徐志摩的单纯信仰和人生观，才能对他的为人有一个清醒的了解。

的确如此，在徐志摩存世的作品中，我们经常会看到爱、自由和美这样的表达，也许这些就是他内心深处最真实的写照吧。

不过，梁启超看到徐志摩的回应之后，心里应该五味杂陈。徐志摩这种近乎疯狂而炙热的表态，一点也不讨梁启超的欢喜。可徐志摩的话已至此，他又能说什么呢？

在北京的那段日子里，徐志摩也不全围着林徽因转。除了这段爱情让他无法释怀，他的心里还盛着一个伟大的梦想，那就是在文化界开辟出一条属于自己的道路。

从陈博生那里搬出来以后，徐志摩住进了石虎胡同七号。此地是松坡

---

① 徐志摩著，虞坤林编：《志摩的信》，学林出版社，2004年版，第387页。

图书馆专藏西文书的二馆，图书馆的总部就设在此。

图书部的主任是蒋百里，总务部主任是骞季常，他们都在这里办公。由于梁启超公务繁忙，虽是这里的馆长，但只是挂名，实际负责人是骞季常。

这里还设有梁启超所创办的一个学术机构——讲学社。该社团主要负责邀请国际名人来华讲学，而蒋百里就在讲学社兼任总干事。

起初，梁启超帮助过徐志摩创办《时事新报》的副刊《学灯》，可惜徐志摩没有办成功。就在进退两难之际，梁启超便把他安排在了这里处理图书馆和讲学社的英文信件，也算是暂时的落脚之处。

这段时间的徐志摩，心里极为痛苦。这主要来源于两个方面：其一，他和林徽因的情感付诸流水，再也不可能挽回；其二，身边都是出类拔萃的人物，恩师梁启超名震天下，好友林长民笑傲八方，二哥张君劢年轻有为，就连他曾经瞧不起的中学同学郁达夫，也已成了知名作家，唯独自己寂寂无名。

为了实现自己的梦想，徐志摩认真思索了接下来的发展方向。他明确了一个路径，那就是进行文艺创作。这是一个特殊时期，五四运动刚刚开展不久，新文化已取得了部分成就，文学研究会、创造社、《小说月报》《新青年》《新潮》《语丝》《文学周报》等如雨后春笋般崛起。这些文学社团各自为王，一时形成了自己的领地。徐志摩发现，眼前的机会很多，只要肯努力，一定会取得收获。

任何人在成名之前，一定离不开持之以恒的奋斗。徐志摩在没有成为诗人之前，几乎跟大多数青年作者一样，也进行过很长一段时间的投稿。

每次去看望办报刊的朋友，徐志摩手里都会提着一个皮包。如果听说有人要稿件，他就会从皮包里抽出几份递给别人。如果别人都不满意，他干脆把文件分散开让人家随意挑选。

这些诗稿是他在英国时写的或者翻译的"烂笔头"，之所以拿出来投稿，也是想碰碰运气。当然，徐志摩写作时也会蹭热点。比如发生于1922年11月的罗文干案，就被他敏锐地捕捉到了，于是挥笔写了一篇《就使打破了头，也还要保持我灵魂的自由》的文章，发表于1923年1月28日《努力周报》的第三十九期。

除了这篇文章，徐志摩在1923年1月至3月之间，陆续在《努力周报》《时事新报·学灯》《晨报副刊》等刊物上发表了许多诗文。

那个时候的新文学正在蓬勃发展，仅新诗就涌现了十几本诗集。1920年胡适出版了《尝试集》，1921年郭沫若随之发表了《女神》。

女性诗人也不甘示弱，冰心以她独有的笔触，发表了许多特色鲜明的短诗，诸如1922年出版的《闲情》，1923年出版的《繁星》《超人》《春水》等。

面对这样的创作局势，徐志摩亦力争上游，他用自己清新的语言风格，写就了一系列浪漫自由的唯美诗歌，篇幅有长有短，文字优美之余又别具一格，极受欢迎。

再加上他是哥伦比亚大学的硕士，剑桥皇家学院的高才生，还是梁启超的弟子——他迅速引起了文坛的关注。

第四节　走上神坛

徐志摩第一首引起轰动的诗是《康桥再会吧》。这首诗之所以引起大家的关注，并非因为读者们爱上了这首诗，而是因为闹了一场颇为有趣的乌龙。

1923年3月12日，这首诗便刊登在了《努力周报》的《学灯》副刊上，只不过编辑看着文章篇幅过长，误以为是一篇散文，就按照散文的结构进行了连贯式的排版。

徐志摩知道后，立即给报刊主任写了一封信，大致阐述了他的创作意图，并声称这是一种创新性的诗歌体裁：一行十一个字，主要是在模仿英文的 Blakverse 不用韵而一贯的音节和尺度。

报刊主任很客气地接受了徐志摩的意见，不仅发了道歉声明，而且在修改完后，又重新刊印了一遍，结果还是把原稿刊登错了。直到第三次刊登，才终于正确了。

这次乌龙闹得很大，导致越来越多的读者们看到了这首"命途多舛"的诗歌。不管是诗歌文本掀起的轰动效应，还是乌龙事件本身自带吸引力。总之，自那而后，徐志摩算是真正地火了起来，也真正引起了读者们的注意。

经此一事，徐志摩的名声大振。梁实秋应清华文学社的要求，设法通过梁思成联系上了徐志摩，并邀请他到清华演讲。他们演讲的地方在清华高等科的小礼堂，也被称为同方部。

这次讲演，徐志摩做了充足的准备。他以"艺术与人生"为主题，按照牛津的方式展开了滔滔不绝的演讲。尽管他的口音很标准，可是学生们根本就听不懂。

梁实秋是本次会议的主持人，他卖力地听了徐志摩的演讲，也没有听懂他在说什么，心里还在嘀咕，难道这是一篇学术性很强的文章吗？直到这篇稿子发表在《创造》（季刊）上，梁实秋看罢才明白过来，徐志摩演讲的不过是一篇通俗式的创作感想经验谈而已，实在算不上学术文章，更没必要用"牛津的方式"演讲。①

① 梁实秋著：《实秋杂忆：梁实秋怀人丛录》，陕西旅游出版社，1998年版，第22页。

有关徐志摩这次演讲的时间，韩石山先生在他所著的《徐志摩传》中明确交代，梁实秋应该是记错了时间。徐志摩并非于1922年秋天演讲，而应该是在1923年春天的3、4月间。

韩石山先生的理由有二：一是徐志摩在此之前还没有太大的名气；二是徐志摩于1922年12月初才到北京，所以不可能是1922年秋。从其所穿衣服推断，应该在1923年3、4月间。[①]

笔者基本赞同韩石山先生的看法。从徐志摩的履历来看，这次在清华的演讲，虽然没有取得理想的效果，但是却为他打开了一扇大门。

一个毕业于美国哥伦比亚大学的研究生，后来又在剑桥大学求学的治学者，还跟罗素和蔓殊菲儿来往密切，显然已成为当时文坛上的香饽饽。

最先向徐志摩抛出橄榄枝的是北师大附属中学的一个文学社，这个文学社叫曦社（1922年11月成立，1925年解散），成员都是附中二十九班的学生，主要由李健吾、朱大枏、蹇先艾、滕沁华等组成。多年后，他们中大部分人都成了文坛响当当的人物：

李健吾，山西运城人，笔名刘西渭，近代著名作家、戏剧家、翻译家。

朱大枏，四川巴县人，当过学生会主席，后来主要以诗歌闻名。

蹇先艾，贵州省遵义老城人，久负盛名的短篇小说家、散文家、诗人。

众人先向国文老师汇报，他们要请徐志摩到社团演讲，老师欣然同意。之后，蹇先艾便去找了他的叔公，也就是松坡图书馆的实际负责人蹇季常。

---

① 韩石山著：《徐志摩传》，北京十月文艺出版社，2000年版，第106—107页。

　　由于当时徐志摩正在松坡图书馆的耳房里居住，所以蹇季常的面子他不能不给，只好过来给这群中学生讲课。

　　这是5月底的一天，徐志摩演讲的主题是"诗人与诗"。之前在清华这种高等学府讲课，那是相当的意气风发，而今沦落到去中学讲课，不禁有点颓然。不过，徐志摩并没有消极对待这样的机会，他还是认真准备了这次演讲。

　　北师大附属中学位于琉璃厂北侧，这次的讲授对象是二十九班的全班同学，朱大枏和滕沁华进行整理记录。也不知道是不是因为讲授对象是中学生，徐志摩忽然要求大家互相讨论——这是一种新颖的讲授方法。中学生们哪里习惯得了？都不知道该如何应对，场面一度陷入尴尬，只剩下徐志摩硬着头皮从头讲到了尾。

　　后来，李健吾在一篇名叫《蹇先艾》的文章中写道："第二天你（蹇先艾）来，你说徐志摩笑我们这群孩子没有敬他一杯白开水。连一杯白水也没有给他润喉咙！"[①]

　　虽说徐志摩的演讲不算成功，但却激发了这些学生的文学兴趣。不久后，他们又邀请鲁迅去演讲，一时轰动了全校。不过从《蹇先艾》这篇文章中也能看出来，李健吾先生似乎并不太喜欢徐志摩这类诗人的创作风格，但对徐志摩自身并无意见。他这样说道："后来，徐志摩在《晨报》办副刊，你和大枏全有诗文在上面发表。你们加入他主持的一个什么诗会，朱湘、闻一多、刘梦苇等等全在里面。不知道什么缘故，我不太和你们这些诗人们来往。我的气质里面有些理智的成分，不愿意叫我向徐志摩低头；但是，直到如今，我还有一本英文游记是他借给我的，我保留到现在。我自然也有诗文给他发表，我记得他特别赞美我一篇孩子气十足的

---

① 李维永编：《李健吾文集 散文卷》，北岳文艺出版社，2016年版，第98页。

《一个妇人的爱情》，你把他的奖带给我。"①

每个文学家都有自己的创作理念，因理念不同而导致的文人相轻，也是自古以来就有的现象。不过，我们从徐志摩演讲的这篇《诗人与诗》中，还是能发现一些对当代诗坛有所启迪的话："现在的诗人几乎占据了中国的新文坛，所以发表出来的诗也太滥了。反对白话诗的人常常持这种论调：'散文分行写就是一首白话诗，白话诗要改成连贯的写就是一篇白话文。'这也不怪他们说得这样过份（分），作者原不能辞其责呀。虽然，这种努力也是一种极好的预备。"②不论是过去的诗坛，还是当下的诗坛，白话诗的写作似乎都遇到了这样的瓶颈——诗无诗味。徐志摩的担忧直到现在也没有得到很好的解决。

原本，这只是一次因熟人相邀而进行的演讲活动，或许徐志摩并没有太当一回事。又或许，徐志摩自认为，这件事不会在他的人生里掀起多么大的风浪。

可谁也不会想到，两个月后，一篇由桐伯撰写的文章直指徐志摩，并发表于8月6日的《晨报副刊》上：

某中学的成绩是颇有名的，它这里面有一个什么诗社，有一天请了一位思想昏乱的什么先生去讲演。这诗社的社员，大都是算学不及格的，这位先生在讲演时不知是有意的呢，还是无意的，迎头便恭维他们一句，说是世界上的大文学家没有一个不讨厌数目字的，没有一个在学堂里考算学考得及格的。于是下边掌声如雷一样的动。③

这篇文章，明显体现出桐伯文字的尖锐性——直戳问题的要害。可

---

① 李维永编：《李健吾文集 散文卷》，北岳文艺出版社，2016年版，第99页。
② 王萍萍主编：《徐志摩经典 超值精装典藏版》，万卷出版公司，2016年版，第224页。
③ 桐伯：《算学与诗人》，载于1923年8月6日《晨报副刊》。

是，徐志摩所言，真就如桐伯先生的解读之意吗？我们不妨看看徐志摩如何说的：

> 诗人不能兼作数学家。如像德国的 Goethe，他的政治，历史，哲学，文学……都好，只有数学一种学科不行。你们数学不见长的，来学诗一定是很适宜的；因为诗人的情重于智，数学家却只重印板式的思构；数学不好的人，他的想象力一定很发达，所以他不惯受拘于那呆板的条例。[①]

这段文字里，徐志摩已告诉我们答案。他只是觉得数学是一种呆板的理性思维的机器，一个人，一旦深入到数学的研究之中，就会失去天马行空的想象力和创造力。

当然了，这话说得有点过于绝对。事实上，数学也需要想象力和创造力做支撑，不然也不可能会涌现出一系列的数学猜想。

不过，文学的想象和创作与数学是显然不同的。文学更需要抽象且不太符合客观规律式的想象，而数学则必须是符合逻辑性和缜密性的科学猜想。也许，徐志摩想表达这样的分别。

不管怎样，桐伯的文章见报后，赛先艾看罢极不同意，于是写了一篇辩诬的文章。这篇文章于一个星期以后，也就是 8 月 12 日见于《晨报副刊》，文章名字叫《读了〈算学与诗人〉以后》。此文章火药味十足，当头便道："八月六日桐伯君在附刊上登了一篇《算学与诗人》，里面有一个实例，不知他老先生是听来还是见来，含含糊糊好不真切的居然就写在纸上……听者除曦社社员外，还有同学数十人。徐先生讲到算学与诗人仅仅说了一句：'Goethe 各样学科都好，只是数学不见长，诸君算学考不及格，也许可以做诗做得好'，桐伯便又给他编派上一句'世界的大文学家

① 王萍萍主编：《徐志摩经典 超值精装典藏版》，万卷出版公司，2016 年版，第 223 页。

没有一个不讨厌数目字的，没有一个在学堂里考算学考得及格的'。同当时事实未免相差太远，污蔑太甚。"①

从蹇先艾的文章我们不难发现，他用了"也许可以做诗做得好"，但在徐志摩被整理出来的《诗人与诗》的文章之中，却是说"来学诗一定是很适宜的"。

"也许"一词强调一种可能性，并不是很绝对，说话留有余地；而"一定"一词就过于绝对，很容易引起别人吹毛求疵。所以，桐伯先生撰写文章批驳徐志摩，也许就存在这种"反绝对化"的倾向。

随着两拨人马摩拳擦掌，拉开战局，一场诗坛大论战就此开始。没过多久，北京、济南、河南、天津、太原等地方，也相继有人加入这场论战中。面对这片硝烟弥漫的诗坛战场，徐志摩竟然没有出来发声，似乎太不寻常。这里面究竟藏着怎样的缘由，已无史料印证。

不过，我们可以做一下设想：一方面这些参与讨论的人都算不上当时的名人，言语也不够权威，故而无法跟徐志摩进行平等对话，简而言之是不值得他去辩论；另一方面，讨论者越来越多，滚雪球似的增加，如果自己不经意的话再被解读，反而会酿成新的麻烦，所以此刻就算徐志摩装着一肚子话，也还是不说的好吧。

长期接受西方文化的熏染，并在世界著名高校进修过，拥有当世最高的学位。此外，这个人还有出色的才华，还结交了世界各地知名的学者文人。再加上，此人的良师益友均是政界、商界、教育界、文学界、学术界等最顶级的一类人，那这个人多半会养成高傲尖酸的性情。

这种性情不能简单地称作人品败坏。也许，这只不过是在特殊环境下造就的一种特殊性格罢了。他很可能会随口而出一些不经过大脑的话，但

---

① 蹇先艾：《读了〈算学与诗人〉以后》，《晨报副刊》，1923 年 8 月 12 日。

这些话实际上并无恶意。

可是旁观者听了，一经跟他那高傲的形容样貌变化作对比，就会产生苛责的要求。有人认为那是风流浪荡，还有人认为是狂放不羁，更有人会觉得是自高自大。

一千个人，自有一千种看法。很显然，徐志摩就是上述提到的一类人。

1923 年的一天夜晚，徐志摩和陈西滢一起约好去新明剧场看《汉姆雷德》，这是陈大悲攒的局。陈西滢是江苏无锡人，他在英国读中学，后来考入爱丁堡大学和伦敦大学，归国后在北大外文系任教，是我国著名的文学评论家、翻译家。1924 年，在胡适的支持下，陈西滢与徐志摩等人合办了《现代评论》周刊，所以陈西滢也是徐志摩的好友兼合作伙伴之一。陈大悲是我国现代戏剧的先驱，笔名蛹公、大悲，浙江杭州人。他是著名新居社团春柳社的重要成员，还是中国话剧最早的职业演员、导演之一。

根据徐志摩自己介绍，这出戏似乎演得并不成功，后来陈大悲还专门写了一封道歉辞令。陈大悲在这封辞令中很失望地表示，这出戏是莎士比亚的"四世孙"。

至于为何出现这种状况，陈大悲给了一个合理的解释：莎翁的戏经兰姆先生写成故事，林琴南先生看到了这个故事，又把兰姆写成的故事翻译成古文。郑正秋先生紧跟着把林琴南所写的内容编排成新剧，最后才请李悲世先生完成了这一出戏的表演。

一部简单的莎士比亚作品，却经转了四人之手改编，可不就是莎士比亚的"四世孙"吗？面对这个解释，徐志摩显然不太满意，他有些轻佻且自傲地说道："我们不能不乐。同时看客中受感动的自然有，穿天鹅绒衫子的女太太们看到奥菲利亚疯了的时候偷揩眼泪的不少。我们这几个人特别的受用，人家愁时我们乐，人家哭时我们笑，有我们的理由。我们是去过大英国，莎士比亚是英国人，他写英文的，我们懂英文的，在学堂里研究过他的戏，至少汉姆雷德，在戏台上也看过，许还不止一次，我们当然不仅懂得莎士比亚，并且认识丹麦王子汉姆雷德，我们想像里都有一个他，穿丧服的，见鬼的，蹙着眉头捻紧拳头自己同自己商量——'死好还是不死好'？……我们眼睛长在头发心里的英国留学生怎的不笑断肚肠根？所以这算是我们新剧的成绩，汉姆雷德，丹麦王子，莎士比亚一定在他那坟里翻身哪……我们不出手，艺术那蜗牛就永远躲在硬壳里面不透出来，没有我们是不成的，信不信？哼，穿燕尾服的汉姆雷德，猫都笑瞎眼珠了！"①

　　这些话出自徐志摩所写的《话匣子（一）——〈汉姆雷德〉与留学生》一文，原载于 1925 年 10 月 26 日的《晨报副刊》，署名志摩。

　　这篇文章处处渗透着高高在上的语态以及自己是留学生就高人一等的心态，无论是艺术鉴赏、戏剧感知，还是故事编排、人文解释等，全都站在知识的制高点，从而对国内艺术进行疯狂批判。

　　至于国内戏剧家们的改编和创作，在徐志摩看来，反而处处透着一股腐朽愚笨、张冠李戴、毫无学养等气息。然而，事实真如此吗？徐志摩为何会说出这般毫无情商的话呢？我们认真看完文章就会发现，上述内容不过是在断章取义。他并非一味地批判，而其实是在进行自我反省。

第五节　诗论争端

　　年轻时的徐志摩的确说了一些不该说的话，但他最可贵的地方就是知道反省，深知一些事万万不该做。《话匣子（一）——〈汉姆雷德〉与留学生》这篇文章的写作用意，正是基于此。

---

① 徐志摩著：《徐志摩经典散文》，山东文艺出版社，2018 年版，第 258 页。

那么，徐志摩是如何反思的呢？正如他在文章开头写的那样："一个自命时新甚至激进的人多的是发现他自己骨子里其实守旧甚至顽固的时候。"

紧跟着在文章结尾又再次强调："我开篇第一句话是：'一个自命时新甚至激进的人多的是发现他自己骨子里其实守旧甚至顽固的时候。'我们如其想望我们的心灵永远能像一张紧张的弦琴挂在松林里跟着风声发出高下疾徐的乐音，我们至少消极方面就得严防势力、自大与虚荣心的侵入。肚子里塞满茅草固然是不舒服，心坎化生了硬石头也不见得一定是卫生。留学生的消化力本来就衰弱，因为不是一时间吃得太多就是吃得太快。胃病是怪难受的。"①

由此可见，写这篇文章之前，徐志摩自己就是他所批判的那类自大自傲的人，之所以写这篇文章，正是意识到自己曾犯下过此类错误，并希望在未来进行改进和涅槃重生。

《话匣子（一）——〈汉姆雷德〉与留学生》这篇文章就像一封忏悔书。经过重装上阵，徐志摩的才性和为人处世的能力，渐渐有了质的升华。

几年时间，徐志摩不仅发表了许多脍炙人口的诗文，而且许多文章都掀起了波澜壮阔的论战。文章有人欣赏，那是才情使然；文章有人讨论，那自然是有热度。才情和热度都有了，接下来就应该加入一个有名气的社团历练历练。毕竟，只靠单打独斗的写作，很难闯出一片天地。

徐志摩很快就把目光瞄向了创造社。创造社成立于1921年6月8日，成员有郭沫若、成仿吾、郁达夫、张资平、田汉、郑伯奇等赴日留学的中国新文化运动的健将。

创造社前期主要主张反对封建文化、复古思想，以及崇尚天才，主张

---

① 徐志摩著：《徐志摩经典散文》，山东文艺出版社，2018年版，第260页。

自我表现和个性解放，他们非常在意作者内心世界的表达和展现——这明显符合徐志摩的创作初衷。

1923 年 3 月，徐志摩的《艺术与人生》稿件被创造社的《创造》（季刊）采用。徐志摩很高兴，于 21 日给成仿吾写了一封信：

仿吾兄：

…………

贵社诸贤向往已久，在海外每厌新著浅陋，及见沫若诗，始惊华族潜灵，斐然竟露。今识君等，益喜同志有人，敢不竭驽薄相随，共辟新土。

…………

达夫诸兄均此，敬问撰安。

徐志摩　三月二十一日 ①

从这封信看，徐志摩似乎跟创造社的许多人关系匪浅，也可以算得上是朋友。可惜，徐志摩在人情世故上终究是欠缺了些圆滑，不会分场合说话，因而得罪了不少人。

徐志摩不会想到，他随手写下的《杂诗：坏诗，假诗，形似诗》发表在胡适创办的《努力周报》第五十一期之后，会引起轩然大波。

起因源于徐志摩批评了郭沫若的诗句"泪浪滔滔"。这四个字出自郭沫若于 1921 年 10 月 5 日创作的《重过旧居》一诗。

这首诗的背景是，郭沫若从上海回到了日本，迁居之后重访博多湾旧居，一时忽发慨叹，遂挥诗一首。诗歌的原文如下：

我和你别离了百日有奇，

---

① 徐志摩著：《志摩的书信日记：我没有别的天才，就只有爱》，北方文艺出版社，2018 年版，第 66 页。

又来在你的门前来往；

我禁不着我的泪浪滔滔，

我禁不着我的清滔激涨。[①]

这首诗一共八节，每节都是四行，以上只摘录了徐志摩所批判的涉及"泪浪滔滔"的一小节。徐志摩在文章中尽管没有点名道姓，但是用词较为犀利，以至于让看过这首诗的创造社成员们心里有点不舒坦。

徐志摩在文章中这样写道：

我记得有一首新诗，题目好像是重访他数月前的故居，那位诗人摩按他从前的卧榻书桌，看着窗外的云光水色，不觉大大的动了伤感，他就禁不住"……泪浪滔滔"。

固然做诗的人，多少不免感情作用，诗人的眼泪比女人的眼泪更不值钱些，但每次流泪至少终得有个相当的缘由。踹死了一个蚂蚁，也不失为一个伤心的理由。现在我们这位诗人回到他三月前的故寓，这三月内也并不曾经过重大变迁，他就使感情强烈，就使眼泪"富余"，也何至于像海浪一样的滔滔而来！

我们固然不能断定他当时究竟出了眼泪没有，但我们敢说他即使眼泪也决不至于成浪而且滔滔——除非他的泪腺的组织是特异的。总之形容失实便是一种作伪，形容哭泪的字类尽有，比之泉涌，比之雨骤，都还在情理之中，但谁能想象个泪浪滔滔呢？[②]

经过"《汉姆雷德》事件"之后，徐志摩的傲慢与自大似乎收敛了不少。但是，他每当看到有问题的创作观念时，仍禁不住要多一句嘴。

---

①　（日）伊藤虎丸编：《创造社资料 第1卷》，亚洲出版社，1979年版，第7页。

②　徐志摩著，顾永棣编：《徐志摩全集·评论卷》，浙江人民出版社，2015年版，第330—331页。

这次批评郭沫若，也许是因为诗情大发而引起的自我创作观的炫耀和表达。这就像我们发现了一件有意思的事，忍不住一口气分享出来心中的所想——事别理同。可世上很多事，并不是心里怎么想就能怎么说的。为人处世有时候需要圆滑一些。

徐志摩显然在这方面还缺乏历练。5月13日，创造社成员洪为法把这件事告诉了郭沫若。郭沫若很生气，立即给成仿吾写了信。

6月3日，成仿吾在创造社的《创作周报》第4号上发表了一则名为《通信四则》的文章。其中，两封是徐志摩的信，一封是洪为法的信，还有一封是成仿吾写给徐志摩的信：

志摩兄：

前几天沫若接到了一位朋友的信，说你在《努力》上骂他，我最初很不相信，及买来一看，才知道真有这样的奇事。你前回嘱我向沫若致意，我正想回复你，说我们既然志同道合，以后当互相砥砺，永远为友，你最近的信，还问他能不能往北京。你一方面虚与我们周旋，暗暗里却向我们射冷箭。志摩兄！我不想人之虚伪，以至于此！我由你的文章，知道你的用意，全在攻击沫若的那句诗，全在侮辱沫若的人格。

…………

我所最恨的是假人，我对于假人从来不客气，所以我这回也不客气把你的虚伪在这里暴露了，使天下后世人知道谁是虚伪，谁是假人。我在这里诚恳地劝你以后少做些虚伪。成功不是那么重要的事情。别来一无长进，只是越穷越硬，差堪告慰。

成仿吾

（一九二三）五月三十一日①

---

① 史若平编：《成仿吾研究资料》，知识产权出版社，2011年版，第392页。

这件事的矛盾点不在于诗论，而在胡适。徐志摩不仅与胡适走得很近，而且在胡适创办的《努力周报》上发表言论，便有跟胡适站在同一阵营，甚至在为胡适说话之嫌。

原来，早在徐志摩回国之前，胡适就与创造社的成员就文学翻译上究竟是"直译"还是"意译"展开过一番唇枪舌战。《新青年》主张直译，而创造社则主张意译。

双方最开始由创作理念的不同而产生论战，直至上升到了人格的谩骂。《努力周报》批判郁达夫"浅薄无聊而不自觉"，《创造》（季刊）就凌厉地回击以"蛆虫""肥胖得很""感情这条恶狗""邪路"等字眼。

双方对战，徐志摩显然就是牺牲品了。待他反应过来时，自觉有必要解释一下，于是花了四日写下《天下本无事》一文发表在了《晨报副刊》。

这篇文章态度诚恳，一方面说成仿吾不该把他的信见刊，另一方面又说自己刚回国不久，无论是政情商情，还是文艺界之间的关系等都还没有摸清，故而直到现在才清楚创造社与文学研究会的隔膜，并对此表示了歉意。

只不过，由于成仿吾一怒之下把徐志摩之前的信公布于报，导致上面涉及嘲笑文学研究会成员茅盾和郑振铎的文字也公之于众。

这下，徐志摩既得罪了创造社，也得罪了文学研究会，可谓两边不讨好。幸好文学研究会没有追究，徐志摩于不久后正式加入该会，成为第九十三号会员。

1923 年 7 月 7 日，徐志摩应《时事新报》副刊《学灯》的编辑柯一岑的约稿，将一篇名为《康桥西野暮色》的文章连同小序一起刊登在了副刊上。

文章的小序这样写道：

我常以为文字无论韵散的圈点并非绝对的必要。我们口里说笔上写得清利晓畅的时候，段落语气自然分明，何必多添枝叶去加点画。近来我们崇拜西洋了，非但现代做的文字都要循规蹈矩，应用"新圈钟"，就是无辜的圣经贤传红楼水浒，也教一班无事忙的先生，支离宰割，这里添了几只钩，那边画上几枝怕人的黑杠！！！真好文字其实没有圈点的必要，就怕那些"科学的"先生们倒有省事的必要。

你们不要骂我守旧，我至少比你们新些。现在大家喜欢讲新，潮流新的，色彩新的，文艺新的，所以我也只好随波逐流跟着维新。唯其为要新鲜，所以我胆敢主张一部分的诗文废弃圈点。这并不是我的创见，自今以后我们多少免不了仰西洋的鼻息。我想你们应该知道英国的小说家 George Choow，你们要看过他的名著 Krook Kerith，就知道散文的新定义新趣味新音节。①

徐志摩之所以写很长的小序，旨在告诉读者，他的那首《康桥西野暮色》实际上是没有标点的创新之作。这原本是一位创作者的最新尝试，并无别意，可十地和松年两个人，却紧紧咬住圈点问题，口径一致地对徐志摩展开了批评。

7月13日，《晨报副刊》紧跟着刊登了十地和松年两个人的批评文章。十地在他的《废新圈点问题》一文中，先扬后抑，用词犀利。先表示赞同废新圈点，而后以圈点就是呼吸节奏这样的理论，辛辣地提出，如果废除圈点，一个人就必须能够接连说百十句话，也不必呼吸一口。很显然，这样的行为，凡人根本实现不了，圈点自然也不能废。

松年所写的《圈点问题的联想》在语气上似乎缓和了许多。他从幼年

① 徐志摩著：《再别康桥 徐志摩诗歌全集·下》，青岛出版社，2019年版，第387页。

读书时看到老师伏在书案前小心翼翼地给书本加句读说起，他讲到，那个时候，他们跟着老师一起学习加句读，渐渐提起了加句读的兴趣。后来学了外文以后，他们才知道，希腊时期的书不光没有圈点，甚至每句话的开头连大写字母都没有。尽管如此，西方加圈点的时间，还是要比中国早了几百年。松年绕了一大圈，是想说明一个问题——徐志摩表面上留过洋，骨子里却是好古派。

几天后的 7 月 18 日，《晨报副刊》又刊登了一篇批评徐志摩的文章——黄汝翼的《废弃新圈点问题》。这篇文章刀刀见血地把徐志摩从头到尾批评了一遍。徐志摩哪里受过这么多人无端的攻击和指责，所以他决定奋力反击。

于是，在看完黄汝翼文章的当天，徐志摩立即写了一篇致伏庐的《一封公开信》，并于 7 月 22 日见报。伏庐，是《晨报副刊》的记者孙伏园。

徐志摩先讲了一堆理由，大意是"一部分诗，大可费圈点"，应改为"一部分诗不必要圈点"。为了更好地表达自己的想法，他后面又做了强有力的申明：

我相信我并不无条件的废弃圈点，至少我自己是实行圈点的一个人。一半是我自己的笔滑，一半也许是读者看文字太认真了，想不到我一年前随兴写下的，竟变成了什么"主张"。不，我并不主张废弃圈点。

…………

如其你们硬要派我主张这样或那样。至于一般的新圈点之应用，我又不发疯，我来反对干什么；我连女子参政，自由恋爱，社会主义……都不反对那！①

———————

① 徐志摩著，金黎明、虞坤林编：《徐志摩书信新编》，浙江古籍出版社，2017 年版，第 78 页。

这个时候的徐志摩，心里应该急着想辩解什么，同时他写的文字又是随感而发，难免失却考量。所以别人抨击他的问题，看似恳切地回答完了，可是，他的笔不小心一滑，又对孙伏园提出了一系列的意见。孙伏园真是没想到，这个小子居然坑自己一把。

徐志摩的稿子写得不错，当然要发。只不过，在发之前，孙伏园也不甘示弱，紧跟着在《一封公开信》的下面，挥笔写了一篇不算短的附言。

附言的大意是不承认徐志摩的批驳：他孙伏园刊登了三篇攻击徐志摩的文章，这三个人都没给编辑提任何一条意见。你徐志摩倒好，报刊给你登文章就不错了，怎么想起来给报刊提意见了！

孙伏园的这番话也有些意思，徐志摩看到了，多半会无奈一笑吧。

第三章

向青草更青

处寻梦

第一节　一场笔战

徐志摩从到清华演讲开始，一路走来似乎总有争议。他不仅跟文学家展开过各式各样的唇枪舌战，也跟新剧家拉开过一场影响巨大的笔战。

这场笔战的由来倒也好笑。1924 年 4 月 24 日晚，霍路会（W. E. Holloway）的剧团在平安演《林肯》。徐志摩原本以为，这场戏会有很多人看，谁知道来者寥寥。当时"文明戏"已经遍地开花，应该有很多人响应才对，为何北大、高师、美专、剧专等大学的学生们都没有过来看呢？徐志摩问了陈西滢，陈西滢告诉他，也许是学生们嫌弃票价高，所以没有来看。徐志摩听到这里，心里不畅快。1924 年 4 月末的一天，徐志摩写了一篇评霍路会剧团演出的话剧《林肯》的文章，其中写道：

> 本月二十四那天晚上霍路会（W. E. Holloway）的剧团在平安演《林肯》。那晚看客里中国人颇不少，楼下有梅姚（梅兰芳和姚玉芙）和他们的侍从，楼上有新剧家陈大悲。
>
> …………
>
> 不错。表面看来戏价似乎是贵些。但凭着良心讲，这样远道来的剧团演这样认真的戏，要你三两块钱的戏价，只要演的过得去，你能说太贵吗？梅兰芳卖一圆二毛，外加看座茶钱小账，最无聊的坤角也要卖到八毛一块钱，贾波林的滑稽戏电影也要卖到一块多——谁都不怨价贵，每演总是满座而且各大学的学生都是最忠诚的主题。偏是真艺术真戏剧的《林肯》，便值不得两块钱，你们就嫌贵，我真懂不得这是什么打算！[1]

---

[1]　徐志摩著，顾永棣编：《徐志摩全集·评论卷》，浙江人民出版社，2015 年版，第 49—50 页。

《林肯》的编剧是得林克华德，于是徐志摩所撰写的文章便叫《得林克华德的〈林肯〉》。文章写于 1923 年 4 月 29 日，于 1923 年 5 月 3 日、5 日、6 日、7 日连载于《晨报副刊》。

徐志摩是一个愤青，他看不惯一些行为，就要理直气壮地说出来。可问题是，他应该没有想过，就是这样两三句抱怨的话，无形间竟惹恼了京圈的新剧人士。

当年正是新文化运动起步的时期，戏剧是文化运动最重要的一种发轫题材。当时的年轻人几乎都以参加戏剧活动作为新文化人的标志，一些大学的教授、大学生等也对演剧产生了浓厚的兴趣。1922 年底，蒲伯英和陈大悲等人发起了成立人艺戏剧专门学校的号召，一时间北京的新剧得到了极大的发展。至于刊登介绍戏剧写作、翻译剧本、戏剧评论等的刊物，也是数不胜数，几乎没有人不谈新剧。

这种情况下，徐志摩公然挑战新剧界人士的底线，自然引起了大家的注意。只是大家还没有找到合适的宣泄口径，所以一直隐而不发。

1923 年 5 月 6 日晚，北京女子高等师范理化系学生们在新明剧场演出易卜生的《娜拉》，由于当时的环境十分嘈杂，来往的人群也很杂沓，徐志摩和陈西滢因为忍受不了这种环境，提前退场。

这原本是很正常的事，谁知却被新剧界人士抓住了把柄。于是，《晨报副刊》上接二连三地刊登起剧评文章，一方面评论演出的情况，另一方面把矛头直指徐志摩和陈西滢。

一位名叫仁佗的作者，在 5 月 11 日刊登的《看了女高师两天演剧以后的杂谈》一文中，义愤填膺地说道：

尤其觉得可怜的，他们听《娜拉》第一幕中娜拉和姬婷的长篇谈话的时候，颇多露出不耐烦的神气；看《娜拉》第二幕未完而陆陆续续退出的竟不乏其人！足见他们实在不配看这种有价值的戏。他们决不懂得《娜拉》是解决女子人格问题的名剧（他们脑子里本来没有"人格"两个字，尤其没有"女子人格"四个字）。他们从来不知道戏剧与人生的关系（他们的脑子里本来就没有"人生"两个字）。他们从来不会用严肃的态度看戏的。他们只配去捧什么"郎"，什么"娘"。可怜，可怜。①

如果说仁佗的表达尚且留有余地，算不上多么犀利，那另外一名叫芳信的作者，几乎是站起来大声斥责，他在 5 月 12 日、13 日发表的《看了〈娜拉〉后的零碎感想》一文中这样说道：

哈哈！到这时候，你们这些戴帽子走的先生们，披围巾跟着的太太小姐们都不知那里去了！留着这一点难得的福让我们独享！你们真好慷慨吓！呸！你们还是跟杨梅结毒逐臭去罢！②

尽管徐志摩是新派人物，尤为喜欢新剧，可是他也很喜欢京剧。徐志摩的好朋友毛子水曾经在《北平晨报》上回忆过，有时去腊库胡同拜访徐志摩，隔着老远的距离，也能听到他在唱戏，而且那声调拿捏很像是学的杨小楼。因而这里涉及的"捧什么'郎'、什么'娘'""跟杨梅结毒去逐臭"，实际上是在讽刺徐志摩经常看杨小楼和梅兰芳的戏，所以品鉴的段位不够高，不过是老一套，甚至是一个刻板古旧的人。

随着攻击的文章越来越多，徐志摩和陈西滢坐不住了。他们势必要回击，可回击的力度有多大，是不是要引战，他们陷入了深度的思考。

5 月 24 日，陈西滢的《看新戏与学时髦》和徐志摩的《我们看戏看的是什么？》相继在《晨报副刊》刊登。

---

① 陈西滢著，陈子善、范玉吉编：《西滢文录》，辽宁教育出版社，2000 年版，第 137 页。
② 陈西滢著，陈子善、范玉吉编：《西滢文录》，辽宁教育出版社，2000 年版，第 137 页。

两个人都先交代了提前离场的缘由，只不过他们抨击丑诋的态度不太一样。陈西滢主要是从客观原因解释，通过说明剧场实在没法看戏，自己因此不得不离开，进而婉转说明，那些批评他们的人实在无聊和无理。

徐志摩在文章中说出的话，显然要比陈西滢更加含蓄和绅士。他先说："有时候菩萨也会生气的，不要说肉体的人。西滢是个不容易生气的人，但他在这篇文章里分明是生气了。他的生气是有出息的，要不然我们哪里看得到这篇锋利诙谐的文章？"①

这是文章的开头，只怕看到这句话时，再生气的人也不会生气了吧？徐志摩的文字四两拨千斤，读者既觉得好气又觉得好笑。因为这样的文字，实在让人恨不起来。而他之所以这么写，大抵也是害怕文章写得过火，从而引发更加恶毒的攻击。

为了缓和气氛，徐志摩还在文章最后进行了善意的规劝。这场战火起初由他挑起，在阐明自己的理念以后，马上宣布息战：

我最后一句话是要预先劝被西滢批评着的诸君，不要闹意气，彼此都是同志，共同维持艺术的尊严和正谊，是我们唯一的责任，此外什么事我们都不妨相让的。②

从这篇文章来看，徐志摩还算是秉性随和。他没有意气用事，将这场笔战引入万劫不复之地。他早已想到了及时求和，而且对待破口骂自己的人，也没有太苛刻，心胸颇为大度。

1923 年暑间，徐志摩在南开大学暑校教授了两个星期的课程，所开课目是"近代英文文学"和"未来派诗"，并且在绿波社天津总社讲演茶叙摄影。

---

① 徐志摩著：《徐志摩经典散文》，山东文艺出版社，2018 年版，第 234 页。
② 徐志摩著：《徐志摩经典散文》，山东文艺出版社，2018 年版，第 236 页。

绿波社是一个文学社团，成立于 1923 年 2 月，主要发起人是赵景深、焦菊隐和于赓虞等人。徐志摩跟绿波社的合作与联系，也算为新月派的创建奠定了人脉。

8 月 11 日，徐志摩离京去了北戴河，七夕时先去角山栖贤寺游玩了一番，而后登了长城。

8 月 27 日（农历七月十六日），徐志摩的祖母何太夫人在老家硖石去世，享年 84 岁。两天后，徐志摩接到了祖母病危的消息，农历七月十九日从北戴河离开，二十二日回到家里。①

两个月前，胡适患了痔瘤。为了安心治病，他迫不得已请了一年的假，到杭州的烟霞洞疗养。徐志摩守孝期间，多次到烟霞洞探望胡适，有时会见一些文友，有时畅聊一些学术。数日的相处，大家的情感渐渐稳固。中秋节后，农历八月十八日，正是观潮的好时候。众人经过合计，决定乘坐专车到海宁去观潮。

这期间，徐志摩前往上海邀请了马君武、朱经农、任叔永、陈衡哲及美国教授艾洛莉等人，再加上胡适、陶行知和曹佩声等，一起来到了斜桥。众人分别乘上两艘船，驶往盐官。大家一起挤在船上吃了饭，由于船舱狭窄，大家几乎挤不开，只好勉强坐下来进食。

从徐志摩的日记来看，他们的伙食还不错，有大白肉、粉皮包头鱼、豆腐小白菜、芋艿等。徐志摩还帮曹佩声蒸了一个大芋头，大家吃得都挺开心。

众人一路喝酒吃菜，畅聊诗歌，分享经历，好不快活。徐志摩按原计划带众人去看夜潮，看守开船到硖石，一早吃了锦霞馆的羊肉面以后，再到俞桥去看枫叶。然后，他们再乘坐早班车返回，各自回家。②

① 陈从周著，陈子善编：《徐志摩：年谱与评述》，上海书店出版社，2008 年版，第 38 页。
② 徐志摩著：《志摩的书信日记》，北方文艺出版社，2018 年版，第 221—222 页。

众人到了盐官，一起步行上了岸，并在镇海塔下面观看钱江大潮。这段潮水汹涌的画面，后来被胡适写于日记中：

潮初来时，但见海外水平线上微涌起一片白光，旋即退下去了。后来有几处白点同时涌上，时没时现，如是者几分钟。忽然几处白光联成一线了。但来势仍很弱而缓，似乎很吃力的。大家的眼光全注在光山一带，看潮很吃力地冲上来：忽然东边潮水大涌上来了，忽然南面也涌上来了。潮头每个皆北高而斜向南，远望去很像无数铁舰首尾衔接着，一起横冲上来，一忽儿，潮声澎湃震耳，如千军万马奔腾之声，不到几秒钟，已涌到塘前，转瞬间已过了我们面前，汹涌西去了。①

众人看完钱江潮水，由于叔永夫妇执意要回去，大家遂没有遵循徐志摩的安排开展活动，而是一部分人北去，另一部分人南下。徐志摩这位东道主，也被人生生拉去了杭州游玩。

那时去杭州的共五人，除了徐志摩，还有胡适、曹佩声、马君武和汪精卫。他们五人在西湖上划舟看月，直到深夜才入睡。第二天一早，众人因各有事做，不得不相继离开。

如果说本次出游，曾让徐志摩和胡适这位文学巨擘结下了深厚的友谊，并结成有力同盟的话，那徐志摩与另外一名文学巨擘的关系却不容乐观——这位巨擘便是鲁迅。

早期的鲁迅与徐志摩关系还算过得去，虽不是挚友，但也算不上敌人。1924年2月21日，徐志摩给魏雷写过一封信，信中提到："元人的短篇小说现在也没有集子，胡适之说我们竟无从知道现存的短篇中那些不是元代的作品。我们一个朋友新出一本《小说史略》（鲁迅著）颇好，我

---

① 胡适著，曹伯言整理：《胡适日记全集》，第四册，联经出版社，2004年版，第107—108页。

也买一本寄给你。适之的《白话文学史》还不曾印成。"① 胡适与鲁迅有过一段时间的密切交往，这二人交往时，徐志摩加入其中也不是不可能。

曾经有学者做过检索，统观《鲁迅全集》，"徐志摩"的名字共出现七次，几乎每次他都是鲁迅信手拈来的"诗哲"小丑。② 然而，这两个人的一生中，几乎没有直接交往的印迹。

唯一一次比较隐晦的交往史，并非见于两个人的书信来往，抑或朋友们的透露，而是来自珍藏在北京图书馆书库里的一本书。

这本书是鲁迅的《中国小说史略》，扉页上写着徐志摩的亲笔字："著者送我的。十三、一、一。"③ 由此可见，鲁迅送过徐志摩书。既如此，鲁迅究竟何时送的书呢？究竟是单独送给徐志摩，还是送了一大批朋友，徐志摩只是其中之一？

1923 年 12 月 11 日，鲁迅在他的日记里告诉了我们答案：

"十一日　晴。……孙伏园寄来《小说史略》印本二百册，即以四十五册寄女子师范校，托诗荃代付寄售处，又自持往世界语校百又五册。"④ 二百本书，去掉四十五本，再去掉一百零五本，只剩下五十本。这五十本书，鲁迅留下来赠送朋友，胡适、郁达夫等人都收到了书，徐志摩也不例外。从这些情况看，我们不妨大胆做一个推测：鲁迅与胡适、郁达夫等人要好，而徐志摩也与胡、郁两人关系匪浅，因而才有了这次送书的机遇。

当然，就算送过书，两个人的关系也谈不上多么亲昵，可能只是点头之

① 徐志摩著，金黎明、虞坤林编：《徐志摩书信新编》，浙江古籍出版社，2017 年版，第 124 页。
② 王古鹏、李丹主编：《鲁迅与中国作家关系研究：065 鲁迅与徐志摩》，吉林人民出版社，2006 年版，第 463 页。
③ 马蹄疾：《文坛艺苑轶话》，郑州海燕书店，1989 年版，第 128 页。
④ 李新宇、周海婴编：《鲁迅大全集·2 创作编（1919—1924）》，长江文艺出版社，2011 年版，第 305 页。

交。后来，徐志摩的一次口无遮拦，彻底惹恼了鲁迅。

1924 年 11 月，梁遇春、周作人、鲁迅等人合力创办了一本叫《语丝》的杂志。在中国现代文学史上，《语丝》占据着重要位置，因为它是现代文学史上以散文为主的文学刊物，其中成就最高的是简短犀利的思想杂感、社会批评随笔、小品散文等。

第二节　泰戈尔访华

久而久之，"语丝文体"就形成了。这是一种排旧促新、放纵而谈、谈古说今、不拘一格的新文学体例，十分符合徐志摩的胃口。

很快，徐志摩就在《语丝》第三期（1924 年 12 月 1 日）投了稿，文章是一首翻译自波特莱尔的诗作《死尸》。诗歌的前面有一段小序：

> 我深信宇宙的底质，人生的底质——只是音乐，绝妙的音乐。天上的星，水里泅的乳白鸽，树林里冒的烟，朋友的信，战场上的炮，坟堆里的贵燐，巷口那只石狮子，我昨夜的梦……无一不是音乐，你就把我送进疯人院去，我还是咬定牙龈认账的。是的，都是音乐——庄周说的天籁地籁人籁：全是的。你听不着就该怨你自己的耳轮太笨，或是粗，别怨我。你能数一二三四，能雇洋车，能做白话新诗或是能整理国故的那一点子机灵儿。真是细小有限的可怜哪——生命大着，天地大着，你的灵性大着。①

这本是一篇谈论音乐的文章，也许是随性而发，兴趣使然。看到这样的文章，如果换成别人，鲁迅可能不会去搭理。可惜，这个人是徐志摩。

---

① 徐志摩著，顾永棣编：《徐志摩全集·诗歌卷》，浙江人民出版社，2015 年版，第 262 页。

　　鲁迅既看不上徐志摩的诗歌，也看不上他的为人。这里面的原因有很多种，诸如他的高调傲慢、离婚风波、多情风流等，几乎都让鲁迅很反感。

　　当然，这种反感如果与自己无关，鲁迅并不会管。可如今，徐志摩在《语丝》上高谈阔论，在鲁迅读来全是聒噪之音，那他就不能不管了。

　　隔了一期之后，在《语丝》的第五期，鲁迅刊登了一篇名为《"音乐"？》的文章。

　　文章开头极为幽默。鲁迅讲自己夜里睡不着，本计划着第二天去吃辣子鸡，又害怕吃的味道跟上次不一样，越想越睡不着，于是坐起来看《语丝》。在这种背景之下，鲁迅用"不幸"一词来表达了看到徐志摩那篇翻译诗稿的感觉，言语的分寸，颇值得玩味。

　　随后鲁迅的描写都是调侃，但调侃之中又带着点讽刺，甚至还有点古里古怪的味道。不懂文学的人读来，已觉得不妙，要是徐志摩读到了，只怕会气愤交加。然而鲁迅的下笔并无任何收敛之意，气势恍若滔滔江河：

　　危险，我又疑心我发热了，发昏了，立刻自省，即知道又不然。这不过是一面想吃辣子鸡，一面自己胡说八道；如果是发热发昏而听到的音乐，一定还要神妙些。并且其实连电影广告的军乐也没有听到，倘说是幻觉，大概也不过是自欺之谈，还要给粗皮来粉饰的妄想。我不幸终于难免成为一个苦韧的非 Mystic 了，怨谁呢。只能恭颂志摩先生的福气大，能听到这许多"绝妙的音乐"而已。但倘有不知道自怨自艾的人，想将这位先生"送进疯人院"去，我可要拼命反对，尽力呼冤的——虽然将音乐送进音乐里去，从甘脆的 Mystic 看来并不算什么一回事。①

① 鲁迅著，陈淑渝、肖振鸣整理：《编年体鲁迅著作全集 插图本1923—1925》，福建教育出版社，2006年版，第159页。

　　鲁迅这种轻描淡写的调侃，其实带着一种反感的味道。他应该不太喜欢沾染了金钱味道的文人，尤其徐志摩这种自以为喝了一些洋墨水，就可以对各种艺术"指点江山"的人。

　　说到底，他们之间有许多不一样的地方：他们的家庭出身不太一样——鲁迅是传统的地主家庭，徐志摩是商人家庭；他们接受的教育不一样——鲁迅是日本留学，徐志摩是欧美留学；他们创作的理念不一样——鲁迅偏现实主义，徐志摩偏浪漫风格；最重要的是，他们为人处世的风格也有差异。

　　以上种种原因汇集在一起，也就造成了鲁迅对徐志摩的反感。鲁迅对徐志摩的反感谈不上有多大，只能说是文人间的互相瞧不上吧。徐志摩去世三年后，鲁迅在一篇文章中披露过他与徐志摩的恩怨：

　　我其实是不喜欢做新诗的——但也不喜欢做古诗——只因为那时诗坛寂寞，所以打打边鼓，凑些热闹；待到称为诗人的一出现，就洗手不做了。我更不喜欢徐志摩那样的诗，而他偏爱到各处投稿，《语丝》一出版，他也就来了，有人赞成他，登了出来，我就做了一篇杂感，和他开一通玩笑，使他不能来，他也果然不来了。这是我和后来的"新月派"积仇的第一步；《语丝》社同人中有几位也因此很不高兴我。[1]

　　从这里也能看出来，鲁迅是先由不太喜欢新诗这种文体，再引申到徐志摩是新诗的创作者，更是不喜欢。一来，鲁迅对徐志摩不感兴趣；二来，鲁迅也很不喜欢他的诗作，故而才生出了反感，写了那篇批评徐志摩的文章。

　　尽管鲁迅不喜欢新诗，但不得不承认，新诗已在当时的中国引起了许多人的关注。随着泰戈尔的访华，这种关注达到了高潮。

---

[1]　鲁迅著：《鲁迅小说集 阿Q正传》，中国商业出版社，2018年版，第293页。

1923 年的春天，一位叫恩厚之的英国人来到北京，并跟瞿菊农和徐志摩等人见了面。恩厚之是泰戈尔的朋友兼助手，他告诉众人，泰戈尔有意访华——这可是天大的好消息。

泰戈尔是印度著名诗人、文学家、社会活动家、哲学家和印度民族主义者。1913 年，他的诗集《吉檀迦利》获得了诺贝尔文学奖，他是第一位获得此奖的亚洲人。

讲学社获知泰戈尔要来，大喜过望。众人经过一番讨论，最终定下了一系列的任务安排：恩厚之设法帮忙转达对泰戈尔的邀请；讲学社再往印度发信，邀请泰戈尔到华讲学；徐志摩负责操办一切欢迎招待事项，并且担任泰戈尔演讲的翻译；王统照作为讲演录的编辑……

众人忙得如火如荼，随时恭候泰戈尔的大驾。按照行程计划，泰戈尔原本是在 1923 年 10 月抵达北京，徐志摩在城西租了一座有暖气和现代设备的私人院落，便是想着让这位大诗人居住于此。

可不巧的是，泰戈尔忽然犯了骨痛热病，访华时间推迟到 3 月间。这个小插曲，反倒给国内的报刊、出版社等译介泰戈尔的作品，并形成传播和宣传，提供了一个契机。

1924 年 4 月 12 日，泰戈尔一行人乘坐热田丸号来到了中国，徐志摩、瞿菊农、张君劢、郑振铎等人如约到上海的汇山码头迎接。

当时各大社团代表、大报记者、日本和印度等的新闻记者都过来采访。下了船以后，大家一起去了沧州旅馆。下午五点，徐志摩陪同泰戈尔一行人去了龙华古寺游玩。

随后的日子，泰戈尔的行程安排得满满当当：13 日下午 1 时，闸北一寺开欢迎会；下午 4 时，前往张君劢府邸参加茶话会；14 日清晨，徐志摩和瞿菊农一起陪泰戈尔游西湖，第二天在灵隐寺作了名为《飞来峰》的演讲；16 日中午回上海；18 日在商务印书馆图书馆大厅举行欢迎会，晚 7 时在功德林举行宴会；23 日返回北京，途经南京和济南时，分别在两地做了演讲……

当一行人到达北京时，欢迎场面极为热闹，1924 年 4 月 24 日的《晨报》上这样热烈地写道：

印度诗哲太戈尔，已于昨日下午七时抵京矣。太氏一行，于昨日上午由济南乘坐车北行，下午三时余，车抵天津，梁启超曾赴车站欢迎。太氏下车稍憩，适京奉快车亦抵津站，太氏遂同英人恩厚之（Elmhirst），美女士（Miss Green），印度学者诺格（Nog）、鲍斯（Boss）、沈（Sen）（均太氏高足弟子）及徐志摩等，改乘京奉车来京，王统照则因照看行李，未通行也。下午七时十五分，车到东站，赴站欢迎者，有蒋百里、林长民、陈源、林玉堂、张逢春等，尚有北大各校多数教授学生，各团体代表及英美日本印度各界人士，共计约四五百人。太氏乘坐最末辆头等车，到时欢迎者群趋车旁，鼓掌欢呼，太氏则举手为礼。下车后，欢迎者群拥而行，途为之塞。太氏穿青色长袍，戴绛色冠，苍髯满颊，令人望之肃然起敬。王赓率警前导，引出站门，太氏即同随行者，乘坐汽车，向东长安街而去。昨晚下榻于北京饭店云。①

4 月 26 日，梁启超等人在北海静心斋设宴款待了泰戈尔等人；27 日，北京文学界设公宴款待泰戈尔一行；28 日，泰戈尔在先农坛与北京学生见面并演讲，徐志摩当翻译；29 日，溥仪的老师庄士敦在位于油漆作胡同的私宅款待了泰戈尔。

泰戈尔访华期间，正好赶上他的六十四岁大寿。于是，5 月 8 日，当时在北京协和医学校任主席的胡适便主持在协和大礼堂为泰戈尔开了个祝

---

① 孙宜学编著：《诗人的精神——泰戈尔在中国》，江西高校出版社，2009 年版，第 36 页。

寿会，一众北京学界人士纷至沓来。

这场庆祝会热闹非常。胡适首先起立，用英语致欢迎辞，随后，梁启超上台给大家说明他为泰戈尔起了一个中国名字——竺震旦，介绍了起这个中国名字的经过及名字的含义，并赠送泰戈尔一方"竺震旦"印章，泰戈尔欣然接受。随后，泰戈尔登台演讲致谢，全场气氛热烈。泰戈尔演讲结束后，众人用英语演出了泰戈尔的诗剧《齐德拉》，将祝寿的气氛推向了又一个高潮。

《齐德拉》这场戏剧由张彭春导演，梁思成绘制布景，参演人数众多，担任角色的无一不是名流，连跑龙套的都非寻常之辈。梅兰芳先生的儿子梅绍武先生，于1981年8月所撰写的《中印金兰谊　绵延千载久——忆父亲和泰戈尔的友谊》一文中披露的《齐德拉》的演出人员名单是：导演——张彭春；绘景——梁思成；女主——林徽因；爱神——徐志摩；男主——刘歆海；四季之神——林长民；村民——丁西林和蒋介震等；村女——王景瑜和袁昌英等。①

这次演出，舞台布置精美，演员的造型也很有特色。林长民和女儿同台演出，成为佳话；林徽因操着一口流利的英语，声音清脆柔美，分外好听，亦是演出的一抹亮色。②

5月12日，泰戈尔在真光剧场演讲完后，因为他在先农坛演讲时迟到了半小时，北京一家报纸开始攻击他"过时"。这里的"过时"既有意暗讽他迟到，更是想说明他的作品太陈旧，早已不符合潮流。

恶意的攻击一旦开始，就容易持续发酵。不久后，一些青年学生也加入到声讨泰戈尔的队列中。在他们看来，泰戈尔是印度宗教文化的捍卫者，视域偏狭，本就谈不上大师级别。再则，泰戈尔对中国传统文化的热

---

① 梅绍武著：《父亲梅兰芳（下）》，文化艺术出版社，2015年版，第277页。
② 韩石山选编：《难忘徐志摩》，昆仑出版社，2001年版，第108—109页。

情赞扬，无形间削弱了五四运动反封建的力道，从而会把舆论往旧的方向引导，不太利于国内民主与自由思想的传播。

面对声势浩大的讨伐，徐志摩勇敢地站了出来，希望能帮这位文学泰斗多说几句话，一来缓解繁杂的舆论围势，二来也希望泰戈尔在离别前可以安稳地度过最后一个星期。1924 年 5 月 12 日，徐志摩在北京真光剧场演讲，他说道：

> 但他（泰戈尔）不仅是身体的疲劳，他也感觉心境的不舒畅。这是很不幸的。我们做主人的只是深深地负歉。他这次来华，不为游历，不为政治，更不为私人的利益，他熬着高年，冒着病体，抛弃自身的事业，备尝行旅的辛苦，他究竟为的是什么？他为的只是一点看不见的情感，说远一点，他的使命是在修补中国与印度两民族间中断千余年的桥梁。说近一点，他只想感召我们青年真挚的同情。因为他是信仰生命的，他是尊崇青年的，他是歌颂青年与清晨的，他永远指点着前途的光明。悲悯是当初释迦牟尼证果的动机，悲悯也是泰戈尔先生不辞艰苦的动机。现代的文明只是骇人的浪费，贪淫与残暴，自私与自大，相猜与相忌，飓风似的倾覆了人道的平衡，产生了巨大的毁灭。……泰戈尔先生就是这少数中的一个。他是来广布同情的，他是来消除成见的。我们亲眼见过他慈祥的阳春似的表情，亲耳听过他从心灵底里迸裂出的大声，我想只要我们的良心不曾受恶毒的烟煤熏黑，或是被恶浊的偏见污抹，谁不曾感觉他至诚的力量，魔术似的，为我们生命的前途开辟了一个神奇的境界，燃点了理想的光明？所以我们也懂得他的深刻的懊怅与失望，如其他知道部分的青年不但不能容纳他的灵感，并且存心的诬陷他的热忱。①

---

① （印）拉宾德拉纳特·泰戈尔（RabindranathTagore）著，郑振铎译：《飞鸟集 新月集 泰戈尔》，湖南文艺出版社，2018 年版，第 235—236 页。

徐志摩的演讲一来颂扬了泰戈尔高尚的人格，二来也回应了那些无底线污蔑泰戈尔的部分文化学者。他之所以这般演说，本就是因为，他自身便是与泰戈尔在灵魂上高度契合的朋友。

梁漱溟晚年回忆，徐志摩曾邀请他和另外一位北大德文教授拜访过泰戈尔。这位德文教授跟泰戈尔大谈中国的宗教，并且提出了孔子也是宗教的观念。泰戈尔不认同这位学者的说法，只待这位学者走后，他才把想法告诉了梁漱溟。

梁漱溟与泰戈尔的想法一致，两个人互相交换了思想。梁漱溟还把他对孔子的认识告诉了泰戈尔，并且赢得了这位文学泰斗的高度赞赏。[①]两个人的谈话都是徐志摩在旁翻译，一时传为佳话。

除了学术拜访和交流，徐志摩还带泰戈尔游览了北京法源寺，并且入住过史家胡同的克利饭店，燕京大学的教授兼诗人鲍贵思曾介绍凌淑华等学生拜访过泰戈尔。

第三节　懵懂的心跳

初夏时节，由于北京画会找不到开会地点，只好安排在了凌淑华家的大书房。这次大会不仅有徐志摩、陈西滢、丁西林等好友，还云集了陈师曾、齐白石等大佬，凌淑华更是把上次宴会刚刚经泰戈尔介绍认识的印度画家兼艺专校长南达拉·波斯也邀请了过来。众人高谈阔论，近暮也不愿意走，直到吃完了便饭，才依依不舍地离开。[②]

---

① 白占庵著，敏泽主编：《物来顺应——梁漱溟传及访谈录》，山西人民出版社，1997年版，第185页。

② 凌淑华：《回忆郁达夫的一些小事情》。陈子善、王自立编：《回忆郁达夫》，湖南文艺出版社，1986年版，第98页。

人这一生美好的情感，也许往往始于幻想，终于幻灭。徐志摩喜欢林徽因，大抵是因为林徽因身上集合了他对女性的所有美好的幻想；林徽因离开徐志摩，也大抵是因为，这注定是一场没有结果的幻灭。

早在演出《齐德拉》时，徐志摩在和林徽因一起彩排的过程中，就已点燃了他心底深处的情欲爱火。可这时梁思成已与林徽因情定终生，他们是再无可能。

然而，喜欢的一点点累积，又岂是自己所能掌控得了的？直到徐志摩终于无法抑制内心的冲动，并于1924年5月17日再度表达了爱意。这次的林徽因冷静而理性，她先是告诉徐志摩，这辈子也不可能成为他的妻子，而后又申明他们必须"离别"。

"离别"的原因再简单不过。她已考上半官费生，下个月就要和梁思成一起到美国留学。这段无果的情感，现在就要有果地完结了。

吴咏曾在《天坛史话》里描述过徐志摩和林徽因当时的状态："林小姐人艳如花，和老诗人挟肩而行，加上长袍白面，郊荒岛瘦的徐志摩，有如苍松竹梅的一幅三友图。"[①]那时的徐志摩与林徽因并肩而行，男才女貌，羡煞旁人。不只是外人看着般配，只怕徐志摩也产生了一种两个人已在一起了的错觉。直到他渐渐从睡梦中醒来，才恍然大悟，那仅是一场梦。

早在这场灵魂的离别之前，他们还进行过一次空间距离上的离别。5月20日那天，泰戈尔等人要离开北京前往太原，徐志摩必须陪同。车站上有很多送行的人，林徽因就俏立其中。

据说登上车的时候，徐志摩一直在写信，车已开动了，他的信还没有写完，只好打算把写了一半的信交给林徽因。恩厚之见他很伤心，一把抢

---

① 林徽因著：《林徽因小全集·见字如面》，四川人民出版社，2018年版，第258页。

了过去替他收了起来。

后来恩厚之离开中国时，带走了这封信。恩厚之回到了英国托特尼斯的达廷顿庄园，徐志摩写的这封信直到 70 年代才被前去拜访的学者梁锡华看到，并收藏至今。

这封信被梁锡华首次公开于 1983 年 4 月由台北远景出版公司出版的《且道阴晴圆缺》中《一段哀情——徐志摩与林徽因》一文里，内容摘录如下：

> 我真不知道我要说的是甚么话，我已经好几次提起笔来想写，但是每次总是写不成篇。这两日我的头脑是昏沉沉的，开着眼闭着眼却只见大前晚模糊的月色，照着我们不愿意的车辆，迟迟的向荒野里退缩。离别！怎么的能叫人相信？我想着了就要发疯。这么多的丝，谁能割得断？我的眼前又黑了……
>
> 一九二四年五月二十日 [①]

无论这封信的来源是不是如此，我们都能感受到徐志摩对林徽因深刻而又执着的爱恋，那是一种刻进骨子里的疼怜。

5 月 23 日，泰戈尔等一行离开太原，返回了石家庄，又在南下汉口后取道长江，最后直达上海。6 月初，徐志摩护送泰戈尔一行去了日本，他还在日本写了首小诗《沙扬娜拉》。

7 月中旬，徐志摩和张歆海等一同到了庐山，与之相会的还有陈衡哲夫妇、郭子雄，以及任叔永等人。徐志摩之所以到庐山，一是避暑，二是为了翻译泰戈尔来华的演讲稿。

8 月中旬，徐志摩一行人才离开庐山，分别时，徐志摩送了郭子雄一

[①] 徐志摩著，顾永棣编选：《徐志摩日记书信精选》，成都：四川文艺出版社，1991 年版，第 249 页。

本《牛津英文诗选》，还写了一段赠言。赠言里提及，他们经常在一起讨论"汉阳峰"。

汉阳峰是庐山最高的一座山峰，但徐志摩的本意并不是指风景，而是指代他们在山中认识的一位姑娘。他们都认为这位姑娘很美丽，宛如天仙，正如没有一座山峰比得过汉阳峰。[①]多年后，郭子雄在《忆志摩》一文中对这件事有过详细的记述。

虽说漂亮的姑娘千千万万，但在徐志摩的心中只有一颗朱砂痣最令他念念不忘。这个人，便是即将嫁做人妇的林徽因。

当然，除了林徽因和张幼仪，徐志摩的生命里还出现过一个女子——陆小曼。两个人的交集，始于泰戈尔访华期间。那时，徐志摩作为翻译，5月8日在协和大礼堂为泰戈尔举行祝寿会时，陆小曼在会场外发过演出的剧目——《齐德拉》的说明书。但他们真正相识的时间，是在泰戈尔离开中国以后。

1957年，五十四岁的陆小曼在《泰戈尔在我家做客——兼怀志摩》一文中透露过他们相识的过程：

> 从泰戈尔初次来华，他们（泰戈尔与徐志摩）就定下了深交（那时我同志摩还不相识）。老头子的讲演都是志摩翻译的，并且还翻了许多诗。在北京他们是怎样在一块儿盘桓，我不大清楚。后来老诗人走后不久，我同志摩认识了，可是因为环境的关系，使我们不能继续交往，所以他又一次出国去。他去的目的就是想去看看老诗人，诉一诉他心里累积的愁闷，准备见着时就将我们的情形告诉他。[②]

关于徐志摩与陆小曼是何时认识的问题，韩石山先生在他的《徐志摩

---

① 郭子雄：《忆志摩》，原载于1936年7月《文艺月刊》第八卷第三期。

② 陆小曼著：《桃花流水在人世》，江苏凤凰文艺出版社，2018年版，第58页。

传》中曾用大篇幅讨论，旨在明晰他们相识的时间。

不过在笔者看来，陆小曼在上文中提到的两个人认识的时间，应该是指恋爱，亦或者是吐露了暧昧气息的时间点。因为陆小曼在后半句解释过了，"可是因为环境的关系，使我们不能继续交往"——这已大概能说明，他们那时的交往已超过普通朋友的范畴，只怕是带了点暧昧和说不清的男女之情。

5月22日，徐志摩写下那封致林徽因的信，坦白了自己的情感。徐志摩对林徽因爱而不得，林徽因已有最爱。徐志摩从庐山归来，林徽因已与梁思成赴美留学了。

这个时期的徐志摩既受了情伤，又知道他和林徽因这辈子也不会再有可能，所以情感上处于最绝望的时期。忘记一个人最好的方式就是爱上另外一个人，陆小曼的出现，不得不说是徐志摩情感世界里的一味良药。

随着两个人的甜蜜相处，他们突破了朋友关系，继而发展成了男女关系。问题是，陆小曼那时是王赓的妻子。

王赓，字受庆，江苏无锡人。国民党军将领。本是官宦子弟，家道中落后发奋求学，曾在清华留美学堂接受过早期中国教育，后因学业成绩突出，全额公费留学美国，入密歇根大学、哥伦比亚大学、普林斯顿大学，后入西点军校接受新式军事训练，毕业时在全级137名学生中排第12名。王赓于1918年归国，1920年被授予陆军部上校军衔，后历任交通部护路军副司令（同年晋升陆军少将）、哈尔滨市警厅厅长、"税警总团"第二任总团长（中将军衔）等，无论才华还是能力，均非等闲之辈。

1918年陆征祥在巴黎和会期间，王赓担任巴黎和会中国代表团上校武官，兼外交部外文翻译，期间认识了为争取中国权益奔走呼喊的梁启超，成为梁启超的学生。所以算起来，王赓与徐志摩是同门。

坊间流传一种说法，徐志摩先认识了陆小曼，后来经陆小曼认识了王赓。这位介绍陆小曼给徐志摩认识的人，正是梁启超的另外一个弟子蒋百里。[①]不管这个过程是怎样的，徐志摩和陆小曼两个人最后走到了一起。

韩石山先生经过考证得出，徐志摩和陆小曼跨越普通朋友关系而成为情人，当是在 1925 年 1 月 20 日前后。[②]他用到的史料是 1925 年 3 月 4 日徐志摩写给陆小曼的一封信。这封信如此写道：

小龙：

你知道我这次想出去也不是十二分心愿的，假定老翁的信早六个星期来时，我一定绝无顾恋的想法走了完事；但我的胸坎间不幸也有一个心，这个脆弱的心又不幸容易受伤，这回的伤不瞒你说又是受定的了，所以我即使走也不免咬一咬牙齿忍着些心痛的。[③]

此信写于徐志摩与陆小曼公布恋情之后。由于受到外界的恶劣攻击，徐志摩不得不出去避风头。信上说，如果早六个星期收到老翁的信，他会没有顾恋地离开；而今有顾恋了，自然是放不下陆小曼。因而这种推断，在情理上倒是说得通。

实际上，陆小曼与徐志摩认识的这一年，刚好也是新月社的草创时期。"新月"之名出自泰戈尔的《新月集》，早在 1923 年 3 月，徐志摩在给成仿吾的信中，就表达过要与认识的朋友共辟新土的打算——这是新月社的孕育期。

根据徐志摩后来的回忆："最初是'聚餐会'，从聚餐会产生新月社，又从新月社产生'七号'的俱乐部，结果大约是：俱不乐部！"[④]

---

① 曹聚仁著：《听涛室人物谭》，上海人民出版社，1998 年版，第 258 页。
② 韩石山著：《徐志摩传》，北京十月文艺出版社，2000 年版，第 171 页。
③ 徐志摩著，金黎明、虞坤林编：《徐志摩书信新编》，浙江古籍出版社，2017 年版，第 163 页。
④ 徐志摩：《〈剧刊〉始业》，北京《晨报副刊·剧刊》第 1 期（1926 年 6 月 17 日）。

　　由此可见，聚餐会是徐志摩创办新月社最重要的一个过程。这个聚餐会由徐申如和银行家黄子美一起出资，主要是方便跟在北京的亲朋好友聚会、认识。

　　大家在聚会过程中口头说过，要组建一个这样的社团，但是迟迟没有形成定论。后来徐志摩在 1925 年 3 月 14 日《致新月朋友》的信中表示："组织是有形的，理想是看不见的，新月初起时只是少数人共同的一个想望，那时的新月社也只是个口头的名称，与现在松树胡同七号那个新月社俱乐部可以说并没有怎样密切的血统关系。"[1]

　　既然新月社成立了，就得挂个牌子，还要有固定的办公和聚会地点。饶孟侃在《关于新月社》一文中记载过这段挂门牌的经历：

　　他（徐志摩）那门前挂着"新月社"牌子的寓所，石虎胡同七号，是因为他曾经在这里招待过《新月集》的作者——印度老诗人泰戈尔。[2]

　　从 1924 年 3 月新月社组建起来，到 1926 年 10 月徐志摩与陆小曼成婚后离京南下，是新月社最鼎盛的一个时期。

　　新月社的发展大概可分为前后两个时期：前期以新月社和新月社俱乐部为标志；后期则主要以新月书店和《新月》杂志为依托。

　　徐志摩与陆小曼的热恋，在当时北京的社交圈掀起了轩然大波。陆小曼的母亲先知道了这件事，紧跟着王赓也知道了。此事影响很大，舆论已压不住。

　　再则，他们发生不轨之事时，正好赶在王赓调任哈尔滨警察厅厅长期间——丈夫在外任职，老婆却在外与人偷情，这让王赓很不能容忍。

---

① 徐志摩著，金黎明、虞坤林编：《徐志摩书信新编》，浙江古籍出版社，2017 年版，第 174 页。
② 王锦厚、陈丽莉编：《饶孟侃诗文集》，四川大学出版社，1997 年版，第 423 页。

徐志摩又恋爱了。这次的对象是北京一个名叫陆小曼的交际花，他唯一的问题在于：她是有夫之妇。她的丈夫是哈尔滨警察厅厅长，他发现了他们的恋情，扬言说要杀徐志摩。……①

无论是出于躲避舆论压力，还是羞于见王赓以及亲属朋友，总之徐志摩打算到国外避一避风头。

刚好，泰戈尔来信，力邀他到欧洲相会——这显然是一个好时机。

出国要有资金，可又不能向父亲徐申如要。为了筹路费，徐志摩只好专程去了趟上海，还曾向梁启超借了讲学社的存款。梁启超尽管不支持他和陆小曼之间的情感，但还是回给了徐志摩一封信，信中写道："若决冒险，则兄之一千必践议耳。"

徐志摩看罢，十分动容。恩师毕竟是恩师，说到底还是会帮他。然而到欧洲留学，至少需要三千元。除了梁启超的这一千元，余下来还差两千元。

徐志摩这时想到曾给《晨报副刊》写过文章，于是提出了借两千元的请求。刊物同意了，条件是他要给刊物写文章。

1925 年 3 月 10 日的晚上，新月社的成员们一起为徐志摩送行，当时陆小曼也在席间。这一对鸳鸯，彼此之间都横亘着痛苦。

就算两个人心知肚明，他们也要装作两个无关风月的人。一起酩酊大醉，一起以泪洗面，可却不能一起互述浓情蜜意。徐志摩劝她不要再喝了，陆小曼却连连摇手叫道："我不是醉，我只是难受，只是心里苦。"

徐志摩如何不知她的心意？各种苦恼的心绪，简直如长江一样绵延不绝。可该走还是要走，否则他们俩绝无好下场。

酒席散去，徐志摩回到家里，边哭边写信，一直写到次日凌晨三点

---

① （美）张邦梅著，谭家瑜译：《小脚与西服：张幼仪与徐志摩的家变》，黄山书社，2011 年版，第 165 页。

钟。这一夜，徐志摩几乎没有合眼。爱情的失利和人生的迷茫，让他失去了方向。多年后，徐志摩回想起这段经历，仍调侃似的说那是"自愿的充军"。

一个人，坐上火车，一路向北，缓缓驶入寒冷的西伯利亚后，直赴欧洲，并于 3 月 26 日到达柏林。张幼仪还在柏林生活，徐志摩便先去探望了她，也想去看看他的儿子德生（彼得）。他哪里知道，他去晚了。一个星期前，也就是 19 日，他的儿子彼得因患脑膜炎去世了。

徐志摩简直不敢相信这噩耗，泪水模糊了双眼。张幼仪带着徐志摩来到殡仪馆，小彼得的骨灰装在一个陶瓷罐子里。

徐志摩双手紧紧抱着那个罐子，眼泪止不住地扑簌而下。这个不称职的父亲，终于来看自己的儿子了。可儿子已深眠，再也感受不到父亲的呼唤。

第四节　幸有你来，不悔初见

不久，徐志摩写了一篇文章——《追悼我的彼得》，载于 1925 年 8 月 15 日《现代评论》第 2 卷第 36 期。

这篇文章感人至深。张邦梅读后，动情地念给张幼仪听。就连一直暗讽徐志摩薄幸的张幼仪，也忍不住叹道："嗯，他写这篇文章的口气，倒像是个非常关心家庭又有责任感的人。"紧跟着，张幼仪又无可奈何地道："可是啊，从他的行为来判断，我不觉得他担心我们的钱够不够花，还有我们要怎么过活这些事情。你晓得，文人就是这德行。"[1]看来，徐志摩在张幼仪心间种下的伤害，是不可能消弭了。

---

[1]　（美）张邦梅著，谭家瑜译，《小脚与西服：张幼仪与徐志摩的家变》，黄山书社，2011 年版，第 164 页。

彼得的早夭让徐志摩的心情很低落，再加上陆小曼还留在国内，他不放心，所以尽管是旅行，但那几个月里，他始终开心不起来。

徐志摩没有心情去看名胜古迹，更没去拜访活着的名人，而是经常去已故的名人坟前祭拜，大概也是想用这种方式，告慰一颗千疮百孔的心吧！

伏尔泰、蔓殊菲儿、小仲马、歌德、米开朗琪罗……但凡是可以去拜见的名人坟墓，他都去过了。正如他自己开玩笑说的那样："我这次到欧洲倒像是专做清明来的。"

也不知道，徐志摩看到蔓殊菲儿的坟墓时，是怎样的心情。遥想当年他们谈话时的种种，可能会心头一酸，进而感慨物是人非，而绝不是说说而已吧。

1925 年 4 月，徐志摩与张幼仪，还有张幼仪的两位英国女性朋友，一起到意大利的威尼斯游玩了两个星期。

一路虽是游玩，徐志摩也在看风景，但心里却盛放着沉重的心事。每天吃完早饭，他都像是在焦急地等待着什么。

终于有一天，徐志摩拿到一封信，他兴奋地拆开，看罢，激动地对张幼仪说："太好了，我们现在可以离开了。"这封信是胡适寄来的，信上告知他可以安全回家了，因为王赓已改变主意，不再杀他，同时愿意跟陆小曼离婚。[①]

张邦梅在《小脚与西服》一书中讲到，徐志摩在柏林避了 5 个月风头，直到 8 月才回国。彼时，张幼仪已迁离柏林，定居汉堡，主要是为了完成下一阶段的学业。

既然徐志摩没有急着归国，他究竟在德国做什么呢？他一直在等待泰戈尔，希望见过这位大诗人后再离开。

---

① （美）张邦梅著，谭家瑜译，《小脚与西服：张幼仪与徐志摩的家变》，黄山书社，2011 年版，第 166 页。

4月底，张幼仪回到柏林。徐志摩只好在佛罗伦萨租了一间房子，并于4月30日给泰戈尔写了一封信，表示他已来意大利两个星期了，希望泰戈尔早点来意大利。

6月初，泰戈尔发来电报称，他会在8月份来欧洲，嘱咐徐志摩等一等他。就这样，徐志摩趁机去拜访了狄更生、恩厚之、哈达等好友。原本以为，这样等到8月份也是极好。

然而，7月13日时，徐志摩收到陆小曼寄来的信，陆小曼在信中说她生了病，希望徐志摩赶紧回国。两个人终于有机会在一起了，这时爱人召唤，他焉能不归？

于是，徐志摩给泰戈尔写了一封致歉信以后，匆匆买了票回国。回到中国时，已是7月底。徐志摩回去后才知道，陆小曼病得并不重，只因太想念徐志摩，所以才写了那封信。

与此同时，徐志摩还知道了另外一件事——王赓并未确信说要与陆小曼离婚。这场持久的爱情保卫战，直到现在也没有完全打胜。

就在徐志摩和陆小曼郁郁难平之时，恰好陆小曼曾经的老师刘海粟站出来说，可以帮他们一把。多年后，刘海粟在《徐志摩和陆小曼》一文中还表示，这次婚姻撮合上的事，也算是把他"逼上梁山"。

刘海粟在上海的功德林设了宴席。那是一家以素菜闻名的餐馆，大有与佛界结缘之意，也有功德圆满之意。

宴会上，刘海粟作为主客，徐志摩是客位，负责张罗，大有半个主人的地位，但刘海粟尽量不让他太瞩目。参加宴会的人还有陆小曼母女、王赓、唐瑛、杨铨、李祖德、张歆海、唐瑛兄长唐腴庐等人。这些人之间的关系错综复杂，每个人都有自己的心事。刘海粟面子上虽是淡定，但心里也不太有谱。徐志摩更是不知如何是好。

就在刘海粟不知如何开口之际，张歆海忽然说："海粟！你这'艺术叛徒'又要搞啥花样了？"经过张歆海的点拨，刘海粟马上掌握了言谈的分寸，他从反封建引到人生与爱情，又从伉俪情深延伸到情投意合。

王赓何等聪明？只听出微末的言辞，立即就知道刘海粟摆下的是一场鸿门宴。不过，王赓并未勃然大怒，而是站了起来，举杯面朝刘海粟、徐志摩和陆小曼三人，说道："愿我们都为自己创造幸福，并且为别人幸福干杯！"

一个男人在自己的女人被抢走后，还能如此宽怀大度，这已让徐志摩钦佩不已。宴会散去后，王赓推托有事，就让陆小曼和老太太一起回去，他先走了。

刘海粟回忆，他也不知道陆小曼母女跟王赓谈过什么，总之最后是同意了离婚。言及王赓，刘海粟的话还是很让人感慨的：

> 事后，他（王赓）在私下曾对我说过："我并非不爱小曼，也并不舍得失去小曼。但是我希望她幸福。她和志摩两人都是艺术型人物，一定能意气相投。今后作为好朋友，我还是可以关心他们。"果然，说到做到，王赓一直如此，直到他后来赴美深造，病逝于开罗。这位正直、善良，能推己及人和舍己为人的男子汉，一直使我怀念。[1]

梁实秋在《谈徐志摩》一文中也指出过一个细节。当时陆小曼与王赓的婚姻告急，而王赓又时常忙于军事，导致一次涉及军火的大事差点出了岔子。后来虽然苟全性命，但也因为焦头烂额而丢了官。王赓每次看到梁实秋都说："小曼这种人才，与我是齐大非偶的。"所以回到北京以后，王赓立即与陆小曼办了离婚手续，并且当着徐志摩的面，说过一段很霸气的话："我们大家是知识分子，我纵和小曼离了婚，内心并没有什么

---

① 刘海粟著，沈祖安整理：《存天阁谈艺录》，中国青年出版社，2007 年版，第 194 页。

成见；可是你此后对她务必始终如一，如果你三心二意，给我知道了，我定以激烈手段相对的。"①言语之中的痛苦与难断，若非当事人，断不能体会。

1925 年 11 月，徐志摩在北京中街租下一处院子，并与陆小曼开始了同居生活。两个人心里很明白，虽说在一起了，但迟迟这样下去也不是办法，也该考虑结婚事宜了。

陆小曼家那边已同意，可是徐志摩这边却不好搞定。

徐申如老爷子是个守旧的人，当年张幼仪与徐志摩的离婚事件，他一直耿耿于怀。而今，徐志摩想迎娶有夫之妇为妻，再度挑战老爷子的底线，老爷子焉能同意？

面对困局，徐志摩和陆小曼自有打算。为了彻底过上名正言顺的夫妻生活，他们合作给胡适写了一封信，信中除了慰问胡适，也谈到了他们的婚姻之事，并且说要请徐申如来北京。

原因无他，既然要结婚，就要名正言顺，明媒正娶——这是陆小曼家人的意见，徐志摩不得不从。两个有着同样艺术气息的人，一边在等待婚姻的到来，一边愉悦地生活在了一起，从此开始了泛舟湖上的浪漫岁月。

1926 年的一个星期五，徐志摩在他的日记里记载了一件他与陆小曼同游北海的有趣故事：

水映船舷蓝色，影深于实。然一少妇绯色衣映影反较浅。竟船逐迹一粤妹，黑衣笠帽，卷鬓过颊，齿白，笑可掬也。

曼大嚼，又健步，可志也。

前近"丽者"有相值，急绕五龙亭去瞻仰，失望无可比况。殆者近视先生！

眉到家，弄小猪，吃杨梅，连声斥走。今忆起去夏日夜游北海时情景盖稍迁矣！

契诃甫函其妻称为狗、小狗、马，细至虫，凶至鳄鱼。趣哉！①

从这一段趣味盎然的描写可以看出，徐志摩和陆小曼同居以后，日子过得相当幸福。那段时间，经常有文学界的朋友寻徐志摩一起游玩，一起探讨诗文，一起精进学术。

蹇先艾曾说过，他们创办《诗刊》时，总是到徐志摩家中开会。徐志摩也乐于分享他新近写的诗歌，大家都很钦佩他的创作才情。②后来，胡适、叶公超等人也经常来聚会，小小的屋子一时欢腾起来。

于徐志摩而言，虽说结婚之事十分着急，但还有另外一件事也迫在眉睫——那就是编《晨报副刊》。《晨报副刊》的总编辑是陈博生，早在留学英国时就与徐志摩认识。

《晨报副刊》的编辑孙伏园因与代理总编刘勉己闹得不愉快，去了《京报副刊》。此时，《晨报副刊》正缺一个编辑，陈博生希望徐志摩来担任这个职务。

徐志摩向来有办一份报纸的打算，先前想办《理想月报》，后来因为新月社成立了，于是就想办一个《新月》周刊或月刊。加上徐志摩1925年3月去欧洲时，曾向陈博生借过钱。这个节骨眼上，徐志摩只好表态，愿意帮助陈博生办《晨报副刊》——之所以答应，也是想为以后办有关新月的报刊练练手。当然，徐志摩答应归答应，一些原则性的问题，他是万不

---

① 虞坤林编：《志摩日记新编》，浙江人民美术出版社，2017年版，第283页。（这篇日记原刊于香港商务印书馆版《徐志摩全集》丁集，题名《日记残叶》，无具体日期。考所记游天目山事，与徐志摩1926年7月7日致信陆小曼所称"我等今夜去杭，后日（19）乃去天目"相合，可知日记当作于1926年。）

② 陈益民编：《民国大家美文丛书 大家评大家》，天津人民出版社，2013年版，第149页。

能妥协的，例如副刊的定位，他有着自己的盘算：

> 我又警告博生，我说我办就办，办法可得完全由我，我爱登什么就登什么，万一将来犯了什么忌讳出了乱子累及《晨报》本身的话，只要我自以为有交代，他可不能怨我；还有一层，在他虽则看起我，以为我办不至于怎样的不堪，但我自问我决不是一个会投机的主笔，迎合群众心理我是不来的，谀附言论界的权威者我是不来的，取媚社会的愚暗与偏浅我是不来的；我来只认识我自己，只知对我自己负责任，我不愿意说的话你逼我求我我都不说的，我要说的你逼我求我我都不能不说：我来就是个全权的记者，但这来为他们报纸营业着想却是一个问题。①

从这段话里，不难看出徐志摩自身所具备的文人肩上的担当和骨气。陈博生表态，只要徐志摩答应帮忙办《晨报副刊》，一切都依着他。

于是，1925 年 9 月 29 日，《晨报副刊》刊出了人事调动公告，徐志摩名义上被聘为《晨报副刊》的主任，实际上只管"日刊"这一个栏目，也算是减轻了徐志摩的重担。

说到《晨报副刊》，其名字的由来，颇有些"周折"。1921 年孙伏园曾特意请鲁迅为《晨报》的副刊起个名字，鲁迅于是取下"晨报附刊"之名。前清举人蒲伯英（《晨报》老社长）重新题字时，把"附刊"写成了"副镌"。大家经过商议，就把报头用了"晨报副镌"四个字，报眉仍是"晨报附刊"四个字。1925 年 4 月，徐志摩主掌《晨报》附刊，把"晨报副镌"更名为"晨报副刊"。后来，徐志摩还找来凌淑华负责绘事，并把原来的八开八对折八版竖式的报纸，改成了四开四对折四版，单张版面大了一倍。

---

① 徐志摩著，文明国编：《徐志摩自述》，安徽文艺出版社，2014 年版，第 58 页。

10 月 1 日，报纸如期出刊，劈面便是徐志摩撰写的一篇长文——《我为什么来办，我想怎么办》。当然，办刊也并非一帆风顺，徐志摩曾与《京报副刊》的孙伏园发生过龃龉，原因是凌淑华的插图涉嫌"剽窃"，这件事闹得颇大，甚至还波及了鲁迅。

除了办刊，徐志摩还接受了北京大学的聘用，在那里教授英文诗歌。多年后，选修过徐志摩课程的许君远先生曾说起：

> 不过他的谈吐很有趣味，说话也没拘束，尤其讲到某文学家的轶事琐闻，特别令人神往。他喜欢雪莱，关于雪莱说得十分详尽。他甚至于说到雪莱之作无神论，《小说月报》误作"雅典主义"，"被缺德带冒烟的成仿吾见到了"（他喜欢说北京俏皮话），于是乎大开笔战。时候是冬天，他穿的是紫羔青绸皮袍，架着浅黄玳瑁边眼镜，因为身材高，他总是喜欢坐着，坐在讲台桌的右面。对于装饰他很讲究，不过对于衣服他并不知道珍惜：鼻涕常常抹在缎鞋上，而粉笔面永是扑满于前襟。这种种很能代表出他那浪漫而又清雅的个性，很能表现出他优美可敬爱的灵魂。①

那个时候在北大教书的徐志摩性格随性不羁，自由散漫，和我们从照片中看到的那种干净、清俊的形象有差别。生活中的他，也多少会被我行我素的个性所包围。正如许君远先生表达的那样，徐志摩是富有浪漫和清雅的可敬爱的灵魂。

徐志摩编报纸有一个特点，就是喜欢把编辑稿件的过程用按语写出来。读者看罢，不仅能了解到文章的写作背景，稿件被选中的缘由，还能看到徐志摩更广泛的评论和心中设想。

例如，当年沈从文的一篇名叫《市集》的稿件曾被《晨报副刊》的编

---

① 许君远著，眉睫、许乃玲编：《读书与怀人》，中国长安出版社，2010 年版，第 142 页。

辑刘勉己刊登过，但是他忘记了，就告诉徐志摩没有刊登过。待徐志摩刊登出来后，沈从文发现了不妙，立即给徐志摩写了一封信，并把责任揽在自己身上。1925 年 11 月 16 日，徐志摩把沈从文给自己写的信刊登在了报纸上，还在信的末尾附上自己的话来做评述，极大地丰富了读者的"口味"。

第五节　来自《晨报》的呐喊

1925 年 10 月 6 日，一个"苏俄是不是我们的朋友"的问题摆在了徐志摩的面前。《晨报》的《社会周刊》第一期，曾刊印过陈启修的一篇文章，名叫《帝国主义有白色与赤色之别吗？》。这篇文章引起了轩然大波，清华政治学教授张奚若、《晨报》的刘勉己等人纷纷撰文讨论。

这个时候，徐志摩已在《晨报副刊》上开辟了一个"关于苏俄仇友问题的讨论"的专栏，他不仅写了《前言》，而且 15 日至 22 日期间，还陆续刊登了陈均、陈翔、张奚若、江绍原、抱朴等人的文章，致使这个话题一直延续到 11 月。

此话题虽非徐志摩一手推动，但却是在他的号召之下渐渐形成了规模。曾在欧美留过学的徐志摩极具国际视野，他一早就了解过共产主义和联俄的事宜，并在《记者的声明》一文中毫不避讳地说道：

许多人因为我这几天作了几篇反对苏俄在中国捣乱的文章，于是遂疑我是反对共产和反对联俄的人。我敢说，这些人们又错了。

我不但不是笼统反对联俄的人，在理论上和对于人类的同情上，我竟许是个赞成共产主义的人；不过这是指理论上的共产主义和俄国试行共产主义而言；要把共产主义生吞活剥的拿到今日的中国社会上去实行，那便是无条件的反对。

　　说到联俄，我自然是极力赞成，不过我与多数赞成联俄者不同的地方，在我的赞成为有条件的赞成而已。什么条件呢？并不大，只要苏俄不在中国内政上捣乱就行了！ [①]

　　徐志摩在这件事上看得还是比较清楚的，他认为胡适对待这些政治问题的态度有很多值得商榷的地方，于是多次与胡适通信探讨，最后胡适也不得不承认，徐志摩对他的批评是对的。

　　这一年，意气风发的徐志摩，渐渐在文坛站住了脚。他和陆小曼的情感也在孕育，一切似乎都在往好的方向发展。

　　可是，徐志摩似乎永远也不会想到，一个原本选择忘记的人，因为冥冥之中的一次意外，又把他短暂地"拽"回了过去——1925 年 11 月 24日，林长民去世了。

　　林长民一生，都在追逐那一崇高的理想，即希望能在纷繁复杂的政治环境中寻得一片大有所为之地。可惜，1921 年回国以后，林长民的事业发展一直不顺遂。尤其是林长民带着林徽因到欧洲考察期间，见惯了国外的繁华和进步，方知道当时那个军阀混战的中国多么需要新鲜的血液和知识。林长民深感报国无门，因而急需一个贵人给他帮助。

　　这个贵人来了，便是军阀郭松龄。郭松龄准备起兵反抗东北军阀张作霖，由于手下没有精通政治的可用之人，于是想到了林长民。郭松龄开给林长民的条件很诱人——如果他能打败张作霖，就把东三省的经济民生交给林长民打理。

　　这个许诺很有吸引力，林长民果断答应下来，并于 1925 年冬赶去

---

① 徐志摩著，蒋复璁、梁实秋主编：《徐志摩全集》第 6 辑，传记文学出版社，1980 年版，第223 页。

前线。然而林长民到前线才几个月，郭松龄的军队就被张作霖打得溃败而逃。

新民屯一役，林长民死于乱军的流弹之下。林长民死后，他的僚属派发电报时出了差错，误把发给李孟鲁家人的电报，发给了林长民的亲戚，电报上写了两个简单的字：孟安。

林长民字宗孟，所以这封电报很容易让林长民的家人觉得，"孟"指的就是林长民，"孟安"就是林长民安然无恙。随后，林长民的亲戚立即给北京家里发了"栝安"二字的电报。林长民的老家院子里有两株栝树，所以他晚年自称是双栝庐主人，"栝安"意思是林长民并无危险。

这封电报发到林家时，徐志摩正好在林家做客。1926 年 2 月 2 日，徐志摩于新月社写了《伤双栝老人》一文，文中提到了电报发来时的情形：

"栝安"那虚报到的一个早上，我正在你家。忽然间一阵天翻似的闹声从外院陡起，一群孩子拥着一位手拿电纸的大声的欢呼着，冲锋似的陷进了上房。果然是大胜利，该得庆祝的："爹爹没有事！""爹爹好好的！"徽那里平安电马上发了去，省她急。福州电也发了去，省他们跋涉。但这欢喜的风景运定活不到三天，又叫接着来的消息给完全煞尽！

当初送你同去的诸君回来，证实了你的死信。那晚，你的骨肉一个个走进你的卧房，各自默恻恻的坐下，呵，那一阵子最难堪的嘿寂，千万种痛心的思潮在各个人的心头，在这沈默的暗惨中，激荡，汹涌，起伏。
…………

最可怜是远在海外的徽徽，她，你曾经对我说，是你唯一的知己；你，她也曾对我说，是她唯一的知己。你们这父女不是寻常的父女。"做一个有天才的女儿的父亲"，你曾说，"不是容易享的福，你得放低你天伦的辈分，先求做到友谊的了解"。

徽，不用说，一生崇拜的就只你，她一生理想的计划中，那件事离得了聪明不让她自己的老父？但如今，说也可怜，一切都成了梦幻，隔着这万里途程，她那弱小的心灵如何载得起这奇重的哀惨！这终天的缺陷，叫她问谁补去？佑着她吧，你不昧的阴灵，宗孟先生，给她健康，给她幸福，尤其给她艺术的灵术——同时提携她的弟妹，共同增荣雪池双栝的清名！①

整篇文章哀痛伤怀，读罢使人感慨万千，也让我们为徐志摩与林长民的友谊所深深感动。实际上，这篇文章除了为林长民之死而哀悼，还传达着徐志摩对林徽因剪不断的爱恋和牵挂。

就在这篇文章发表四个月后，也就是六月初，林徽因从美国发来一封信，收件人正是徐志摩。信中提到，林徽因极盼收到徐志摩的信，哪怕是平安电报也行。

这让徐志摩非常开心，他以为这是林徽因对自己独有的关爱，以为这个女子还念念不忘着自己，于是赶紧给林徽因回了电报答复。

而实际上，林徽因不只给他发过信，还给其他人发过，徐志摩并非独一无二。因为不是独一无二，也就没有了爱慕与喜欢。

敏感的诗人心情极不好受，于是写了一首叫《"拿来吧，劳驾，先生"》的诗歌。这首诗很好地表达了徐志摩对林徽因写信、发电报的感慨。也许，那是因为他对与林徽因之间的感情尚存一丝希冀；也许，无论生死来去的岁月多么艰辛，他都忘记不了这个女子了吧。

1926 年 1 月 9 日，《现代评论》第三卷第五十七期刊登了陈西滢所撰写的一篇名为《闲话》的文章。徐志摩很喜欢这篇文章，随即跟写了《"闲

---

① 徐志摩著：《翡冷翠的夜——徐志摩诗歌散文经典》，吉林出版集团，2018 年版，第 380—383 页。

话"引起的闲话》，刊登在了 13 日的《晨报副刊》上面。

由此，一场波及周作人、鲁迅、陈西滢的"闲话事件"，从《晨报副刊》《语丝》等刊物上蔓延开来。这不仅仅是一场简单的笔斗，也是新月社、文学研究会、创造社三大文学社团的比拼。

徐志摩在这些笔战中发挥着举足轻重的作用，这既是他政治与文学才华的展现之处，也是他人性优缺点的汇集之所。自此而后，徐志摩开始真正意义上走向成熟。

徐志摩在这一年的文学创作也很丰饶。1 月译成《达文謇的剪影》；1 月 2 日发表诗歌《翡冷翠的一夜》（这首诗歌实际上于 1925 年 6 月 11 日在翡冷翠山上创作完成）于《现代评论》第三卷第五十六期；1 月 14 日发表《我所知道的康桥》；1 月 21 日发表《列宁忌日——谈革命》一文，刊印于《晨报副刊》；4 月 1 日，徐志摩任《晨报副镌·诗刊》主编，一直到 6 月 10 日；6 月 17 日，徐志摩在北京《晨报副刊》开始创办《剧刊》，并发文称："我今天替《剧刊》闹场，不由的不记起三年前初办新月社时的热心。"6 月 28 日，在北京把《落叶》的序写成，《落叶》于当月出版，由北新书局排印。①

那段时间里，徐志摩不仅事业上很忙碌，情感上也遇到了很多事，最重要的一件事是他和陆小曼的婚事。前些日子，徐志摩和陆小曼一起给胡适写过信，希望他帮忙劝慰一下徐申如，尽早让他北上来筹划陆小曼和徐志摩的婚事。

胡适自然是帮忙劝说过，可效果并不理想。徐申如老爷子极为重情重义，无论徐志摩如何闹离婚，如何在报纸上刊登离婚声明，如何在林徽因和陆小曼之间徘徊折腾，他都视而不见。在他眼里，徐家儿媳只有一个，那便是在国外求学的张幼仪。

---

① 陈从周著，陈子善编：《徐志摩：年谱与评述》，上海书店出版社，2008 年版，第 62—68 页。

　　所以，谁如果敢想嫁入徐家，他定要跟徐志摩死磕到底。总而言之，如果张幼仪不同意谁嫁入徐家，他也绝不会同意。这些年来，张幼仪在外学习的费用都是徐申如出的，徐申如不仅把她当儿媳，甚至当作半个女儿。

　　一纸书信飞到张幼仪手中时，她稍作停顿，随即收拾好精神，回到中国。由于二哥张君劢在北京，而张幼仪又是从西伯利亚南下归国，所以先去了二哥那里安顿——这已是 1926 年年初，张幼仪已五年没有回国了。

　　春节时期，徐志摩回老家硖石过年。就是这一次，徐家发生了一个重大的事件——分家。徐志摩的祖父徐元衡精于书法，而伯父徐蓉初继承了徐元衡的艺术天赋，是清末的藏书大家，一生对书画很有研究。

　　徐申如和徐蓉初之前没有分家。这年春节，他们萌生了分家的打算，财产一人一半。随后，徐申如也打算分家，他把家里的财产分成了三份，自己一份，徐志摩一份，阿欢一份。由于阿欢还没有长大成人，所以这份家产暂由张幼仪保管。

　　不过，分配给阿欢的那份家产有一个条件，就是张幼仪必须终身不嫁，还要承担阿欢的教养责任。如果张幼仪选择再嫁，只能划取财产的一部分作为奁资，阿欢及余下的财产则都要归徐家所有，并且从此跟徐家完全脱离关系。

　　大家敲定了财产分配方式以后，全都在等张幼仪归来。这年夏天，张幼仪终于来到上海。她在上海一家旅馆的套房拜见了昔日的婆婆和公公，当时徐志摩坐在起居间的一张沙发上，张幼仪清晰地记得，徐志摩手指上戴了只大玉戒指，色泽是她这辈子见过的最绿的。

　　这种翠玉叫"勒马玉"，关于这种翠玉，有一个有意思的传说：古时候有位王子，正当一匹马快要向自己冲过来时，他用戒指指向了那匹马。那匹马以为绿色的戒指是草，从而选择低下头来观瞧。

　　这次会面最让张幼仪记忆深刻的，只怕就是跟徐申如的对话了。多年后，张幼仪接受自己侄女张邦梅的采访时回忆了当时对话的场景：

> "你和我儿子离婚是真的吗？"老爷打破叫人紧张的沉默气氛，慢条斯理地说。

> 当然啦，老爷和老太太早知道这回事了，可是不管离婚文件写什么或是徐志摩告诉他们什么，他们都要亲耳听我承认。

> "是啊。"我尽量用平和中庸的语气说。

> 徐志摩这时发出一种呻吟似的声音，身子在椅子里往前一欠。老爷听了我的回答，显出一副迷惑的样子，差点难过起来。

> 老爷问我："那你反不反对他同陆小曼结婚？"我注意到他用的是"结婚"而不是"纳妾"这字眼，可见他已经相信我说的话了。

> 我摇摇头说："不反对。"老爷把头一别，一副对我失望的样子。从他的反应来判断，我猜他一直把我当做说服徐志摩痛改前非的最后一线希望。

> 徐志摩高兴得从椅子上跳起来尖叫，乐不可支，忙不迭地伸出手臂，好像在拥抱世界似的。没想到玉戒从开着的窗子飞了出去，徐志摩的表情一下子变得惊恐万状——那是陆小曼送他的订婚戒指。

> 我们全都看着楼下的院子，可是他找不到戒指。他在我同意他结婚这个节骨眼上，会把戒指弄丢，可真是怪事！我觉得这好像是陆小曼将来会发生什么事情的一个预兆。[①]

五年后归来，张幼仪再度面对徐家人时，似乎比以往平静了很多。多年的留学生涯，再加上幼子夭亡、离婚、独身生活等，她已没有看不开的事了。现在的张幼仪也在一点点地改变，她不再是传统且保守的封建女子，更不再是徐志摩口中的"乡下土包子"。经过五年的国外生活，她已变了

---

① （美）张邦梅著，谭家瑜译：《小脚与西服：张幼仪与徐志摩的家变》，黄山书社，2011年版，第169—170页。

一个人。正如她自己评价自己：

> 我一直把我这一生看成有两个阶段："德国前"和"德国后"。去德国以前，我凡事都怕；去德国以后，我一无所惧。①

一家人商议完徐志摩再结婚的事情后，张幼仪回到硖石去看望儿子阿欢。不过，张幼仪没有住在以前的婚房，而是住在了老宅。

1926年7月9日，徐志摩给陆小曼写了一封信，谈及了他在硖石的情况。

眉爱：

> 只有十分钟写信，迟了今晚就寄不出。我现在在硖石了，与爸爸一同回来的。妈还留在上海，住在何家。今晚我与爸去山上住，大约正式的"谈天"（这里指他与陆小曼的婚事，正式向父亲提出）该在今晚吧！我伯父日前中了"半肢疯"，身体半边不能活动，方才去看他，谈了一回，所以连写信的时间都没有了。
>
> 眉，我还只是满心的不愉快，身体也不好，没有胃口，人瘦的凶，很多人说不认识了，你说多怪。但这是暂时的，心定了就好，你不必替吾着急。今天说起回北京，我说二十遍，爸爸说不成，还得到庐山去哪！我真急，不明白他意思究是怎么样！快写信吧！
>
> 今晚明天再写！祝你好，盼你信。（还没有！孙延果的倒来了。）

> 摩亲吻你
七月九日②

① （美）张邦梅著，谭家瑜译：《小脚与西服：张幼仪与徐志摩的家变》，黄山书社，2011年版，第150页。
② 徐志摩著，金黎明、虞坤林编：《徐志摩书信新编》，浙江古籍出版社，2017年版，第274页。

信中提到的山是指西山。西山又名紫薇山，山上琉璃飞檐，雕梁画栋，曲径通幽，环境极为优美。不久前，三不朽祠刚刚在那边落成，父子二人在那里居住也方便。

只不过，当天的谈话似乎并不顺利。他们父子之间，终究横亘着一些跨不过去的沟壑。

徐志摩这种抛妻弃子的行为，本就让徐申如不快，而今再娶一个有夫之妇，而且还是知名的交际花，让徐申如更不能接受。

可徐志摩始终觉得，只要自己晓之以情，动之以理，父亲一定会理解自己的处境。只不过，当时的处境之下，他们父子二人，谁也不让步。

第四章

起造一座墙

第一节　永结同心

1926 年 8 月 14 日（农历七月七日乞巧节）中午 12 点，北海董事会礼堂热闹非凡。这一天，徐志摩和陆小曼在这里举行了订婚仪式。

有关订婚的种种场面，梁实秋在他的《谈徐志摩》一文中有过详细的记述：

> 北海有两个好去处，一个是濠濮间，曲折自然，有雅淡之趣，只是游人多了就没意思；另一个是北海董事会，方塘里一泓清水，有亭榭、厅堂，因对外不开放，幽静宜人。那一天，可并不静，衣香钗影，士女如云，好像百八十人的样子。在我这一辈中，我也许是年纪最小的一个（不，有一个比我还小两岁的，那便是叶公超，当时大家都唤他为"小叶"）。在这一集会中我见到许多人，如杨今甫、丁西林、任叔永、陈衡哲、陈西滢、唐有壬、邓以蛰，等等。我忝陪末座，却喝了不少酒。

> 听人窃窃私议，有人说志摩、小曼真是才子佳人、天作之合，也有人在讥讽，说小曼是有夫之妇，不该撇了她的丈夫王赓（受庆，西点毕业生），再试与有妇之夫的徐志摩结合。①

从梁实秋的回忆看，陆小曼和徐志摩的订婚典礼场面不小，在当时应该是一场轰动性的事件。而徐申如之所以答应他们订婚，甚至准许他们结婚，主要是徐志摩答应了他提出的三个条件：第一，婚礼费用自筹；第二，必须出梁任公（梁启超）证婚；第三，结婚后必须南下，与翁姑

---

① 梁实秋著：《人间况味》，天津人民出版社，2019 年版，第 64 页。

同居硖石。①

订婚之后，徐志摩与陆小曼把结婚时间定在了 10 月 3 日，农历八月二十七日，这天正好是孔诞日，地点仍旧设在北海。

只不过，这次不是在董事会礼堂，而是选在了风景秀丽的画舫斋。这里与静心斋和濠濮间一起被称为北海园林的三大名园。

大约有二百人参加了这场婚礼。清华大学的"四大导师"——赵元任、梁启超、陈寅恪和王国维，除了王国维，三大导师都到场了。

时任清华大学教授的金岳霖也来了，充当伴婚人。当时，参加婚礼的人都要穿长袍马褂，金岳霖没有长袍马褂，只好借了一件。他在《我更注意一些的是衣服》一文中回忆道："徐志摩同陆小蔓（曼）结婚的时候，我是他的伴婚人。那时候我本来就穿西服，但是，不行，我非穿长袍马褂不可。我不知道徐志摩的衣服是从哪里搞来的，我的长袍马褂是从陆小曼（蔓）的父亲那里借来的。"②

正如徐申如要求的那样，这次的证婚人非梁启超不可。原本梁启超不愿前来，他认为徐志摩和陆小曼结婚是不道德之举。徐志摩也知道老师的脾气，不好意思亲自去请，只得麻烦胡适和张彭春跑一趟。两个人费了九牛二虎之力，终于把这位学界泰斗请到了婚礼现场。

可是，梁启超看到徐志摩和陆小曼时，思绪万分复杂。在梁启超看来，徐志摩聪明，他也极爱这个弟子。看到昔日的弟子陷入舆论和道德的深渊，梁启超很想拉他一把，所以经常苦苦规劝徐志摩，可惜并无效果。梁启超始终认为，"徐志摩却很高洁，只是发了恋爱狂——变态心理——

① 陈从周著，陈子善编：《徐志摩：年谱与评述》，上海书店出版社，2008 年版，第 70 页。
② 金岳霖学术基金学术委员会编，刘培育主编：《金岳霖的回忆与回忆金岳霖 增订本》，四川教育出版社，2000 年版，第 102 页。

变态心理的犯罪"。①

待到婚礼进行时，媒人和婚书一概全免了，只是让新郎和新娘在典礼中交换了一块汉玉，也算是永结同心了。既然作为证婚人，梁启超就得说几句话。他先问徐志摩是不是自己愿意，而且也征得了父母的同意，所以才与陆小曼结婚的。

问这话的反义是，如果没有得到父母的祝福，只是自己率性而为，那么这样的婚姻是不会幸福的。两人深知恩师之意，纵是心里不快，也只得点了点头。

梁启超点头说了一句："很好，我可以替你们做证人。"接着，梁启超站直了身板，说了一串意味深长的证婚词："徐志摩，陆小曼，你们是曾经经过风波的人，社会上对于你们有种种的误会，种种的不满意，你们此后总得要想法解除这种误会。爱情当然是人情，不过也是人情中之一，除了爱情以外，人情还有许许多多的种类，你们也不得不注意。"这些话还算温和，至少是一个长辈语重心长的劝慰，接下来，梁启超的话逐渐重了起来："徐志摩，你是一个天资极高的人，这几年来只因你生活上的不安，所以亲友师长对于你也能有相当的谅解。这次结婚以后，生活上总可以算是安了，你得要尽力做你应当做的事。陆小曼，你以后可不能再分他的心，阻碍他的工作。你是有一种极大的责任。"②

刘海粟在他的回忆文章《忆梁启超先生》中，还记述了一段梁启超更为严厉的证婚词：

徐志摩，你这个人性情浮躁，所以学问方面没有成就。你这个人用情

---

① 虞坤林编：《苦涩的恋情〈爱眉小札〉〈陆小曼日记〉合刊》，山西古籍出版社，2006年版，第261页。

② 虞坤林编：《苦涩的恋情〈爱眉小札〉〈陆小曼日记〉合刊》，山西古籍出版社，2006年版，第259页。

不专，以致离婚再娶……以后务必痛改前非，重新做人！你们都是离过婚重又结婚的，都是用情不专，今后要痛自悔悟。祝你们这一次是最后一次结婚！ ①

关于梁启超在徐志摩婚礼上的证婚词，还有一种版本：1926 年 10 月 3 日，梁启超把证婚词裱成手卷交给徐志摩保存，希望弟子能以此提醒自己。这份证婚词后来被收录于梁启超的选集《我们今天怎样做父亲》中，现摘录如下：

徐志摩！陆小曼！你们的生命，从前很经过些波澜，当中你们自己感受不少的痛苦！社会上对于你们还惹下不少的误解。这些痛苦和误解，当然有多半是别人给你们的；也许有小半由你们自招吧？别人给你们的，当然你们管不着；事过境迁之后，也可以无容再管。但是倘使有一部分是由你们自招，那，你们从今以后，真要有谨严深切的反省和勇猛精勤的悔悟——如何把苦痛根芽，划除净尽，免得过去的创痕，遇着机会，便为变态的再发，如何使社会上对我们误解的人，得着反证，知道从前的误解，真是误解。我想这一番工作，在今后你们的全生命中，很是必要。这种工作，全靠你们自己，任何相爱的人，都不能相助。这种工作，固然并不难，但也不十分容易，你们努力罢！

你们基于爱情，结为伴侣，这是再好不过的了。爱情神圣，我很承认；但是须知天下神圣之事，不止一端，爱情以外，还多着哩。一个人来这世界上一趟，住几十年，最少要对于全世界人类和文化，在万仞岸头添上一撮土。这便是人之所以为人之最神圣的意义和价值。徐志摩！你是有相当天才的人，父兄师友，对于你有无穷的期许，我要问你，两性爱情以

---

① 李翠主编：《时光难忘的师生》，北方妇女儿童出版社，2013 年版，第 25 页。

外，还有你应该作的事情没有？从前因为你生命不得安定，父兄师友们对于你，虽一面很忧虑，却一面常常推情原谅，苦心调护，我要问你，你现在，算得着安定没有？我们从今日起，都要张开眼睛，看你从新把坚强意志树立起，堂堂的作个人哩！你知道吗？陆小曼，你既已和志摩作伴侣，如何的积极的鼓舞他，作他应作的事业，我们对于你，有重大的期待和责备，你知道吗？就专以爱他而论，爱情的本体是神圣，谁也不能否认，但是如何才能令神圣的本体实现，这确在乎其人了。

徐志摩！陆小曼！你们懂得爱情吗？你们真懂得爱情，我要等着你们继续不断的，把它体现出来。你们今日在此地，还请着许多亲友来，这番举动，到底有什么意义呢？这是我告诉你们对于爱情，负有极严重的责任，你们至少对于我证婚人梁启超，负有极严重的责任，对于满堂观礼的亲友们，负有更严重的责任。你们请永远的郑重的记着吧！

徐志摩！陆小曼！你们听明白我这一番话没有？你们愿意领受我这一番话吗？你们能够时时刻刻记得起我这一番话吗？那么，很好！我替你们祝福！我盼望你们今生今世勿忘今日，我盼望你们从今以后的快乐和幸福常如今日。[1]

由于证婚词来源于当事人参加婚礼后所写下的回忆类文章，所以各种证婚词版本稍有出入，但不难看出，当时梁启超对这场婚礼极为反感，因而话语硬气，派头十足。

不管婚礼有多么不容易，陆小曼到底是嫁给了徐志摩。10 月 12 日，这对夫妇去了上海，住进了新新旅馆。一个多月后，即 11 月 16 日（农历十月十二日），徐志摩带着陆小曼回了硖石，一起住在了干河街刚建成的

---

[1] 梁启超著，彭树欣选评：《我们今天怎样做父亲》，上海古籍出版社，2020 年版，第 208—211 页。

新房子里。11 月22 日，徐志摩给张慰慈夫妇写了一封信，信中详细描写了他和陆小曼回家乡的情形。

慰慈：

　　一转眼就怕有一两个星期不曾给你通信，你们好吗？我们这才算到了老家，安了定了，有了落儿了，你们关切我们的，也应得替我们高兴不是？上海一住就住了一月有余，直到前一星期咱们俩才正式回家，热闹得很哪。小曼简直是重做新娘，比在北京做的花样多得多，单说磕头就不下百外。新房里那闹更不用提，乡下人看新娘子那还了解，呆呆的几十双眼，十个八个钟头都会看过去，看得小曼那窘相，你们见了一定好笑死。闹是闹，闹过了可是静，真静，这两天屋子里连掉一个针的声音都听出来了。我父在上海，家里就只妈，每天九点前后起身，整天就管吃，晚上八点就往床上钻。曼直嚷冷，做老爷的有什么法子，除了乖乖的偎着她直偎到她身上一团火，老爷身上倒结了冰，你说这是乐呀还是苦？咱们的屋倒还过得去，现在就等炉子生上了火就完全了。

　　……

　　二老想我们极了，曼昨晚想娘也哭了。梦绿信收到。曼总是懒，又先让我致意。

志摩候候　十月十八日 [1]

　　这段甜蜜的二人生活，当真是温暖而幸福。然而，这种幸福只存在他们的二人世界里，待徐申如从上海回到硖石后，他们立即感受到家人并不祝福这段婚姻。这种不祝福里还夹杂着老夫妇俩对陆小曼的嫌弃——他们似乎很不满意这个儿媳。

---

[1]　徐志摩著：《志摩的书信日记：我没有别的天才，就只有爱》，北方文艺出版社，2018 年版，第 117—118 页。

为了耳根子清静，老夫妇俩在一个月后去了天津。天津距离北京很近，张幼仪此时就在北京。原来，张幼仪带着儿子阿欢在北京租了一处院落，还请了八弟和四妹来与她一起住。

每个月，徐申如都会给她汇寄三百元生活费，一切倒也过得去。老夫妇俩距离张幼仪很近，于是给她发了一份电报，并嘱咐她到天津的旅馆见面。

老夫妇俩见到张幼仪时一直板着脸，似乎遇到了很不愉快的事。老太太想起与陆小曼见面的情形，气愤地说："陆小曼竟然要求坐红轿子！"这种红轿子一般需要六个人抬，女人一生只能坐一次，要求极为严苛。老太太不满陆小曼坐红轿子，大概也是觉得，她已结过一次婚，不配再坐红轿子。

老太太讲话很快，声音都有些发抖了。她继续讲，一天吃晚饭的时候，陆小曼才吃半碗饭，就面带可怜地对徐志摩说："志摩，你帮我把这碗饭吃完吧？"

在那个规矩很多的大家族里，一个人不把饭吃完就是不礼貌。更何况，陆小曼吃剩下的东西，再让徐志摩吃，老太太怎会好受？正如老太太所言，那碗饭已凉了，真害怕徐志摩吃了会生病。张幼仪听着这些事，一时也陷入了沉思，不知如何回答。

老太太说他们吃完饭以后，本打算上楼做自己的事。就在刚要走时，陆小曼忽然转过身子，还是可怜兮兮地对徐志摩说道："志摩，抱我上楼。"这原本是新婚夫妇间的情趣打闹，可在老太太看来，分明就是陆小曼懒之故。更何况，当着她的面欺负自己的儿子，老太太心里焉能好受？

于是，老太太一怒之下决定离家外出，就让徐申如收拾好东西，一起乘火车到了天津。老太太始终觉得，徐家儿媳应该是张幼仪的做派，不应该是陆小曼那种。

听完老两口的抱怨，张幼仪第一反应便是，徐志摩只怕会恼羞成怒，说不定立马联系自己。果不其然，张幼仪刚把老两口接到北京的家里，徐志摩就打来了电话。他第一句话劈头就问，老两口是不是张幼仪写信叫过去的。

张幼仪很无奈地说她没必要这么做，徐志摩说："教陆小曼没面子啊！"这句原本戳心的话，搁在往日，张幼仪也许会难过，而今对张幼仪来说，早已没有任何意义。

老两口与张幼仪同住了一段时间，转眼就到了农历春节。他们一起庆祝了佳节，一切仿佛回到了从前。

相比之下，徐志摩与陆小曼的生活情况并不是很如意。

1926 年 12 月，硖石附近爆发了战争。当时北伐军正往硖石趋近，孙传芳的军队也在紧锣密鼓地准备战争。面对恶劣的环境，徐志摩和陆小曼在硖石再也住不下去了，遂向舅父沈佐宸借了一笔钱离开了硖石，匆匆乘船去了上海。

他们先住在了上海福建路的通裕旅馆，后来搬进了宋春舫的家。

徐志摩和陆小曼结婚以后，花钱没有节制，总是感觉钱不够花。1926 年 12 月 14 日，徐志摩给张幼仪写了一封信，在这封信中，我们可以看到这对新婚夫妇在上海的生活状况：

幼仪：

爸爸来，知道你们都好，尤其是欢进步得快，欣慰得很。你们那一小家虽是新组织，听来倒是热闹而且有精神，我们避难人听了十分美慕。

你的信收到，万分感谢你。幼仪，妈在你那里各事都舒适，比在家里还好些，真的，年内还不如晋京的好，一则路上不便，二则回来还不免时时提心吊胆。我们不瞒你说，早想回京，只是走不动，没有办法。我们在上海的生活是无可说的，第一是曼因母亲行后就病，直到今天还不见好，我也闷得慌，破客栈里困守着，还有什么生活可言？日内搬去宋春舫家，梅白格格六四三号，总可以舒泰些。阿欢的字真有进步，他的自治力尤其可惊，我老子自愧不如也！丽琳寄一笔杆来"钝"我，但我还不动手，她一定骂我了！

　　老八生活如何，盼通信。此候

　　炉安。

志摩　十二月十四日 ①

　　在那段兵荒马乱的日子，徐志摩只觉得雪上加霜。他一来没有料到世道变化会如此之快；二来没有想到生活会陷入窘境；三来到上海后，陆小曼的欢脱与他的愁眉不展形成鲜明比对。今后将何去何从，是摆在徐志摩眼前至关重要的问题。

　　转眼间，旧历新年马上就到了。家家户户都在为过新年做准备，徐志摩却在想着如何解决生计问题。这年大年三十的晚上（1927年2月1日），徐志摩在给蒋复璁的信中披露了一些他的新年计划：

慰堂：

　　以为你年内回来，故未写信。谁知你又不回来，开念究能来否？家中人倚闾相望，游子于心安乎？我一时决计不北，亦非为星者言，故切弗信张奚若胡说。

　　光华相邀教席已允就，如不欠薪，生活或可敷衍。但急要书，已函菊农会同我兄设法打开书柜取书，如足下南来最便即烦相挈，否则须另行想

<hr>

① 徐志摩著：《志摩的书信日记：我没有别的天才，就只有爱》，北方文艺出版社，2018年版，第9页。

法。寒老在此无日不麻，间或有醉，稍稍骂座，亦怡然自得之一道也。

梁先生近佳否？为请安。

曼身体稍好。

摩候

年夜 ①

第二节 困顿的上海岁月

在上海生活的那段岁月里，徐志摩主要靠教书赚钱。信中提到了"星者言"，所谓星者就是占卜者。据说有一位占卜者说，徐志摩北去对他不利，所以徐志摩迟迟没有北上。

信中还提到了一所学校叫光华大学。这是一所民国时代在上海很著名的综合性私立大学，1925 年 6 月由退出教会学校圣约翰大学的 572 名师生创建。从 1925 年到 1951 年，这所学校走过 26 年风风雨雨，胡适、徐志摩、梁实秋、钱钟书等人都曾在这所学校教过书。

徐志摩提到，他在光华大学谋了个教职。由于急需用书，只好让蒋复璁协同瞿菊农到他的住所打开书柜取书，等他们南下时，把这些书带给他。

从这里不难看出，徐志摩当时的生活状态并不好，有时为了生计不得不被迫工作。他曾在给胡适的信里提到，他不愿意长此厚颜依赖自己的父母。

也许自从娶了陆小曼，徐家二老没少教训过他经济不能独立的事，从而让徐志摩很不受用。否则，徐志摩不会在信里说，"就为这经济不能独

---

① 徐志摩著，金黎明、虞坤林编：《徐志摩书信新编》，浙江古籍出版社，2017 年版，第 304—305 页。

立，我们新近受了不少的闷气"。

眼见快到阴历年了，大家都在准备过团圆年，徐志摩不是没有想过在哪里生活，甚至也想到了回北京。一来徐家二老在那里，二来陆小曼想她母亲了，正好可以带她回去探亲。

只不过，徐志摩也有他更深层的考虑，那就是如何生活。因为在北京教书赚不到多少钱，而他又不愿意再去接手《晨报》，至于赚钱而他又能做的工作，就很少了。

另外，徐志摩对每个月的生活花费也有清晰的定位，每月至少二百元。面对如此压力和取舍问题，徐志摩只能留在上海。

后来徐志摩在 1927 年 1 月 7 日给胡适的一封信里，说起了对上海的感觉：

> 留在上海也不妥当，第一我不欢喜这地方，第二急切也没有合我脾胃的事情做。最好当然是在家乡耽着，家里新房子住得顶舒服的，又可以承欢膝下，但我又怕我父母不能相谅，只当我是没有出息，这老大还得靠着家，其实只要他们能懂得我，我倒十分愿意暂时在家里休养，也着实可以读书做工，且过几时等时局安靖些再想法活动。目下闷处在上海，无聊到不可言状，曼又早晚常病，连个可与谈的朋友都难得有（吴德生做了推事，忙极了的），硖石一时又回不去，你看多糟！①

陆小曼出生在上海市的孔家弄，父亲是民国财政部要员，母亲祖上是清朝高官，家中既有权又有势。陆小曼的父母在生陆小曼之前，还生过八个孩子，结果只有陆小曼活了下来，因此格外疼爱这个女儿。

偏偏这个女儿生来体弱多病，没少让父母为其担心。为了养心和养

---

① 徐志摩著，金黎明、虞坤林编：《徐志摩书信新编》，浙江古籍出版社，2017 年版，第 303 页。

病，陆小曼开始学习画画和书法。尽管有些功用，但到底无法治根儿。

正如徐志摩所言，陆小曼早晚常病，既让人担忧，又让人无可奈何。北京的气候不太适合养病，所以陆小曼是不会去的，徐志摩自然也就不会去了。

北京去不得，上海不想留，难道天下没有他们的栖身之地吗？徐志摩想过这个问题。他想带陆小曼去国外，过一段郎情妾意的生活。

此时，徐志摩和陆小曼的好朋友胡适，已于 1926 年 7 月去了英国，前去参加中英庚款管理委员会会议。

1900 年庚子年，八国联军侵犯北京，并于次年签订了《辛丑条约》。条约规定，中国向各帝国主义国家赔款四亿五千万两白银。8 年后，也就是 1908 年，英、美、法、日等国决定先后把部分赔款退还，以作为发展中国文化教育事业的经费，并组成各国管理这笔退款的管理委员会。当时的胡适，正是中美、中英有关庚款的管理委员会的成员。

一身高位的胡适，只要设法帮徐志摩和陆小曼周转周转，就有可能帮助他们到国外生活和念书。1926 年 12 月 26 日，胡适在启程赶赴纽约之前，曾经给恩厚之写了一封信，先是介绍了徐志摩和陆小曼的生活状况，而后希望这位老朋友可以帮帮他们，最起码让他们能够到欧洲读上两三年的书：

更迫切的问题是我们的朋友志摩，他已喜洋洋地结婚了。他们两口子在婚事开头时遭遇困难，以后也获得徐家两老的谅解，彼此也融洽地住在一起了。但我对志摩夫妇的前途有点忧虑。因着商业萧条以及战祸关系，徐老先生的生意大受打击。他们现居的地方是一个十分落后的小镇，没有任何现代的文化气息。志摩的新太太十分聪慧，但没有受过系统化的教育。她能说英文、法文，能绘画，也能唱歌。但要是他们两口子在那小地方住得太久，就会受害不浅了。他们多方面的才华会浪费消逝于无形。

　　这里头脑里装满了传统习惯的人，并不欣赏个人才能的发展：他们把后一辈年轻人只看作搓麻将的良伴。跟这些人同住，受害之烈是你们所不能想像的！要是我们能找出个办法把志摩夫妇送到英国或欧陆地方，让他们有两三年的时间念点书，那就好极了。我知道你对他关心，所以尽罄所怀，好让你在我们见面之先有时间把这事考虑考虑。①

　　胡适请恩厚之夫妇帮助徐志摩的事，徐志摩应该在不久后就知道了。不然，徐志摩不会在 1927 年 1 月 7 日的那封信里提这件事：

　　你信上说起见恩厚之夫妇，或许有办法把我们弄到国外去的话，简直叫我惝恍了这两天！我那一天不想往外国跑，翡冷翠与康桥最惹我的相思，但事实上的可能性小到我梦都不敢重做。朋友里如彭春最赞成我们俩出去一次，老梁也劝我们去，只是叫我们那里去找机会？②

　　实际上，胡适之所以找恩厚之帮忙也是有一定原因的。如果说之前的恩厚之是个陪同泰戈尔访华的年轻单身汉，当时的恩厚之已经是小有财产的富家子弟。原来，他访华不久后便回到了英国，结识了一位美国富孀史特里夫人。两个人一拍即合，很快就结了婚。新婚后的夫妻俩听了泰戈尔的意见，在英国南部德温郡的托特尼斯购置了田地，准备大力推广农村建设计划。

　　得知徐志摩夫妇遇到困难，恩厚之第一时间找到了胡适。他跟胡适畅

---

① 梁锡华译注：《胡适致恩厚夫妇的一封信》，《徐志摩英文书信》附录，载于《新文学史料》，1982 年第 3 期。

② 徐志摩著，金黎明、虞坤林编：《徐志摩书信新编》，浙江古籍出版社，2017 年版，第302 页。

谈了许久，经过一段时间的思考，提笔写了一封信，寄给了远在上海的徐志摩。

志摩兄：

　　敬谢来信。很可惜胡适不能按计划来我们这里访问；但他回国前我们在一个晚上有机会畅谈，因着他已来过英国，我感到很高兴。我寄一份章程给你，使你更清楚明白我们的计划。我盼望有一天你有机会来看我们。听到你已喜获心上人，我当然是感到无限欣慰的。我希望你经历过的奋斗会在将来开花结果。你太太描述我的一句话使我大感兴趣。我希望将来会见到她……你可否自己定个计划，把一切的困难算进去，然后寄给我看看呢？你是否有意到山迪尼基顿住一个星期，然后同太太一起到欧洲再读书呢？请你跟胡适讨论此事，结果如何让我知道。我和胡适谈了很久，他说他回到中国与你见面之后写信给我。

你的挚友　恩厚之

一九二七年二月四日

于达廷顿 [①]

　　这封信写于 2 月 4 日，从信上不难看出，徐志摩应该给恩厚之写过信，而且在信中提到了陆小曼对恩厚之的评价。

　　徐志摩给恩厚之的信写于 1927 年 1 月 5 日，信里不仅表达了徐志摩对恩厚之喜获良缘的愉悦之情，甚至也跟恩厚之分享了自己的新婚生活。另外，信里还提到了陆小曼对恩厚之的评价："我不知道你是否对我的妻子（她名小曼）有点印象，但她仍然记得'东奔西走，紧张得象个世界最忙的人'那个英俊的英国青年人，我们俩真想有一天跟你们俩再碰头呀！"

---

① 徐志摩著，虞坤林编：《志摩的信》，学林出版社，2004 年版，第 431 页。

　　当然，这封信里，徐志摩的用笔也不总是闲适，之后的语言不免沉重了许多："小曼体质不强，我已定意要用大自然这味药来给她补一补。我们婚后头两个月在一个村镇中度过，既宁静又快乐；可是我们现在却混在上海的难民中间了，这都是拜这场象野火乱烧的内战之赐。敝省浙江一直是战乱不侵的，使其他地方的人羡慕不已，但看来这一次也不能幸免了。杭州半个城的人已经跑光，到处所见的是各种恐怖气氛与事实，这都是随着内战而来的凶险；可怜的西湖，只余一片荒凉破败！"[1]陆小曼身体有恙，终日需要理疗和调养，这本就是一件极为头疼的事，更何况他们一来要生活，二来还要躲避战乱，日子过得更加困难。如果说生计上的困难还能勉强支撑，那局势上的瞬息万变就让他不能接受了。因而，徐志摩想到了带陆小曼去国外生活，这也是他给恩厚之的信中所表达的想法。

　　恩厚之的信寄出了快一个月，迟迟没有收到回信。可能是担心徐志摩遇到了困难，抑或对他在信中的建议别有想法。于是，3月7日时，恩厚之马上给徐志摩寄了一大笔钱，共二百五十英镑。这笔钱既是让徐志摩安顿生活之用，也是供他和陆小曼前往英国的旅资。

　　1927年的江浙地带，正弥漫在一片硝烟中。徐家是硖石首富，战争开始以后，徐家首先受到了冲击。一些地痞流氓开始找他们家的麻烦，甚至霸占了他们的新房子。

　　徐志摩此刻的心情极为复杂，他在4月1日给恩厚之的信里下笔很沉重地说："我唯一的希望是两口子能跑得动，离开中国一段时间再打算。"

　　徐志摩还有一些其他的顾虑，诸如前往英国需要一笔不小的开支，可他又不能跟恩厚之索要，更不能向正在蒙难的父母索要——这是一个大问题。陆小曼的体质太弱，也是徐志摩不得不考虑的困难之一。信中提到，

---

[1] 徐志摩著，虞坤林编：《志摩的信》，学林出版社，2004年版，第430页。

单单是印度的夏天就能要陆小曼半条命，就算到印度去，只怕也要炎暑过
后才能打算了。

在这封信里，徐志摩还做了一番美好的畅想。他想等十月之后再去，
到时叫上张彭春，大家一起环绕在泰戈尔的身边，谈天说地，共话崇奉，
必是一段美好、和平的生活。①

徐志摩在与朋友们的通信中，只是草草交代了生活处境，行文用语，
洒脱而随意，并未过多渲染苦闷和忧悒。

1927年5月1日，邵元冲在他的日记里曾记述过一些细节，从中可以
一窥那时徐志摩的处境之艰难。邵元冲是国民党浙江省政治分会政治委员
兼政治委员会秘书长及杭州市长，又是浙江省党部主持人，他在日记里这
样写道："五月一日，星期日……抵烟霞洞后，余以连日日记旷阙，乃补
足之，又作寄默一长函，又晤顾任光、徐志摩等……八时顷徐志摩来谈。
又整理案卷。十二时顷寝。"②

从日记来看，顾任光和徐志摩等人先去拜访过邵元冲，其中顾任光曾
在北大文学院任过教职，这倒与徐志摩的身份类同。邵元冲用了"晤"这
样的字眼，看样子是对徐志摩等人比较敬重。到了晚上八点，徐志摩又来
找邵元冲谈过话，应该是有一些私事要麻烦他处理。这件私事或许情况较
大，已经需要邵元冲这个级别的人出手了。

徐志摩和陆小曼初到上海时，先住在了旅店，不久后搬到了宋春舫的
家中，再后来搬去了上海法租界的一处住宅区，上海环龙路花园别墅十一
号。这里的辗转和迁移，印证了他和陆小曼的各种心酸和不足为外人道的
坎坷。

那个时候的徐志摩，一方面经历着生活的波折，另一方面，他苦心经

① 徐志摩著，金黎明、虞坤林编：《徐志摩书信新编》，浙江古籍出版社，2017年版，第306—308页。
② 王仰清、许映湖标注：《邵元冲日记（1924—1936年）》，上海人民出版社，1990年版，第322页。

营的新月社也面临着历史的沉痛考验。战争的爆发与社会的动荡，不仅会让生民流离失所，也会让文化事业陷入僵局。

1927年1月1日，徐志摩在他的一篇名为《给我勇气，给我力量》的日记里，曾这样写道："愿新的希望，跟着新的年产生，愿旧的烦闷跟着旧的年死去。新月决定办，曼的身体最叫我愁。"[①]应该是在那天前后，徐志摩就敲定了要创办新月书店的打算。

1927年春，胡适、徐志摩和闻一多等人共同创办了新月书店，次年又创办了《新月》月刊。梁实秋在《忆"新月"》一文中，详细地描述了当年新月书店的创办过程："民国十六年春，国民革命军北伐到了南京近郊，当时局势很乱。我和余上沅都在东南大学教书，同住在学校对门蓁巷四号。我们听到炮声隆隆，看到街上兵荒马乱，成群的散兵游勇在到处拉夫抓车，我们便商量应变的方策，决定携眷到上海再说。"[②]梁实秋到上海不久，丁西林、叶公超、闻一多、饶子离、胡适等人也先后到达。

第三节　创办《新月》杂志

1927年5月底，胡适从美国经日本回到了上海。

1927年春，著名书法家、外交家叶公超应暨南大学校长郑洪年邀请，任暨大外文系主任兼图书馆馆长。后来，暨南大学从南京新迁到上海真如，叶公超也随之南下。

---

① 徐志摩著：《爱眉小札及其续编：徐志摩致陆小曼情书》，浙江文艺出版社，1989年版，第271页。

② 梁实秋著：《雅舍忆旧全集：八十载岁月沉淀后的深情回望》，天津人民出版社，2018年版，第54页。

这一时期，暨南大学急需人才，梁实秋、刘英士、饶子离等人先后来到暨大教书，这为新月团体的汇聚提供了便利。

新月团体里还有一个人叫潘光旦。1925 年，潘光旦从美国哥伦比亚大学获得硕士学位——与徐志摩刚好是校友。

留学归来后，潘光旦到吴淞国立政治大学担任教授。这一年冬天，闻一多也从北京南下，并且来到政治大学担任教授兼训导长。

1927 年 4 月，北伐军浩浩荡荡地开赴上海。迫于战况的压力，而且接到了上司的命令，政治大学不得不临时关闭。闻一多没地方去，只好暂时寄居在潘光旦家里。文论家和诗人饶子离也已到达上海，随后在潘光旦家中落脚。

有一天，梁实秋在上海遇到了余上沅，问他是否有地方住。余上沅说有住处，但是位置还不确定。原来，当时徐志摩和胡适等人正在上海筹划创办杂志，并计划开一爿书店。

如果一切顺利，就邀请余上沅代为管理，到时再物色一幢小房子，楼下是办事处，楼上就让余上沅居住。他们经过一番精挑细选，最后锁定了法租界环龙路环龙别墅四号——这个地方就是徐志摩居住的地方。

只有胡适和徐志摩两个人，难以撑起整个杂志的创办工作。为了吸纳更多的朋友加入，徐志摩四处奔走，渐渐就把潘光旦、闻一多、饶子离、刘英士和梁实秋等人汇集了起来。

起初，杂志没有名字，筹建工作全靠徐志摩和余上沅负责。其中，徐志摩负责编辑，余上沅则负责经理。大家以潘光旦的住处为交往中心，经常在一起聚会，商量杂志的创办，谈论文学的写作。

聊着聊着，大家觉得总有聊不完的话题，于是众人觉得可以一起创办一份刊物，也都愿意成为这个刊物的编辑。

徐志摩最后把杂志定名为《新月》，并由余上沅放出来消息。一开始听到这个名字时，梁实秋心间微微一笑，他在《忆"新月"》一文中写道：

> 因为在北平原有一个"新月社"，"新月"二字是套自印度泰戈尔的一部诗《新月集》。泰戈尔访华时，梁启超出面招待，由志摩任翻译，所以他对"新月"二字特别感兴趣，后来就在北平成立了一个"新月社"，像是俱乐部的性质，其中分子包括了一些文人和开明的政客与银行家。我没有参加过北平的新月社，那时候我尚在海外。一多是参加过的，但是他的印象不太好，因为一多是比较的富于"拉丁区"趣味的文人，而新月社的绅士趣味重些。不过我们还是接受了这个名称，因为这名称，至少在上海还是新鲜的，并不带有任何色彩。[①]

新月社在北京成立时，梁实秋正在美国科罗拉多州科罗拉多学院留学，所以并未参加那段文事。不过后期新月书店的成立，倒是有他的踪迹。

从早期新月社的社团组成类型看，大家主要以绅士趣味的作品创作风格为主。然而团队里的成员，并非全是这类作品的爱好者。正如梁实秋所说，闻一多就偏"拉丁区"一些。

同样的道理，新月书店的创办虽然以徐志摩为主导，但参与的人员也各有想法，各有生活方式，各有职业技能，彼此不需要标榜，更没有谁依赖谁。

大家全凭着对文学的热爱，以及一时兴起，所以才走到了最后。不过，即便如此，我们仍不能否定，新月书店和《新月》杂志，其实是早期新月社的延续和再扩展。

起初，《新月》杂志由胡适担任社长，徐志摩任编辑。大家经过讨论，觉得应该更民主化，一切事务当由大家协商后再确定。这话很快传到

---

① 梁实秋著：《雅舍忆旧全集：八十载岁月沉淀后的深情回望》，天津人民出版社，2018年版，第55页。

徐志摩耳中，他相当明达地表示认同，并未有任何的不快。于是，《新月》杂志就这样创刊了。

为了创办《新月》杂志和新月书店，徐志摩付出了极大的心血。多年后，梁实秋在《谈徐志摩》一文中记述过新月书店的筹建过程：

新月书店的成立，当然是志摩奔走最力，邀集股本不过两千元左右，大股一百元，小股五十元，在环龙路环龙别墅租下了一幢房屋。余上沅夫妇正苦无处居住，便住在楼上，名义是新月书店经理，楼下营业发行。当时主要业务是发刊《新月》杂志。参加业务的股东有胡适之先生、志摩、上沅、丁西林、叶公超、潘光旦、刘英士、罗努生、闻一多、饶子离、张禹九和我。胡先生当然是新月的领袖。事实上志摩是新月的灵魂。我们这一群人，并无严密组织，亦无任何野心。只是一时际会，大家多少有自由主义的倾向，不期然而然地聚集在一起而已。后来业务发展，便在四马路租下了铺面，正式经营出版业务，以张禹九为经理，我为编辑。①

1927 年 6 月 27 日和 28 日，《申报》连续两天刊印了《新月书店启事》，算是宣告了新月书店的成立：

我们许多朋友，有的写了书没有适当的地方印行，有的搁了笔已经好久了。要鼓励出版事业，我们发起组织新月书店，一方面印书，一方面代售。预备出版的书，都经过严格的审查，贩来代售的书，也经过郑重的考虑。如果因此能在教育和文化上有点贡献，那就是我们的荣幸了。

创办人　胡　适　　宋春舫　　张歆海　　张禹九
　　　　徐志摩　　徐新六　　吴德生　　余上沅　同启②

---

① 梁实秋著：《槐园梦》，北方文艺出版社，2018 年版，第 129 页。
② 陈子善著：《雅集》，上海人民出版社，2012 年版，第 35 页。

　　新月书店的创办人员，除了上述所列的八人，还有一些因为是入了小股而没有列入名单，如谢家崧、梁实秋等人。中国社会科学院文学研究所胡博先生在《"新月书店"考》一文中指出，宋春舫、徐新六、吴德生等人或是参与发起活动，或是新月书店的出资人，并没有参与书店的经营运作。书店后来的运作和出版编辑，全靠闻一多、徐志摩、梁实秋、余上沅等人维持。[①] 创办人中，徐志摩是新月书店的主要发起人，自不必多说；胡适是著名的思想家、文学家和哲学家，也是新文化运动的旗手，具有强大的号召力，由他坐镇，可占据思想高地；徐新六是一位银行家，早年留学英国，时为浙江兴业银行常务董事兼总经理，可作资本支撑；张禹九即张嘉铸，毕业于哈佛大学，既是张幼仪的八弟，也是中国现代银行之父张嘉璈的八弟，无论家世还是学识，都拿得出手；余上沅是中国戏剧教育家和理论家，1923 年在哥伦比亚大学专攻西洋戏剧文学和剧场艺术，他是新月书店的经理；会计是陈衡粹，是余上沅的夫人；出版兼校对是蒋家佐；发行和业务管理由谢家崧负责……

　　整个新月书店的人员安排相当紧密，各司其职，一场宏图伟业眼看就摆在面前。6 月 29 日至 7 月 1 日，《申报》连续三天刊登了《新月书店开张启事》，也算是打了一个广告：

　　本店设在上海华龙路法国公园附近麦赛尔蒂罗路一五九号，定于七月一日开张，略备茶点，欢迎各界参观，尚希贲临赐教为盼。[②]

　　这样的一个广告，表面上看应该不会有太多人关注，顶多是附近的人过去感受感受。谁也不曾想到，一位名叫严家迈的人，居然会风尘仆仆地从江湾赶过来，甚至不惜花巨额的车资过来参观。

① 胡博：《"新月书店"考》，《文学评论》2015 年第 6 期。
② 陈子善著：《雅集》，上海人民出版社，2012 年版，第 37 页。

到达法租界以后，这位严家迈先生忽然迷了路，多亏一位君子的指引，他才明白过来：原来麦赛尔蒂罗路就在法国公园前面，由霞飞路进华龙路，路口头道直街便是，再乘电车到吕班路口下车，一拐弯就能到了。

远远望见一块蓝底白字的招牌，上书"新月书店"四字。挂招牌的铁棍上，还有一把涂金的镰刀，大约这就是新月书店了。

刚进得门，就有人跟这位严先生打招呼。严先生简单一打量，立即认了出来，这位面善的人是新月书店经理兼编辑余上沅。

早年的时候，严先生曾听过余上沅先生的戏剧课，他们相互认识，也算是熟人，由他带领参观再合适不过。

楼下是发行所，一男一女两个职员坐在书桌旁边，桌子上放着一摞书，分别是《浪漫的与古典的》《翡冷翠的一夜》等正在校对的稿子。

书桌后面的墙上，挂着一幅江小鹣的油画。对面是书架，上涂黑漆，一部部新书赫然摆在上面。书架后面是朱孝臧写的一面招牌，再后面是厨房。

由于来不及参观，严先生登上楼梯，看到后面有亭子间，布置很简单，据说是会计处，银钱重地，闲人免进。

编辑室在楼的正房，上挂几幅名人字画。严先生走得太累了，刚坐到沙发上休息，余先生便走了过来，捧着一盘点心交给了他。

没过多久，楼上汇集了很多来宾，严先生只好退了出来。不过，严先生在离开前，余先生叫住了他，并且送给他一份开幕纪念册。

这份纪念册的封面上画着一个女人，骑在新月上看书。尽管寥寥几笔，但看着妙趣横生，传闻是诗人闻一多的手笔。[1]

---

[1] 陈子善著：《雅集》，上海人民出版社，2012年版，第38—40页。

严先生参观新月书店的事，于 7 月 2 日在梁实秋主编的《时事新报·青光》上发表，作者署名严家迈，文章名字叫《新月书店参观记》。

有细心的读者发现，整篇文章描写过于细致，人物动机过于苍白，人物失真过于严重，不太像是一篇合格的纪事文章，倒像是新月社成员编写出来的宣传故事。

新月书店 7 月 1 日开张，而这篇文章 7 月 2 日就登上了《时事新报·青光》。一个远道而来的访问者，在这么短的时间里，不太可能完成整个新闻的采访和如此细节的还原，只怕是某位编者的手笔。至于这个编辑是谁，后来者众说纷纭。陈子善先生怀疑这位署名严家迈的人是梁实秋，韩石山先生则怀疑是潘光旦或者梁实秋。

新月书店主要以印书和代售为主要营业范围。当然，他们出版的图书也是以新月派同人的书目为主。在广告上，他们还打出了"出版第一流的书"的标语。

瞿光熙先生认为，新月书店最早出版的书目是徐志摩的《自剖》，随后又陆续出版了《浪漫的与古典的》《玛丽玛丽》《翡冷翠的一夜》《巴黎的鳞爪》《寸草心》《蜜柑》《圣徒》《留西外史》等书目。

新月书店创办得相对早一些，而《新月》杂志则晚了许多。杂志的创办时间在 1928 年 3 月 10 日左右，创刊号上迎头便是徐志摩的发刊词《新月的态度》。

文章开头用了两句英文，一句是："And God said, let there be light : and there was light.—The Genesis（神说，要有光：就有了光。——《创世纪》）"；另一句是："If Winter comes, can Spring be far behind ? — Shelley（冬天来了，春天还会远吗？——雪莱）"。这两句话很好地诠释了徐志摩创办杂志的决心，以及义无反顾的气魄。

在徐志摩看来，创办杂志要有一定的态度。商业上可以自由，思想上也可以自由，但是这种自由应当具备两个条件：一个是不妨害健康；一个是不折辱尊严。通过审看这两条原则，徐志摩很快就把市场上所不能容忍的文艺现象划分为十三种：

一、感伤派

二、颓废派

三、唯美派

四、功利派

五、训世派

六、攻击派

七、偏激派

八、纤巧派

九、淫秽派

十、热狂派

十一、稗贩派

十二、标语派

十三、主义派

徐志摩的态度相当真挚而坚决，他在最后发出了一段强有力的宣言："要从恶浊的底里解放圣洁的泉源，要从时代的破烂里规复人生的尊严——这是我们的志愿。"①

这就是徐志摩的真性情，无论是创办刊物，还是从事写作，他都在追寻一种极致而纯粹的美。这种对美好事物的追寻，伴随了他一生。

半个世纪后，徐志摩的好友叶公超先生在《新月旧拾——忆徐志摩

① 徐志摩著：《中国人的浪漫》，中国工人出版社，2016年版，第140—147页。

二三事》一文中描述过《新月》杂志的一些活动安排：

> 今天，忆起志摩就会想起民国十七、八年之际，《新月》每星期几乎都有次饭局，每次两桌，有胡适之、徐志摩、余上沅、丁西林、潘光旦、刘英士、罗努生、闻一多、梁实秋、饶子离、张滋闿、张禹九和我。每次志摩一到，就弄得大家欢喜不置，他从不谈文学，谈的都是吃、穿、头发、玩……我曾经与鲁迅见过一次面，吃了一次饭，鲁迅就骂徐志摩是"流氓"，不谈文学，后来我和郭沫若见面，提到鲁迅骂徐志摩的事，郭沫若说："当然，鲁迅除了自己什么人都骂。"其实志摩的生活是浪漫而不颓废，在几年之内他发表了许多的著作，有诗、有散文、有小说、有戏剧、有翻译，在语言文字上更独树风格，是一般人难望其项背的。①

叶公超先生眼中的徐志摩，并非唯文学不谈的人：他的思想活跃，爱好广泛，是一位博学多识同时又具有浪漫气息的文学家。徐志摩从不会在意朋友的社会地位和身份，不管是跑堂、司机、理发师……还是其他什么人，他都不在乎，也都愿意与之相交。他看起来就像是没有经受过曲折和痛苦的人，永远洋溢着蓬勃的生机和不败的气场。

正如叶公超先生在文中总结的那样："如今想起志摩的性情，依然感慨——世界上只有他这样一个人，再没有第二个了。"②

第四节　两个月亮

1927 年 1 月，由于江浙地区战事不断，陆小曼和徐志摩只好决定安居

---

① 叶公超著，陈子善编：《叶公超批评文集》，珠海出版社，1998 年版，第 250 页。
② 叶公超著，陈子善编：《叶公超批评文集》，珠海出版社，1998 年版，第 250 页。

于上海。这个时候，他们结识了翁瑞午，三个人的关系相对温和。3 月间，徐志摩回硖石扫墓时，陆小曼和翁瑞午一起陪同而去，三个人还同游过西湖。

1927 年 7 月 30 日，陆小曼担任妇女慰劳兵士会委员。当时的中央大戏院还举行了游艺会，陆小曼出演了昆剧《思凡》，并与江小鹣、李小虞合演了《汾河湾》，还与唐瑛合演了《拾画叫画》。8 月以后，徐志摩和江小鹣在上海成立了云裳公司，此时的张幼仪出任总经理，而陆小曼和唐瑛等则为"号召"，俗称形象大使。

1927 年冬，12 月 6 日、7 日，陆小曼和江小鹣在上海夏令匹克大戏院合演了《贩马记》，并与徐志摩和翁瑞午等合演了《玉堂春——三堂会审》，陆小曼任苏三一角。①

这段时间里，陆小曼、翁瑞午和徐志摩三个人走得很近，经常一起出入，甚至一起排戏。1927 年 12 月 17 日，上海的一些八卦记者对他们关注已久，其中有一份《福尔摩斯小报》发表了一篇署名"屁哲"的文章，题目是《伍大姐按摩得腻友》。这篇文章含沙射影地描写陆小曼和翁瑞午的"私情"，言语肮脏，极尽猥亵之能事，分明是恶意的中伤和污蔑。明眼人一看便知，文中的人物分别影射徐志摩、陆小曼、江小鹣和翁瑞午。作者的笔法也很微妙，除了人物关系和状态不实，余下的交往和演戏等完全吻合。由于文章写得过于污秽和肮脏，租界的巡捕房也看不下去了，就以有伤风化为名进行了检举，并安排临时法院做出了处罚和示儆。

面对这样的结果，徐志摩夫妇以及江小鹣和翁瑞午，均觉得惩处得太轻了。尤其徐志摩，心口愤愤难平，于是一纸诉状把这个报纸的编辑吴微雨告上了法庭。

1928 年 1 月 11 日午后，这场轰动一时的案子开始了公开审理。本次

---

① 乐震文主编：《海上书画人物年表汇编（一）》，上海文艺出版社，2016 年版，第 233 页。

案件的主审官是周觉先推事，旁听的大部分是文艺界的人士。

原告律师董则民率先发话：被告刊登了文章后，捕房已因其伤风败俗而提起了公诉，虽然进行了处罚，但这个案件情节迥别，不能适用一案不得两控的原则，因而名誉受到被侵害的人，仍有权利选择控诉。经查看《伍大姐按摩得腻友》这篇文章可知，余心麻在影射徐志摩，汪大鹏在影射江小鹣，伍大姐在影射陆小曼，海狗会在影射天马会。被告知法犯法，公然侮辱和伤害四位公民，应该予以刑事处罚，并且按照刑律第三百六十条办理。

整个审判过程，被告没有出庭，全由詹纪凤、陈则民两位律师代理出庭辩护。詹纪凤律师称，被告因《伍大姐按摩得腻友》一文曾被捕房公诉，而且被判处过罚金，按照刑事诉讼条例三百四十条第二项的规定，同一事件不得向同一法院再进行控述，请求驳回原告的起诉。

陈则民律师主要从诉讼主体错误这一点出发，声称文中所记的人名是余心麻、汪大鹏、伍大姐等，并未有一处提到徐志摩、江小鹣、陆小曼、翁瑞午等人。就算文章中有辱骂和污秽的字眼，也与徐志摩等人无关。由此可见，本案连诉讼主体都没有构成，自然不能起诉，应该采取驳斥不理的态度才合适。

双方律师各执一词，听起来似乎都各有道理。周觉先推事经过认真审定后，认为本案与捕房所审查的案子诉讼的是同一件事，因而决定不再审理，当庭驳回了案子，并告知原告，如果原告还要求索取赔偿名誉损失，就另行出具状纸向法庭起诉。[①]

案子审查到此，算是告一段落。徐志摩纵有千般万般的不情不愿，眼下只能打碎了牙往肚子里咽。这场风波后，徐志摩和陆小曼搬到了福熙路

[①]　《徐志摩等控福尔摩斯小报案驳斥》，原载于《申报》1928 年 1 月 12 日第 4 版。

四明村九二三号。这里曾经是四明银行的物业，故而叫四明村。

虽然先前不愉快的阴云一直盘桓在脑海，但他们还是尽可能让生活变得舒适起来。多年后，陆小曼在《云游》一书的序言中，曾提及二人之间的一些有趣的故事。徐志摩非常相信陆小曼的眼光，认为陆小曼的判断很精准。有时写好了东西，徐志摩总要捧起来自我品读，自我欣赏。如果陆小曼看到了，时常会嗔怪他臭美。一旦某些文章被陆小曼认定为不合格，徐志摩就不会再拿出来发表了。

时日久了，陆小曼觉得自己的这种行为太苛刻了，就问徐志摩是否认为她这样做不好。徐志摩微微笑笑表示，陆小曼的这种性情，恰恰是在帮他精进。这一番严厉的批评，既能帮他改掉臭美的习惯，又能让他扫除旁人恭维所带来的自高自大。

平凡的岁月里，夫妻二人的生活，因为有了彼此的温暖，渐渐溢满了幸福和快乐。陆小曼是个很活泼也有些懒散的姑娘。她的书桌很少收拾，一摞摞书稿各处堆放，最后导致徐志摩根本没有地方写作，只好伏在桌子的边边角角奋笔疾书。

第二日醒来，徐志摩常常寻不到昨晚已写好的诗稿，禁不住就会嗔怪陆小曼几句。而面对嗔怪，陆小曼只是笑笑，并不理睬，尽显夫妻之间的幸福和逗趣。

这期间，徐志摩的新书正要出版，就想让陆小曼写个序。有两次，徐志摩把笔墨都准备好了，只叫陆小曼随便涂写几个字，可陆小曼老是写不了几行，就会头昏和心跳，只得看着徐志摩发呆，直到徐志摩笑着对她说："好了，好了，太太我真拿你没有办法，去耽着吧！回头又要头痛了。"说着走过来拿走陆小曼的笔，然后扶着她躺了下去。

陆小曼则默默地看着他，一言不发。徐志摩也无奈地望着她，一直干笑不止。两个人美好的岁月，忽然拼成了最浪漫的剪影。后来，徐志摩又找过陆小曼数次，请她写序，最后都不了了之，这也成为陆小曼一生的憾事。①

四明村是一处高级住宅区，陆小曼又是一位知名的交际花。生活在这样的大环境中，她自然喜好追逐奢华。灯红酒绿的外国租界、漂亮典雅的居室、前卫新潮的商品、莺歌燕舞的剧场……

一个长期被压抑着的人，很容易爆发内心深处最原始的欲望。陆小曼是藏不住欲望的，她开始结交名人和名伶，开始频繁出入社交界，开始成为十里洋场的风云人物。

要想长久维持高贵的生活状态，需要金钱来支撑。郁达夫的妻子王映霞在《陆小曼——浪漫孤寂人生》一文中提及陆小曼当时租房子的情况，从一个侧面反映了陆小曼的开销状况：

一九二八年，我和郁达夫寓居于上海赫德路嘉禾里前弄。徐志摩和陆小曼原来居于环龙路花园别墅十一号，后来搬至福熙路四明村九二三号，这个村因为属于四明银行的物业，故名。他家与我们相距仅一里之遥，绕过哈同花园就到了。

…………

四明村在今天的上海展览中心的对面，该中心是在哈同花园的废墟上建筑起来的。四明村的一幢幢屋子，屹立如林，每幢都是双开间，前面是二层楼，后面是三层楼，宏伟壮丽，就当时来说，已经算是上乘的房屋了。陆小曼租了一幢，每月租金银洋一百元左右。我们是寒伦人家，这个数目可以维持我们大半个月的开支了。②

陆小曼的派头很不小，每次出入都要有私人汽车接送。那个时候，郁

---

① 陆小曼著：《云游：陆小曼回忆徐志摩》，江西教育出版社，2017年版，第85—87页。
② 王映霞著：《王映霞自传》，传记文学出版社，1990年版，第268—271页。

达夫和王映霞出入，全靠搭乘黄包车，有时甚至是步行。

　　陆小曼还养了一众仆人，诸如司机、厨师、男仆和贴身丫头，等等。这些人的穿着光鲜亮丽，不知道的还以为是主人家的小姐、少爷。

　　陆小曼的生活全由着性子来，几乎是想买什么便买什么，从不过问需要与否。据王映霞回忆，一次，陆小曼竟然买了五双上等的女士皮鞋。

　　这一切支出全由陆小曼的母亲掌管，即便是疼爱女儿有加的母亲，也忍不住对郁达夫和王映霞抱怨，陆小曼每月至少要花五百大洋，多的时候高达六百元。郁达夫听罢，极为不是滋味地对王映霞说："小曼这样大手笔，真是害苦了志摩。"[①]

　　王映霞跟着郁达夫拜访陆小曼和徐志摩，几乎不用通报，两人可以一直登上二楼。这里是徐、陆二人的寝室，一个统厢房的构造。

　　这一天，陆小曼和翁瑞午正在榻上抽烟，徐志摩并未在家。看到王映霞和郁达夫进来，陆小曼和翁瑞午吓了一跳，只得连忙起来打招呼。

　　这一年，陆小曼二十八岁，王映霞才二十四岁。据王映霞回忆，陆小曼梳着前刘海，穿着银色丝绸旗袍，一身闪闪发光。

　　陆小曼告诉王映霞："我不喜欢浓妆艳抹，也不喜欢花花绿绿的衣服，那太俗气了。我喜欢穿淡色的服饰。有一次我穿蓝布旗袍，得到志摩的称赞，他说朴素的美有胜于香艳美。"

　　众人说着说着就笑了起来。随后，王映霞细心地打量起这间屋子的陈设：古玩、花卉、罗汉松、文房四宝等，壁上是梁启超的立轴、刘海粟的油画、陆小曼的山水画等。

　　可再看到烟榻上熏黑的灯罩，王映霞有点颓然。陆小曼马上捕捉到她的心思，自顾自解说道："吃鸦片烟不是一件好事，我也偶一为之而已。

---

① 王映霞著：《王映霞自传》，传记文学出版社，1990 年版，第 270—271 页。

我是多愁善病的人，患有心脏病和严重的神经衰弱，一天总有小半天或大半天不舒服，不是这里痛，就是那里痒，有时竟会昏迷过去，不省人事。在北平时，曾经住过一年多医院，简直把医院作为我的家了。喝人参汤，没有用；吃补品，没有用。瑞午劝我吸几口鸦片烟，说来真神奇，吸上几口就精神抖擞，百病全消。"[①] 陆小曼是一个多愁多病的身，像极了《红楼梦》里的林黛玉。她既有万千才华，同时也要承受身体上疾病的折磨。这样的苦痛把她逼向了人生的绝路，只能依靠鸦片烟来疏导，想来也是一种悲哀。

　　初次见到陆小曼，王映霞的心里五味杂陈。也许，她也没有想到，这个跟自己差不多年岁的女子，竟然经受着这么多纷繁芜杂的人和事。

　　两人渐渐熟络以后，陆小曼开始跟王映霞说起婚后的生活。在旁人眼中，浪漫诗人和绝代佳人，应该过着幸福的生活。可在陆小曼的认识里，他们的婚姻并不甜蜜。徐志摩是一个浪漫的诗人，憧憬着虚无缥缈的爱，最好永远停留在可望不可即的天上，永远不要落地。一旦落了地，结了婚，一切的美好也就随之幻灭。

　　陆小曼时常向王映霞抱怨，徐志摩不仅不再如过去对她好，甚至还管她的生活，限制她打牌、抽鸦片等。陆小曼觉得，自己就像笼中鸟。她不愿如此，她要飞得很高，要穿过郁郁葱葱的树林，自由翱翔。

第五节　心灵的救赎

　　面对挥霍的娇妻，徐志摩只能不停地挣钱，不停地为生活而劳苦奔

---

① 王映霞著：《王映霞自传》，传记文学出版社，1990 年版，第 272 页。

波。与此同时，正如陆小曼设想的那样，徐志摩的确对她的爱跟原来不一样了。

如果说从前，他们是因为最原始的爱情悸动而走到了一起，而今，随着柴米油盐的考验，以及彼此精神世界的渐渐疏离，两个人之间的隔阂越来越大了。

徐志摩于 1928 年前后，应聘去了苏州东吴大学法律学院担任教授，主要讲授英国文学。这期间，受聘的还有一群专家和文人，分别是胡适、金岳霖、潘光旦、刘英士等人，他们都是新月派的成员。[1]

1928 年 6 月，徐志摩与王文伯一道经日本去了美国和欧洲的一些国家。由于上次没有见到泰戈尔，徐志摩很遗憾，这次返回时专程去了印度，亲自拜见了泰戈尔。半年后，大约在 11 月上旬，徐志摩才回到上海。

徐志摩出国旅游的原因，坊间有很多揣测，最多见的原因是，陆小曼沉迷于鸦片烟，每日的生活状况很糟糕，往往是昼夜颠倒，整个人的状态很令徐志摩头疼。

此外，陆小曼与翁瑞午的关系也很复杂。尽管徐志摩曾允许过翁瑞午给陆小曼按摩，甚至一起抽鸦片烟，可每次回到家里，看到两个人躺在一张床榻上吞云吐雾，衣衫不整，心态再好的男人，只怕也无法容忍了。

那时候的徐志摩，还是希望陆小曼能改变自己，至少可以意识到她的错处。可是，陆小曼并未改变，一切如故——这不禁让徐志摩失望透顶。

然而失望又能怎样呢？生活还要继续。为了贴补家用，徐志摩不得不寻找各种挣钱的工作。

1928 年 12 月 20 日，徐志摩坐上驶往北京的火车，去探望病中的梁启超。这辆车在河南境内的陇海路上发生了故障，大约至少误点六个小时。

---

[1] 《东吴法科之新发展》，原载《申报》1928 年 1 月 6 日第 4 版。

这次意外，反倒让徐志摩看到了不一样的平民画卷。12 月 21 日，徐志摩在给陆小曼的信中这样写道：

> 同车有熟知民间苦况者，为言民生之难堪；如此天时，左近乡村中之死于冻饿者，正不知有多少。即在车上望去，见土屋墙壁破碎，有仅盖席作顶，聊蔽风雨者。人民都面有菜色，镶手寒战，看了真是难受。回想我辈穿棉食肉，居处奢华，尚嫌不足，这是何处说起。我每当感情动时，每每自觉惭愧，总有一天我也到苦难的人生中间去尝一分甘苦；否则如上海生活，令人筋骨衰腐，志气消沉，哪还说得到大事业！[①]

以往的徐志摩生活在纸醉金迷的上海滩，精神和工作都很富裕，自然也就体会不到普通百姓度日的艰难。若不是遇上火车故障，他也许不会看到这民难四起的画面。

诗人的世界充满了浪漫主义，因为是浪漫主义，所以才会激荡着许多超现实性的情感与感受。可现实远远要比他想象得可怕，这种可怕一旦被诗人触及，将直接影响他未来的人生走向。从这时开始，徐志摩慢慢触摸到民生的底色，也渐渐明白了，生命中不仅只有崇高而虚幻的梦想，还有数之不尽的曲折和磨难。

1928 年过去，徐志摩迎来了最忙碌的 1929 年和 1930 年。这些年间，他筹办了《诗刊》，空暇时间写点诗歌和散文，大部分时间都用在了教书上。

这两年间，徐志摩忙得近于疯狂。他不仅要在上海光华大学教书——主要在英文系讲授英国文学史、英文诗、英美散文、文学批评等课，还要在南京中央大学教授西洋诗歌、西洋名著选等课，还要到中华书局编选文

---

① 徐志摩著：《徐志摩文集 下 小说书信日记》，长城出版社，2000 年版，第 307 页。

选丛书、任中英文化基金委员……

重担和压力，正在透支着这个繁忙的诗人。徐志摩知道，陆小曼恣意挥霍的无底洞，只能靠他不停地工作去填补。可是，这究竟何时才是个头呢？

当然，诗人的世界里，也不全是忧悒。至少在教书时，徐志摩还是感受到了一些温馨和幸福。当年光华大学附中有个学生叫赵家璧，他在学校刊物上发表了几篇关于但丁、王尔德的文章。徐志摩看后很感兴趣，就让费疏洪先生唤这位学生到教员休息室来。

那天，赵家璧格外担惊受怕，还以为犯了大错。一听徐志摩是看了他的文章，很感兴趣，并且想跟他交流交流，赵家璧这才转怕为喜。徐志摩语重心长地给赵家璧分享了看书的方法，还给他推荐了歌德的传记，希望他能发现歌德的伟大之处，以及歌德读书的高妙方法。这些言传身教，一直让赵家璧念念不忘，成为他一生的回想。

第二年，赵家璧考上了光华大学，他的老师就是徐志摩。据赵家璧回忆，徐志摩讲课的方式很特别，学生听课的劲头也很足。每日一大早，学生们就会在校门口集合，一起等待着徐志摩的汽车到来。

众人一起走过篱笆，爬越小泥山，越过小溪水，最后在树林里的一排排石凳上依次坐下来。大诗人徐志摩，就站在梧桐树下开始上课。

大家有时听到他背诵诗词名句，有时听到他阐述诗歌的意境和创作规律，有时还能听到他抒发各种人生感慨。有一天，徐志摩高高举起右手指向了湛蓝的天空。看着风吹树叶动，白云遨游，徐志摩高声对学生们说道："让我们有一天，大家变做了鸱鹰，一齐到伟大的天空，去度我们自由轻快的生涯吧。这空气的牢笼是不够我们翱翔的。"[1]

---

[1] 韩石山选编：《难忘徐志摩》，昆仑出版社，2001 年版，第 277 页。

1928 年春天，徐志摩应暨南大学一个叫秋野社的邀请，前去做一期演讲。后来回到新加坡并成为作家的温梓川，每当回忆起这件事，总会感觉如在昨日。

温梓川是秋野社的主要成员，他清楚地记得，徐志摩是这个社团邀请的第一位名人。得知徐志摩要去，整个学校为之沸腾。徐志摩先在台下坐了一会儿，直到主席讲完了话，他才从容地走上讲坛，并且从兜里掏出了几页稿纸，展开，吟诵起来。那是一篇叫《秋声》的散文，不久后在《秋野》上发表。[①]

徐志摩与陆小曼的婚姻也许有各种各样的不顺，但徐志摩的业余生活仍相当丰富，这倒也给他的生命点亮了一束光。1929 年上半年，他不仅参加过教育部举办的第一次全国美术展览会，而且还是筹备委员会的委员，负责美展的宣传工作。

这期间，徐志摩还碰上了泰戈尔，泰戈尔是出国访问途经上海。1929年 3 月 19 日，胡适在他的日记里记述了这件事："早八点，印度诗人太戈尔（泰戈尔）先生到上海，志摩夫妇同我去接他。"[②]

为了欢迎这位老朋友，徐志摩和陆小曼为泰戈尔布置了一间印度风格的房间。再度与泰戈尔重会的那段时间里，徐志摩无比快乐和幸福。他不仅可以与老友共续旧话，还能一起探讨诗歌艺术创作方面的话题。

居住了几日，泰戈尔就要离开了。临别之际，徐志摩请朋友们在一本纪念册上题诗题画。这本纪念册有二十开大小，每张都是颜色不同的北京产的精致笺纸。

徐志摩率先在纪念册上写了一篇文章，题目为《一本没有颜色的书》。随后，闻一多、杨杏佛、胡适、林风眠等二十多位文艺家都在书上留下墨迹。

① 张放、陈红编：《朋友心中的徐志摩》，百花文艺出版社，1992 年版，第 225—226 页。
② 胡适著，沈卫威编：《胡适日记》，山西教育出版社，1998 年版，第 214 页。

泰戈尔也在纪念册上留下两幅字画：一幅是他的自画像，画像是用毛笔涂鸦，近看是泰戈尔的大半个身子，远看又仿佛一座小山。这幅画的右上角用英文写了一首很有哲理的小诗，译成中文是：

路上耽搁，樱花谢了

好景白白过去了

但你不要感到不快

（樱花）在这里出现[①]

泰戈尔原本是要去加拿大访学，而后计划再去美国，然而美国社会对他极为抵制，时常伴随着各种讨伐的异声。这件事对泰戈尔打击很大，在访学折返的途中，又一次路过上海，因思虑过重，病倒了，于是给徐志摩发了电报。

下午五点左右，泰戈尔回印度的船将在上海靠岸。徐志摩拉上好友郁达夫，决定一起去船只看望这位疾病缠身的老诗人。在等船只靠岸时，徐志摩遥望着远处，脸色青灰，声音压得极低，说道："诗人老去，又遭了新时代的摈斥，他老人家的悲哀，正是孔子的悲哀。"

听到这句话时，郁达夫心里很不是滋味。他自认和徐志摩相交多年，本应很了解徐志摩的心境。可那次看到徐志摩慨叹，不禁有点怅然。后来，郁达夫回忆："这实在是最初也是最后的一次。"[②]

1929年6月15日，泰戈尔就要返回印度了。临别时，胡适有事，没办法送他，就嘱托徐志摩去送行。虽然没有见到胡适，但泰戈尔依然惦记着这位东方的学者，于是让徐志摩转赠胡适两册书。从此海天之隔，

① 赵家璧著：《编辑忆旧》，生活·读书·新知三联书店，2008年版，第236页。
② 郁达夫：《百年白话阅读经典 散文卷 郁达夫散文经典文集 钓台的春昼》，安徽科学技术出版社，2018年版，第131—132页。

遥遥难见。

泰戈尔离开后的日子，徐志摩的生活再度坠入黑暗。为了消磨种种不快与煎熬，他参加了胡适组织的文人团体"平社"。大家平时多是聚一聚餐，一周聚一次。每次聚会，众人都是聊一聊文学，倾述心中不同的看法，还能排解复杂的愁绪。

只是单纯的交友，还不足以安抚徐志摩痛苦的内心。诗歌是他的生命，也是他向外界传达话语的导声筒。于是在 1930 年的年底，徐志摩筹划了一个新刊物，即 1931 年 1 月出版的诗歌期刊《诗刊》。

如果不是光华大学发生学潮，徐志摩也许会在上海长期待下去。只可惜，学潮事件对他的冲击太大，他不得不做出新的选择。

赵家璧回忆，学潮之所以发生，主要与潘公展等人有关。潘公展毕业于上海圣约翰大学，先后担任上海大学、国民大学、南方大学教授。1927 年初以后，任国民党上海特别市党部常务委员。

潘公展等人打算把光华大学纳入国民党的势力范围，因而唆使特务——光华大学学生杨树春闹事。校长张寿镛得知事情真相后，联合副校长廖世承，经教职员组成的七人校务执行委员会（徐志摩是其中之一）同意，决定把杨树春开除。

这次学潮爆发时，徐志摩的态度极为鲜明，每句话都掷地有声。后来国民党出面干预校政，徐志摩便于 1930 年冬给当时任教育次长的郭有守写了一封信：

有守：

新婚新居，又到新年，人生行乐何以过此？可羡之至！我已定星三随老太爷北去，小作勾留。早至星二，迟至星三一早可以到京，大约寓扬子旅馆。杏佛处必去。极想奉看，尊址又不记得。最好请知照研究院门房，俾到后不致盲然。光华风潮想大致知道。最近又有新进展，已告到大部。我们想从你得知一些消息。市党部于四五日前有正式公文送光华，提出四条件：（一）恢复闹事被斥党员学生杨树春。（二）辞退廖副校长及教职员会所选出之执行委员七人（内有兄弟）。（三）斥退所谓"共党"学生三人。（四）整理学校。张校长闻已有公文致部请示。公文想可看到，内容不赘。部方已有议过否？此事以党绝对干涉教育，关系甚大。弟等个人饭碗不成问题。如有内定情形，可否请先漏一二？俾穷教授等有所遵从。回信请寄霞飞路一〇一四号内十五号罗隆基收。

多谢！一切见面再谈。经农、大白先生尚在京否？并乞致意，不多说了。敬祝

快乐！

弟志摩
星六[1]

面对突如其来的压力，徐志摩正面临着不可逆转的挑战。不论怎样，光华大学是不能待下去了，他必须另谋他处。

起初，徐志摩找到了暨南大学，教务长很希望他到暨南大学任教，但是校长不愿意接受他，这种情况下，徐志摩自然不愿意去。这时候，好友胡适已去了北京，希望徐志摩也跟过去，去北大任教。在好友的邀请下，徐志摩动摇了。

以上是外部原因，真正让徐志摩难以承受的还有一个内在原因——他受够了陆小曼。1931年3月19日，徐志摩给陆小曼写了一封信，信中这样说起来："上海的环境我实在不能再受。再窝下去，我一定毁；我毁于

<hr>

[1] 徐志摩著，金黎明、虞坤林编：《徐志摩书信新编》，浙江古籍出版社，2017年版，第483—484页。

别人亦无好处，于你更无光鲜。因此忍痛离开；母病妻弱，我岂无心？所望你能明白，能助我自救；同时你亦从此振发，脱离痼疾；彼此回复健康活泼，相爱互助，真是海阔天空，何求不得？"

在徐志摩看来，跟陆小曼的分别，其实是互相之间的疗伤。这样，徐志摩北上北京疗伤，而陆小曼留在上海疗伤。所谓疗伤，就是完成彼此心灵的救赎。

徐志摩随后说道："你的困难，由我看来，决不在尊长方面，而完全是在积习方面。"这种积习让徐志摩极为反感，多次劝慰陆小曼改变，迟迟没有得到积极的回应，徐志摩失望透顶："我对你的爱，只有你自己最知道。前三年你初沾上习的时候，我心里不知有几百个早晚，像有蟹在横爬，不提多么难受。但因你身体太坏，竟连话都不能说。我又是好面子，要做西式绅士的。所以至多只是短时间绷长一个脸，一切都郁在心里。如果不是我身体茁壮，我一定早得神经衰弱。我决意去外国时是我最难受的表示。但那时万一希冀是你能明白我的苦衷，提起勇气做人。我那时寄回的一百封信，确是心血的结晶，也是漫游的成绩。但在我归时，依然是照旧未改；并且招惹了不少浮言。我亦未尝不私自难受，但实因爱你过深，不惜处处顺你从着你。

⋯⋯⋯⋯⋯

眉眉！大好的机会为你我开着，再不可错过了。时候已不早（二时半），明日七时半即刻起身。"[1]

自此而后，徐志摩经过两年半的挣扎，终于听到了内心深处的声音。他离沪北上，既是一种逃避，也是寻找本心之举。

---

[1]   徐志摩著：《爱眉小札 徐志摩情书》，天津人民出版社，2013年版，第98页。

第五章

不带走一片
云彩

第一节　从此跳出轮回

应好友胡适之邀，1931 年 2 月 20 日，徐志摩离开上海前往北京，2 月 24 日抵达北京，暂住在胡适家里。而早在 2 月 9 日，徐志摩就曾给胡适写过一封信。

适之：

你胜利了，我已决意遵命北上，但杂事待处理的不少，现在既要走，不能不管。动身大约至早到十九、二十模样。过旧年还得去硖石磕头，堂上还不曾正式许我走，但我想不成问题。竟然能走，自己也觉得出于意外。我颇感谢小曼，因为她的最难一关居然被我打通了。对不起老大哥，她没有把面子给你，因为要留给我，那是可原谅的不是？

到北京恐怕得深扰胡太太。我想你家比较宽舒，外加书香得可爱，就给我楼上那一间吧。但如果麻兄已觅得现成房子，和他住也有可能。他难道还是流落在北京饭店？

请将这消息告知老金、丽琳，让他们欢喜。

此念

又福。

摩上

星一

六爷信收到，谢谢。此候，不另。[1]

---

[1] 徐志摩著，金黎明、虞坤林编：《徐志摩书信新编》，浙江古籍出版社，2017 年版，第 489—490 页。

不难看出，徐志摩打算到北京之前，曾给家里做过许多思想工作。徐申如等人只怕不同意他去，陆小曼也持反对意见。这其中应该进行了各种艰难的劝说，徐志摩才有机会随心而往。

1931 年 3 月 4 日，徐志摩给陆小曼写了一封信，这封信里透露了一些他的课程安排："此星期已上课，北大八小时，女大八小时。昨今均七时起身，连上四课。"这里明确可知，徐志摩是 3 月 3 日开始上课的，而且课程安排相当紧凑。到了星期六，课程安排就更加繁重了。除了上课时间较长，这些课程也不是他平时研习的内容，还要认真备课，各种酸辣苦甜，非一般人所能想象。

说到这些事时，徐志摩也不免跟陆小曼抱怨，晚上睡得晚不说，早上也起不来。胡适的夫人看到如此忙碌的徐志摩，只摇头说他可怜。

但徐志摩倒不如此感觉，他觉得这是本分事，连年舒服过当，现在正该加倍付利息才对。言及自己当时的生活环境，徐志摩不乏溢美之词："女子大学的功课本是温源宁的，繁琐得很。八个钟头不算，倒是六种不同科目，最烦。地方可是太美了，原来是九爷府，后来常荫槐买了送给杨宇霆的。王宫大院，真是太好了。每日煤就得烧八十多元。时代真不同了，现在的女学生一切都奢侈，打扮真讲究，有几件皮大氅，着实耀眼。杨宗翰也在女大。"当然，环境好是一方面，繁重的事务却一分也没少。"我的功课多挤在星期三、四、五、六。这回更不能随便了。下半年希望能得基金讲座，那就好，教六个钟头，拿四五百元。馀下工夫，有很可以写东西。目前怕只能做教匠。"[1]

从徐志摩的课程安排看，他几乎无暇从事创作。不过，他并未因为忙碌而放弃心中的理想，只要有空暇就会写些东西，抑或是看看书，甚至为

---

[1]　徐志摩著，金黎明、虞坤林编：《徐志摩书信新编》，浙江古籍出版社，2017 年版，第 498—500 页。

此甘心放弃了聚餐、游玩和看戏等机会。

徐志摩在北京高校任教时，工资相当丰厚。1931 年 2 月 26 日，徐志摩在给陆小曼的信中曾提到，北大的教授一个月三百元，虽然工资不成问题，但是任课比中山大学多，曾经数度让他很不爽快。

北大原本允许他兼职女大的教授，那样一个月还有二百八十元，再加上北大的工资，差不多有六百元之数。但是那段时间教育部掷下严令，禁止兼任教授，这就让徐志摩很犯难了。他在信中向陆小曼抱怨："如仅仅兼课，则报酬又甚微……。总之此事尚未停当，最好是女大能兼教授，那我别的都不管，有二百八和三百，只要不欠薪，我们两口子总够过活。"[1]

即便如此忙碌，徐志摩也没有放下对陆小曼的牵挂。陆小曼左颊微肿，他会在信里千叮万嘱地让她去看牙医。有些时候，陆小曼牙疼，他也会跟着心疼。一个人远在他乡，总是免不了孤独，总想寻求一颗心的温暖，也总会牵挂那个最放不下的人。所以，徐志摩才会在信的最后，深情款款地说道："你可以放心。但我真是天天盼望你来信，我如此忙，尚且平均至少两天一信。你在家能有多少要公，你不多写，我就要疑心你不念着我。"[2]

有陆小曼的回信，徐志摩那颗孤寂而郁郁的心，才有面对一切的勇气。在北大上课时，徐志摩主要讲授英国诗歌和翻译。

再度回到北大，徐志摩无比激动，感慨万千："我现在又回到北大来了。我在外飘流几年，重新的倒在母亲的怀里，觉得无限的沉着与甜蜜。"

就在这次的欢迎大会上，学生们知道他是诗人，于是请他高歌一曲。

---

[1]　徐志摩著，赵遐秋等编：《徐志摩全集·第 5 卷·书信、日记集》，广西民族出版社，1991 年版，第 105—106 页。

[2]　徐志摩著，金黎明、虞坤林编：《徐志摩书信新编》，浙江古籍出版社，2017 年版，第 500 页。

本以为留过学的诗人，怎么也应该唱几句西洋歌曲，谁曾想到，徐志摩居然学着杨小楼在《连环套》里演的黄天霸，并非唱，而是有板有眼地表演起大段白口："此马昼行一千，夜行八百……"①

这段表演相当惟妙惟肖，学生们深深为之着迷。大家还推断过，徐志摩不仅是杨小楼迷，还是个浪漫主义的诗人，所以对传奇英雄极为推崇。

上完课，徐志摩便回到胡适家里。这期间，胡适家中还常住着一个人，此人叫罗尔纲。自 1930 年 7 月起，罗尔纲就在中国公学校长胡适家里协助胡适整理其父胡传的文稿。罗尔纲是我国著名的历史学家，也是中国社会科学院近代史研究所一级研究员。

罗尔纲曾在《师门五年记：胡适琐记》一书中写到了徐志摩住在胡适家时的状况以及与徐志摩之间的交往：

我们夜夜打麻将，徐志摩连看都没有来看过，更哪有要拉人打麻将的事！徐志摩整天工作……初来时，胡适吩咐我说："徐先生工作忙，我建议他每天下午去北海公园散步休息。你陪他去。"米粮库离北海公园后门很近。

第二天下午五时，徐志摩就到我房间来约我去。此后，除非下雨，没有一天不去。到公园就是散步，不饮茶，不划船，也不坐那些为休息预备的长椅。那时，北平是冷落的故都，公园游人稀少。

我们每天享受公园的幽静，清风吹拂的愉快。徐志摩去公园散步很少说话。有一次，游罢出了后门。有个老妇叫化子向他乞讨。他就站着，详细问她什么地方人，家中有无子女，因何流落到北平来，等等。他和那老妇叫化子絮絮谈话，恳切有如亲人。

---

① 莽莽：《徐志摩先生近一年中在北大的鳞片》，原载于 1931 年出版的《北辰学园：哀悼志摩专号》。

随后把袋里的钱都给了她，还在沉思迟迟不走，回家吃晚饭的时间都忘记了。他想什么，当不只是那老乞妇的问题，而是由于她引起对社会宇宙的沉思。我静静站在旁边，使我如同读杜甫《茅屋为秋风所破歌》时那样感受到大诗人悲天悯人的爱。[①]

从罗尔纲的描述中可以看到，徐志摩的性情在到北京后发生了很大的变化。如果说之前的徐志摩是一个浪漫活泼的大男孩，到北京后的徐志摩正在慢慢变成一个成熟的男人。

男人变成熟的标志，就是肩上担起了责任，无论是对家庭的责任，还是对国家的责任。也许，理想的幻灭、情感的挫折、人生的无望……一系列复杂的因素，最终让这位诗人陷入了自我的精神围城。

除了上课和备课，徐志摩还经常同胡适等人一起访友和看戏。他们不仅在东兴楼一起吃饭，还去东安饭店的白宫舞场看过跳舞。

这些事，陆小曼都知道，她倒是不太在乎，因为她也有这一方面的应酬。可唯有一件事，陆小曼却终究放不下心——徐志摩去见林徽因。

徐志摩和林徽因的故事，坊间流传着不少。陆小曼虽然都知道，但事情已然过去，也就没必要一直死咬着不放。然而，徐志摩娶了她之后，仍一而再再而三地寻林徽因，这就是陆小曼所不能容忍的了。

1928 年 8 月，林徽因和梁思成夫妇一起回了国，在沈阳东北大学建筑系任教。这一年，林徽因接受了梁思成的求婚，他们在举办完婚礼后同游欧洲，一起考察过欧洲的建筑。

此时的徐志摩已成家，林徽因也已成家。他们再见面，可就是两个家庭的事了。

1931 年 1 月间，徐志摩到过北京，并利用这次北上的机会去沈阳看过

---

① 罗尔纲著：《师门五年记：胡适琐记》，生活·读书·新知三联书店，2012 年版，第 128—129 页。

林徽因。不曾想，这年春季过后开学，林徽因却来到了北京，个中原因让
人听来颇为心酸。徐志摩在 1931 年 2 月 26 日给陆小曼的信件中，曾提及
这件事：

> 最后要告诉你一件我决不曾意料的事：思成和徽音我以为他们早已回
> 东北，因为那边学校已开课。我来时车上见郝更生夫妇，他们也说听说他
> 们已早回，不想他们不但尚在北平而且出了大岔子，惨得很，等我说给你
> 听：我昨天下午见了他们夫妇俩，瘦得竟像一对猴儿，看了真难过。你说
> 是怎么回事？
>
> 他们不是和周太太（梁小姐）思永夫妇同住东直门的吗？一天徽音陪
> 人到协和去，被她自己的大夫看见了，他一见就拉她进去检验，诊断的结
> 果是病已深到危险地步，目前只有立即停止一切劳动，到山上去静养。孩
> 子、丈夫、朋友、书，一切都须隔绝，过了六个月再说话，那真是一个晴
> 天里霹雳。
>
> 这几天小夫妻俩就像是热锅上的蚂蚁直转，房子在香山顶上有，但问
> 题是叫思成怎么办？徽音又舍不得孩子，大夫又绝对不让，同时孩子也不
> 强日见黄白。你要是见了徽音，眉眉，你一定吃吓。她简直连脸上的骨头
> 都看出来了，同时脾气更来得暴躁。思成也是可怜，主意东也不是，西也
> 不是。凡是知道的朋友，不说我，没有不替他们发愁的；真有些惨，又是
> 爱莫能助。这岂不是人生到此天道宁论？①

徐志摩的这封信写得极为微妙。而且，林徽因夫妇在北京这件事，陆
小曼应该早就听到风声了。这个时候，如果徐志摩瞒着不说，势必会让陆
小曼徒生猜忌。

---

① 徐志摩著，赵遐秋等编：《徐志摩全集·第 5 卷·书信、日记集》，广西民族出版社，1991 年，
第 106—107 页。

即便如此，还是引来了陆小曼的不高兴。没过多久，陆小曼给徐志摩回了一封信，大意是吃了徐志摩与林徽因的醋。

徐志摩一时难以辩白。3 月 7 日，徐志摩觉得有必要跟陆小曼好好交代一下前因后果，消除她的误会，于是又给陆小曼回了一封长信。

第二节　痴定了的心

徐志摩写给陆小曼的信，不仅是为了表明对林徽因没有非分之想的决心，还为的是在潜移默化中让陆小曼认识到他的处境。

> 至于梁家，我确是梦想不到有此一着；况且此次相见与上回不相同，半亦因为外有浮言，格外谨慎，相见不过三次，绝无愉快可言。如今徽音偕母挈子，远在香山，音信隔绝，至多等天好时与老金、奚若等去看她一次。（她每日只有两个钟头可见客。）我不会伺候病，无此能干，亦无此心思：你是知道的，何必再来说笑我？我在此幸有工作，即偶尔感觉寂寞，一转眼也就过去；所以不放心的只有一个老母，一个你。①

这封信里，徐志摩透露出当时坊间流传着他和林徽因的绯闻，并向陆小曼说明，基于这些绯闻，他不能随心所欲地去与林徽因夫妇会面。

陆小曼是何等聪明，她岂会不知道徐志摩的心思？女人的敏感，一点点渗透在了两个人的信函中。自此而后，徐志摩给陆小曼的回信里，充满了各种道歉和解释，每一个词都小心翼翼地组织着，生怕引起陆小曼的不快。反观陆小曼的信里，永远跳跃着猜疑和挖苦的字眼。

---

① 徐志摩著，金黎明、虞坤林编：《徐志摩书信新编》，浙江古籍出版社，2017 年版，第 501 页。

　　原因无他。陆小曼深知，徐志摩可以跟张幼仪在情感上再无瓜葛，可唯一无法放下的人必是林徽因。她无法容忍自己的男人心里还记挂着别的女人，更不能容忍自己的男人时常与这个女人来往。文字之中的犀利和挖讽，既是警告徐志摩，也是在表达自己的怨愤。

　　当时，陆小曼还面临着另外一个危机，这场危机直接影响了她在徐家的地位。

　　1931 年 4 月 27 日，徐志摩在给陆小曼的回信里说起一件事：母亲于这月中旬病危，徐志摩立即赶往硖石探望。第二日下午，张幼仪也去探望了。由于徐志摩已迎娶了陆小曼，于是提出也带陆小曼去看望母亲。

　　谁曾想到，徐申如竟然执意不许。经过徐志摩的软磨硬泡，徐申如终于答应，一切等他从上海回去再说。当天，徐志摩回到上海，并把与父亲的谈话跟陆小曼说了。

　　两个人还商量了如何做父亲思想工作的事，最后得出一个结论——陆小曼前去徐申如的住处，亲口提出请求，希望得到徐申如的恩准。可偏偏这天不巧，徐志摩患了脚疾，第二日一整天没有出门，从而把这么好的机会白白浪费了。

　　后来母亲病情加重，徐申如打过来电话告知。徐志摩聊完家常以后立即询问可不可以带陆小曼回家，徐申如想了想，只冷冷地回应："且缓，你先宽慰几句吧。"

　　一向受尽宠爱的陆小曼，如何能接受这种"待遇"？于是，这对夫妻之间，每日每夜都在争吵。徐志摩往往是向着陆小曼，可仍然无法消弭她心中的怨怼。

　　4 月 23 日，徐志摩的母亲去世，张幼仪以干女儿的身份参加葬礼，陆小曼反而不被允许回徐家，而是一个人在上海忧悒不平。这个结果毫无疑问证明了一件事——徐家不承认她这个儿媳。此时，陆小曼的心彻底死了。[①]

　　这些事给陆小曼造成了极大的创伤。此外，徐志摩远在北京，而且她认定徐志摩与林徽因尚存情愫，再加上自己疾病缠身，孤独无靠，势必会让自己陷入无望的人生境地。于是，陆小曼从此开始大手大脚地花钱，希望用这种纸醉金迷的生活来纾解内心的孤苦。

　　那段时间里，陆小曼给徐志摩去的信也少了，还曾被徐志摩多次抱怨。1931 年 5 月 14 日，徐志摩给陆小曼写了一封信，信中这样说道："你又犯老毛病了，不写信。现在北京、上海间有飞机，信当天可到。我离家已一星期，你如何一字未来？你难道不知道我出门人无时不惦着家念着你吗？"

　　也许，陆小曼仍沉浸在婆婆去世这件事给自己的创伤中无法抽离，既痛恨公公徐申如所代表的徐家人，也痛恨这个懦弱而不能为自己争取到地位的丈夫。面对种种的不公平，陆小曼便以不写信的方式惩治徐志摩。

　　徐志摩显然也是了然陆小曼的心思，他没有直接戳穿，而是希望通过写自己遭遇到的身心病患从而博得陆小曼的关心，再继而把他们僵硬的关系破冰："我这几日苦极了，忙是一件事，身体又不大好。一路来受了惊，就此咳嗽，出痰甚多。前两晚简直呛得不停，不能睡；胡家一家子都让我咳醒了。我吃很多梨，胡太太又做金银花、贝母等药给我吃，昨晚稍好些。今日天雨，忽然变凉。我出门时是大太阳，北大下课到奚若家中饭时，冻得直抖。恐怕今晚又不得安宁。"从这里开始，徐志摩就把自己的病患状况一字不落地描述给陆小曼听。这种讨关心而寻求破冰的言辞过后，徐志摩下面的话转换成了一种幽默的语调，来讨陆小曼的欢心："你难道我走了一点也不想我？现在弄到我和你在一起倒是例外，你一天

---

① 徐志摩著：《徐志摩绝妙小品文》，时代文艺出版社，1998 年版，第 543—544 页。

就是吃，从起床到上床，到合眼，就是吃，也许你想芒果或是想外国白果倒要比想老爷更亲热更急。老爷是一只牛，他的唯一用处是做工赚钱——也有些可怜；牛这两星期不但要上课还得补课，夜晚又不得睡！心里也不舒泰。天时再一坏，竟是一肚子的灰了！太太！你忍心字儿都不寄一个来？"[1] 徐志摩在幽默中透着小小的抱怨和诉苦，不过是希望获得陆小曼的谅解罢了。

徐志摩对陆小曼的爱恋，似乎从未止息过。这封信刚写完两天，徐志摩又于 5 月 16 日写了一封信。这封信里，徐志摩打起了感情牌，描述起陆小曼的好："归途上大家讨论夫妻。人人说到你，你不觉得耳根红热吗？他们都说我脾气太好了，害得你如此这般。我口里不说，心想我曼总有逞强的一天，他们是无家不冒烟，这一点我俩最占光，也不安烟囱，更不说烟……"[2] 徐志摩一直在夸陆小曼，每句话仿佛都是在顺着陆小曼的心思发展，后面的言语中还用到了"我的小甜娘""你的摩""我曼"等词汇，希望陆小曼能感受到自己对她的爱。

1931 年 6 月 14 日，陆小曼给徐志摩的信中提到手头拮据，希望他能寄些钱。实际上，从 3 月到 6 月，不过才 3 个月，徐志摩已寄出三千元。

除去一些债务账单，陆小曼每个月差不多要花费五百元。如此巨额支出，实在让人咋舌。徐志摩在 1931 年 6 月 16 日给陆小曼写了一封信，在信里表示，他为了往家里寄钱，很注重节俭，其实过着有点窘困的生活："奚若已到南京，或去上海看他。节前盼能得到薪水，一有即寄银行。我家真算糊涂，我的衣服一共能有几件。此来两件单哔叽都不在箱内！天又热，我只有一件白大褂，此地做又无钱，还有那件羽纱，你说染了再做

① 徐志摩著，金黎明、虞坤林编：《徐志摩书信新编》，浙江古籍出版社，2017 年版，第 521—522 页。
② 徐志摩著，金黎明、虞坤林编：《徐志摩书信新编》，浙江古籍出版社，2017 年版，第 522—523 页。

的，做了没有！"①陆小曼大手花钱，本就让徐志摩不悦，同时两个人的情感也在经受着冷峻的考验。有时，徐志摩写三封信，陆小曼才回一封。

尽管徐志摩对陆小曼一直热情和温暖着，但陆小曼对徐志摩的情感却在渐渐冷却。不久，陆小曼给徐志摩的信中，仿佛再难寻到热烈的情感表达。

1931 年 6 月 25 日，徐志摩又给陆小曼写了一封信，这封信的开头，无外乎关心陆小曼的身体状况，以及一些劝慰她好好照顾自己的话。徐志摩还提到，他带到北京的衣服不知道塞到了哪里，找不到了，希望陆小曼在上海家中帮他找一找。

信中还说，陆小曼曾送给徐志摩一幅画。徐志摩思前想后，就把画裱了起来。一日在公园游玩，无意间遇到王梦白、杨仲子等人，大家问徐志摩腰间挟着的是什么东西，徐志摩如实回禀，引来朋友们对陆小曼的一致好评。②

这封信寄出后，陆小曼很快就收到了。她看完信，紧跟着回了信，信中表示："顷接信，袍子是娘亲手放于箱中，在最上面。想是又被人偷去了。家中是都已寻到，一件也没有。你也须察看一下问一问才是，不要只说家中人乱，须知你比谁都乱呢。现在家中也没有什么衣服了，你东放两件西放两件，你还是自己记记清，不要到时来怪旁人。我是自幼不会理家的，家里也一向没有干净过，可是倒也不见得怎样住不惯。我这样的太太要能同胡太太那样能料理老爷是恐怕有些难吧，天下实在很难有完美的事呢。玉器少带两件也好，你看着办吧。"陆小曼语气有些不太耐烦，甚至认为是徐志摩不够细心，丢三落四。

接下来，陆小曼笔锋一转又写道："现在我有一事求你，龙龙（我的大侄儿）今夏在大同中学毕业了，实因家贫再没有能进大学的力量了，

---

① 徐志摩著，金黎明、虞坤林编：《徐志摩书信新编》，浙江古籍出版社，2017 年版，第 532—533 页。
② 徐志摩著，金黎明、虞坤林编：《徐志摩书信新编》，浙江古籍出版社，2017 年版，第 534—536 页。

可是孩子自己十分地好学，上海大学是跟不起，北京一年也须三四百元，可否能请你在北京无论哪处报馆或其他晚间做工的地方给他寻寻小事（三四十元），让他日读夜工，以成其志，不知此事能办否？请速进行，早复回音为盼。"这里，陆小曼是求徐志摩给他的大侄儿找工作，信中用到了"可否能请"和"能办否"等字眼，这些词反倒把前文中咄咄逼人的气势消解了不少。

信再转一段，陆小曼嗔怪道："既无钱回家何必拼命呢，飞机还是不坐为好。北京人多朋友多玩处多，当然爱住；上海房子小又乱地方又下流，人又不可取，还有何可留恋呢！来去请便吧，浊地本留不得雅士，夫复何言！此请暑安。"①

这一段的言语又可以看出，陆小曼还在生徐志摩的气，因而言语中多是挖讽和嘲弄，同时对他的安全也表示担忧。可谁又能想到，徐志摩很穷，穷到要把返程的火车票卖了才能救急。

到北京以后，徐志摩注定要在上海和北京之间来回穿梭，一共跑了八次，用他的话说就是犯了"驿马命"。

1931年7月3日，徐志摩在给张慰慈夫妇的信中曾说："我这个世界有些住腻了的了，我这一年也不知那来的晦气，母亲死还不算，老头子和老家闹的僵绝，乌烟瘴气，谁都受罪。又犯了驿马命，南北奔波至八次之多，钱化得九孔十穿，掩补都来不及。更难受是小曼还来和我打架，我上海实在不能住，我请她北来她不肯。近几日来信大发脾气，害得我也怨天怨地，坐立不是。"②

这时的徐志摩，正陷入痛苦的深渊。家庭方面，母亲过世，父亲与老

---

① 陆小曼著，王秀丽编：《陆小曼诗·文·画》，译林出版社，2016年版，第94—95页。
② 徐志摩著，金黎明、虞坤林编：《徐志摩书信新编》，浙江古籍出版社，2017年版，第538—539页。

家闹僵；情感方面，陆小曼一直跟他闹矛盾，彼此过得都不快乐。

此外，徐志摩还去探望了林徽因两次，这期间也会有不小的情感波动。这种内心的复杂和惆怅，一方面写信告诉陆小曼，希望能得到爱人的谅解；另一方面，也写信给林徽因，希望可以从林徽因那里寻得一丝安慰。

第三节　再休怪我的脸沉

7 月 7 日这天，徐志摩给林徽因写了一封长信。信的开头是一段饱含深情的诗句："我愁望着云泥的天和泥泞的地，直担心你们上山一路平安。到山上大家都安好否？我在记念。"

林徽因嫁给了梁思成，他们过的已是神仙眷侣的生活，照例徐志摩不该再去叨扰。可是，多情而浪漫的大诗人，终究是忘不掉心底的那位姑娘。所以见到林徽因，再离开，他感觉身体就像被掏空了一般。他在信中向林徽因描述了他当时的状态："我回家累得直挺在床上，像死人——也不知哪里来的累。适之在午饭时说笑话，我照例照规矩把笑放上嘴边，但那笑仿佛离嘴有半尺来远，脸上的皮肉像是经过风腊，再不能活动！"

这封信的下面还附了一首诗，叫作《你去》：

你去，我也走，我们在此分手；
你上那一条大路，你放心走，
你看那街灯一直亮到天边，
你只消跟从这光明的直线！
你先走，我站在此地望着你：
放轻些脚步，别教灰土扬起，

我要认清你远去的身影，
直到距离使我认你不分明。
再不然，我就叫响你的名字，
不断的提醒你，有我在这里，
为消解荒街与深晚的荒凉，
目送你归去……
不，我自有主张，
你不必为我忧虑；你走大路，
我进这条小巷。你看那株树，
高抵着天，我走到那边转弯，
再过去是一片荒野的凌乱；
有深潭，有浅洼，半亮着止水，
在夜芒中像是纷披的眼泪；
有乱石，有钩刺胫踝的蔓草，
在守候过路人疏神时绊倒，
但你不必焦心，我有的是胆，
凶险的途程不能使我心寒。
等你走远，我就大步的向前，
这荒野有的是夜露的清鲜；
也不愁愁云深裹，但求风动，
云海里便波涌星斗的流泳；
更何况永远照彻我的心底，
有那颗不夜的明珠，我爱——你！

这是一首充满了隐喻和深刻情感的诗歌，道出了诗人隐秘的情感——

他愿意做林徽因永生永世的追随者。就算此生无法与她并肩而行，也要把浓烈的情感深深埋藏。即便林徽因跟着梁思成一起离开了，他们再见不知是何时，可他心底的声音从未变过，那就是"凶险的途程不能使我心寒""等你走远，我就大步的向前"……诗的最后，诗人终于发出了那句隐藏内心深处最有力而最不敢发出来的声音："更何况永远照彻我的心底，有那颗不夜的明珠，我爱——你！"这是一种歇斯底里的爱的呼喊，也是诗人对林徽因一生一世的惦念。

面对生活和情感的种种负担，徐志摩感到有点力不从心。他纵然是万千才华袭身，也有无法争取到的人和事。

因为得不到，而且总是患得患失，因而每天过得郁郁寡欢，身心俱疲，甚至有了"我这个世界有些住腻的了"的抱怨。

不过，我们从徐志摩给朋友们的信中能看到，他是一位幽默且懂得纾解压力的人。纵然自己的生活已经一团糟了，但是面对朋友，徐志摩反而并不总是抱怨和郁郁消沉。

1931 年 7 月 9 日，徐志摩给傅斯年写了一封信，展现出他幽默和风趣的一面。傅斯年初字梦簪，又字孟真，山东聊城人，是我国著名的历史学家、古典文学研究专家，也是五四运动的学生领袖之一。

徐志摩在信中这样写道："傅大哥：我叫《新月》寄一份我第三集诗的校样给你——供给你一个出气的机会，好不？《诗刊》二期印得有三百多处错，尤其大雨的长诗，一并送你挨骂！我十二又得滚了。祝你胖福无疆。"[1]

从这封信不难看出，徐志摩与傅斯年的关系非常好，而且两个人经常沟通诗歌的校对事宜。徐志摩在最后还讽刺傅斯年胖——两个人互相开玩

---

① 徐志摩著，金黎明、虞坤林编：《徐志摩书信新编》，浙江古籍出版社，2017 年版，第 545 页。

笑，并不以为意。

徐志摩在这封信里提到，他"十二又得滚了"。到了 12 日这天，徐志摩给刘湘山写了一封信，在信的结尾，他也说到"我又要跑了"。

徐志摩跑到哪里去了？这期间，徐志摩给胡适夫妇写过信，信中提到，他先去南京拜访了蔡先生，随后又跟"老谢"和"小郭"等好友相聚了一天。到了晚上，本来刘伯良请客，大家一起开心畅谈，不料徐悲鸿犯了胃病，而且睡不好觉，无缘这次聚会，反倒让徐志摩有点担心。

实际上，这天下午，徐志摩曾去过徐悲鸿的家中看画，信中如此写道："他（徐悲鸿）给我看画，好好的，晚上与他的夫人同在蜀峡，坐席后称病先走，夫人留，饭后我们同去'探病'，则先生已拿了随身皮包走了！夫人大窘，据说又并无口角，于是大队朋友都向车站搜索，我夜车走，车上觅不到，今日南京尚无信来，不知这位艺术家是往那里去了？"①

这段时间，不只徐悲鸿遇到了麻烦事，陆小曼和徐志摩的日子也并不好过。15 日清晨，徐志摩来到了上海，信中写道："小曼发电时无病，电后果发热两次。昨大夫来，又说肺弱须防，我的哥，你说怎么得了？她曾发见痰中有血。好了，我连日不咳嗽吗？今日早起更凶，连吐了几口，也见血——分明是血，你说可乐不？我是不相干的，大约苦咳伤肺，也许得吃点药就会好的。但小曼倒是可忧，我看她的程度比我那位'山友'强不了多少。真糟！"②从信中看，那段时间陆小曼染了肺病，病情严重，徐志摩所说的"山友"指的是林徽因。

可见，这次南下，让徐志摩操心不少。不过，倒也并非全是糟心的事。

15 日晚上，徐志摩在家里召集了一群文友聚会，参加的人员有洵美、

---

① 徐志摩著、金黎明、虞坤林编：《徐志摩书信新编》，浙江古籍出版社，2017 年版，第 547 页。
② 徐志摩著、金黎明、虞坤林编：《徐志摩书信新编》，浙江古籍出版社，2017 年版，第 546—547 页。

小蝶夫妇、朱维基、芳信、孙大雨、高植、邵寒梅、光宇、振宇、隆基、有乾、增嘏等人。大家一起观赏了《竞畅图咏》，每个人都玩得非常开心，徐志摩还在信中分享了一段老罗的艳迹。

生活就是这样，充满惊喜的同时也会跳跃出不快。徐志摩在北京教书的那段时间里，经常在上海和北京之间穿梭。异地相恋，难免会生出一些摩擦，尤其徐志摩和陆小曼都是焦点人物，也容易生出一些坊间的揣测。

1931 年 8 月 6 日，徐志摩在给著名办报人钱芥尘先生的书信里，曾经提到过报纸刊登他和陆小曼的一些事。

这位钱芥尘先生大有来头，原名家福，改署芥尘，号须弥、炯炯，嘉兴人，一手创办过《神州日报》《晶报》《新申报》等报纸，后来接办毕倚虹的《上海画报》。

徐志摩写给钱芥尘的信，恰恰就是在反映《上海画报》所刊登的一篇有关他和陆小曼的小报告，徐志摩郑重其事地解释了报告里错误的地方：

这节小报告也还是不对。现在既经一再提到，我想还是我自己来说明白，省得以讹传讹，连累有的朋友们为我耽忧。关于我的行踪，说来也难怪人家看不清楚。

…………

在半年内我在上海、北平间来回了八次，半月前在北平，现在上海，再过一半个月也许不在北平了！我是在北京大学教书，家暂时没有搬，穿梭似来回的理由是因为我初春去北平后不多时先母即得病，终于弃养，我如何能不奔波？

关于我和小曼失和的消息，想必是我独身北去所引起的一种悬测，这也难怪。再说我们也不知犯了什么煞运，自从结缡以来，不时得挨受完全无稽的离奇的谣诼，我们老都老了，小曼常说，为什么人家偏爱造你我的谣言？

事实是我们不但从来未"失和"，并且连贵报所谓"龃龉"都从来没有知道过。说起传言，真有极妙的事。前几天《社会日报》也有一则新闻说到我夫妻失和，但我的夫人却变作了唐瑛，我不知道李祖法先生有信去抗议了没有。①

从书信的内容来看，《上海画报》刊登了徐志摩的一些逸事，这些事不仅涉及他在北京的生活状况、上海与北京的往返问题、与陆小曼的情感问题等，还涉及随意改和乱编他的事迹，甚至侵犯他的隐私等问题。一系列谣言，也因这些报道应运而生，显然影响到了他的生活。

尽管谣言让徐志摩极为恼火，但他并没有采取极端的方式加以阻止，而是选用了写信的方式去抨击《上海画报》的主要负责人，希望从根上杜绝谣言的传播。

这封信的写作手法也颇为微妙。徐志摩没有直接撕破脸，而是就事论事地陈述事态，以便博得钱芥尘的认可，自行改正。

如果钱芥尘仍顽固不化，徐志摩也给他指了一条路，正如他在信的最后所言："前几天《社会日报》也有一则新闻说到我夫妻失和，但我的夫人却变作了唐瑛，我不知道李祖法先生有信去抗议了没有。"

唐瑛是民国时期的时尚界女王，李祖法是民国实业家李云书之子。唐瑛和李祖法的婚姻曾经轰动一时，后来因种种原因，二人的婚姻走到了尽头。徐志摩在信中明明白白地说"我不知道李祖法先生有信去抗议了没有"，既是在说因为《社会日报》的错误，李祖法很可能会拿起法律的武器反击，也是在警告钱芥尘，如果他仍不知悔改，自己就会拿起法律的武

---

① 徐志摩著，金黎明、虞坤林编：《徐志摩书信新编》，浙江古籍出版社，2017年版，第551页。

器把他们的《上海画报》告上法庭。徐志摩这种不动声色的威胁，既能达到目的，又可除去不必要的麻烦，可谓一举两得。

那段日子里，虽然糟心的事一件接着一件，但是徐志摩的生活和工作并没有受到侵扰，徐志摩的收入还算可观。这一学期，他已然成为北大的研究教授，也称基金教授。

虽然收入看上去宽裕，但要想让陆小曼用得宽裕，显然是不够。1931年 10 月 29 日，徐志摩给陆小曼写了一封信。

至爱妻眉：

今天是九月十九，你二十八年前出世的日子。我不在家中，不能与你对饮一杯蜜酒，为你庆祝安康。这几日秋风凄冷，秋月光明，更使游子思念家庭。又因为归思已动，更觉百无聊赖，独自惆怅。遥想闺中，当亦同此情景。今天洵美等来否？也许他们不知道，还是每天似的，只有瑞午一人陪着你吞吐烟霞。

眉爱，你知我是怎样的想念你！你信上什么"恐怕成病"的话，说得闪铄，使我不安。终究你这一月来身体有否见佳？如果我在家你不得休养，我出外你仍不得休养，那不是难了吗？前天和奚若谈起生活，为之相对生愁。但他与我同意，现在只有再试试，你从我来北平住一时，看是如何。你的身体当然宜北不宜南！

爱，你何以如此固执，忍心与我分离两地？上半年来去频频，又遭大故，倒还不觉得如何。这次可不同，如果我现在不回，到年假尚有两个月。虽然光阴易逝，但我们恩爱夫妇，是否有此分离之必要？眉，你到那天才肯听从我的主张？我一人在此，处处觉得不合式；你又不肯来，我又为责任所羁：这真是难死人也！

百里那里，我未回信，因为等少蝶来信，再作计较。竞武如果虚张声势，结果反使我们原有交易不得着落，他们两造都无所谓；我这千载难逢的一次外快又遭打击，这我可不能甘休！竞武现在何处？你得把这情形老实告诉他才是。

你送兴业五百元是那一天？请即告我。因为我二十以前共送六百元付账，银行二十三来信，尚欠四百元，连本月房租共欠五百有余。如果你那五百元是在二十三以后，那便还好，否则我又该着急得不了了！请速告我。

车怎么样了？绝对不能再养的了！

大雨家贝当路那块地立即要出卖，他要我们给他想法。他想要五万两，此事瑞午有去路否？请立即回信。如瑞午无甚把握，我即另函别人设法。事成我要二厘五的一半。如有人要，最高出价多少，立即来信，卖否由大雨决定。

明日我叫图南汇给你二百元家用（十一月份），但千万不可到手就宽，我们的穷运还没有到底；自己再不小心，更不堪设想。我如有不化钱飞机坐，立即回去，不管生意成否。我真是想你，想极了！①

信的上半部分，我们能感受到徐志摩对陆小曼浓烈而炙热的关心，以及他迫切希望陆小曼北上与自己团聚，而陆小曼却执意留在上海给他带来的苦恼。信的下半部分则表露了生计上的一些难处。徐志摩在信中甚至表示，要是有不花钱的飞机，他立即就坐着回去。如果不是因为生活窘困，他也不会生出这样的念头。

谁能想到，这个念头，不久后就把他推入了死亡的深渊。陆小曼收到信以后，了然许多事处理起来会很棘手，于是当即给徐志摩回了一封短信。

① 徐志摩著，金黎明、虞坤林编：《徐志摩书信新编》，浙江古籍出版社，2017年版，第574—575页。

摩：

　　你来不来，今天还不见来电，我看事情是非你回来不成，你不是为钱多少回火车吧。况且这种钱不伤风化的，少蝶不也是如此起家的吗？你不要乱想，来吧。大雨信转交，我到现在才覆。也许此信不达你了。[①]

　　陆小曼这是在催徐志摩赶紧回去。为了尽快南下，徐志摩不得不寻找合适的飞机，一等数天无果。直到 11 月 11 日，徐志摩才搭乘了飞机南下。

第四节　一星弱火

　　徐志摩在 10 月 29 日给陆小曼的信中，表明了南下的决心，此后到 11 月 19 日飞机失事，徐志摩经历了人生最后的时光。

　　起初，徐志摩计划乘坐张学良的飞机回上海，因为张学良身负要事，推迟了行程计划，徐志摩回上海的期限只好一拖再拖。在等待飞机的这段时间，徐志摩便去拜访朋友们。大家欢欢喜喜见了面，同时也都开开心心跟徐志摩道了别。大家谁也不会想到，这次见面，竟是与徐志摩的永别。

　　熊佛西曾写过一篇文章《忆志摩》，他在文中说起，徐志摩在九一八事变以后在北大教书，同时兼编《北平晨报副刊》。那时的徐志摩，与陆小曼在情感上出现了危机，心里忧悒难平。

　　一个深秋的夜晚，天空乌云满布，阴霾弥漫，熊佛西和徐志摩一起在燕大的勺园集会。熊佛西在文中说起集会时的情景："北风虎虎的刮着窗

---

① 陆小曼著：《陆小曼自述自画》，中国青年出版社，2013 年版，第 72 页。

纸，落叶纷纷在院内卷起，熊熊炉火，一杯清茶，我们互谈心曲，他说往事如梦，最近颇想到前线去杀敌！他恨不得战死在沙场！他说他什么样的生活经验都已经历，只没有过过战场上的生活！他觉得死在战场是今日诗人最好的归宿。"[①]

虽说徐志摩是一位浪漫主义诗人，但他装着一颗赤子之心。无论自己身上背负怎样的艰难，无论人生如何寂寂孤苦，他都没有因为个人的问题而放弃家仇国恨，仍旧愿意为这个民族牺牲，甚至认为战死沙场才是诗人最好的归宿，足可见他的拳拳爱国之心。

除了会见过熊佛西，徐志摩还去清华大学见过叶公超。叶公超名崇智，字公超，祖籍浙江余姚，出生于江西九江。叶公超是我国近代著名外交家、书法家，1929 年起在清华大学外国文学系任教授。

徐志摩去世后，叶公超曾写过《新月旧拾——忆徐志摩二三事》一文，文章这样写道："志摩死的前几天，神采飞扬的来找我：'明天一起去上海吧！机票来回免费。'我说：'没事去上海，不去！'他一直怂恿我去玩玩，我坚持不去。谁知过几天飞机就出事了。"[②]

叶公超不会想到，那一次见面，竟成为他们的永别。

同样的遗憾，还发生在了许地山的身上。郑振铎在《悼志摩》一文中写道：

地山告诉我说，他最后见到志摩的一天，是在前门的拥挤的人群里。志摩和梁思成君夫妇同在着。

"地山，我就要回南了呢。"志摩说。

"什么时候再回到北平来？"

① 熊佛西著，赵国忠编：《海豚书馆：山水人物印象记》，海豚出版社，2011 年版，第 124 页。
② 叶公超著：《叶公超散文集》，洪范书店有限公司，1979 年版，第 301 页。

志摩悠然的带着玩笑似的态度说道："那倒说不上。也许永不再回来了。"

地山覆述着最后这句话时，觉得志摩的话颇有些"语忏"。前天在北海的桥上，遇见了铁岩。我们说到了志摩的死。铁岩道："事情是有些可怪。志摩的脸色不是很白的么？我最后的一次见到他时，觉得他的脸上仿佛罩上了一层黑光。"①

徐志摩乐观豁达，是一个爱开玩笑的人，就在南下的前两天，他还跟好友凌叔华开过玩笑，称"明早要御风南去"。到了第二天，他又给凌叔华打了一通电话，笑着说："风太大，吹回来了。"②这就是徐志摩，一个真实而旷达的浪漫诗人。

同样见过徐志摩最后一面的人，还有著名历史学家吴其昌。他在《志摩在家乡》一文中回忆道：

我最后一次会见志摩。十一月十九日以前的一星期左右，我从朱桂莘先生家里出来，梁思成先生邀请我到他家里去坐坐，同去的还有叶公超先生。谢谢梁思成先生，因为他的一邀，使我最近得再见志摩一面。

一进门思成先生喊："客人来了！"

"哪一位客人？"林徽因女士在里边间。

"吴公其昌。"这样一个滑稽回答。

"噢！其昌，难得！"这是志摩跳起来的声音。静静的一盏橙黄色的华灯影下，隔窗望见志摩从沙发上跳起来，旋了一转，吐出一缕白烟。

我们进去了以后，志摩用香烟头把我一指，向徽音女士说："我们表弟兄啊，其昌是我表弟。你比我小几岁？八岁？你还没有知道？"

---

① 张放、陈红编：《朋友心中的徐志摩》，百花文艺出版社，1992年版，第85—86页。
② 凌叔华著：《爱山庐梦影》，天津人民出版社，2016年版，第180页。

"知道，好像听爹爹说过。"

"吴先生，你们怎么样啦？抵制日货？给你一篇文章，吓得我窗帘都不敢买了，你瞧！我们的窗，还裸体站着！"林徽因说。

后来志摩还亲手掰开一只蜜橘，分我大半只，他自家吃小半只。我到现在还不相信，这一次就是我和志摩的永别。[①]

徐志摩离开北京的前一天晚上，林徽因和他在一个茶会上见过最后一面，这件事林徽因在《悼志摩》一文中有记述。文章提到，徐志摩的飞机已改期过三次，徐志摩还明确告诉林徽因，如果再改下去，他就不走了。

这次茶会的时间是在 11 月 10 日晚，主角是从太平洋会议上请来的柏雷博士。此人是徐志摩生平最爱慕的女作家蔓殊菲儿的姊丈，所以徐志摩那天格外殷勤，大概也是想多了解一些蔓殊菲儿早年的事迹。

这次茶会时间有限，活动结束后大家就匆忙离开了。林徽因晚上还有约会，故而没有再见到徐志摩。待她回到家时，听差告诉林徽因，徐志摩来过了，他自己坐了一会儿，喝了一壶茶，在桌子上留了张字条，便匆匆离开了。

林徽因打开纸条，只见上面写着："定明早六时飞行，此去存亡不卜……"看到这里，林徽因一下子怔住了，心中油然生出一种惊惧之感，连忙给徐志摩回了一个电话。

"你放心，"徐志摩说，"很稳当的，我还要留着生命看更伟大的事迹呢，哪能便死？……"[②]

11 月 11 日早上六点，徐志摩就搭乘飞机从北京起飞了。作为一个社

---

① 吴其昌著，吴令华主编：《诗词文在》，三晋出版社，2009 年版，第 160—161 页。
② 林徽因著：《你是人间四月天：林徽因文集》，台海出版社，2018 年版，第 97 页。

交达人，徐志摩在南京落地后，先去看望了张歆海、韩湘眉夫妇，三人聊到深夜。随后张歆海夫妇把徐志摩送去了火车站，第二天一早，徐志摩回到了上海的家里。

11 月 13 日傍晚，老友郁达夫曾经到过徐志摩的家中，用郁达夫自己的话说就是："在他遇难之前，从北平飞回来的第二天晚上，我也是偶然的，真真是偶然的，闯到了他的寓里。"郁达夫在《志摩在回忆里》一文中写道："那一天晚上，因为有许多朋友会聚在那里的缘故，谈谈说说，竟说到了十二点过。临走的时候，还约好了第二天晚上的后会才兹分散。但第二天我没有去，于是就永远失去了见他的机会了。"①

11 月 14 日，徐志摩曾到刘海粟处观看他的新作，中午到罗隆基处午餐，午后又回到了刘海粟处。在上海五天的时间里，徐志摩不止一次劝陆小曼跟他一起迁往北京，但陆小曼一直很强硬地表示留在上海。②

14 日这天，徐志摩还给邢鹏举写了一封信。

云飞我弟：

得片至慰。此番匆促回南，事前不及通知。今日午后来得不巧，我又因事外出。我已决定明日赴硖，后日夜车到宁。一切容后函谈。弟身体太弱，最好暂时休养。《雪莱》等篇，且等复原后再做不迟。弟事已与萧恩承先生商妥，下年准可有成。《勃莱克》至今未曾出版，甚觉奇怪，有便当向中华催询。

志摩候候
十一月十四日 ③

① 郁达夫著：《郁达夫精品文集》，团结出版社，2018 年版，第 118 页。
② 济南市政协文史资料委员会编，孙常印总主编，李涛主编：《文化名人与济南》，黄河出版社，2002 年版，第 181—182 页。
③ 徐志摩著，金黎明、虞坤林编：《徐志摩书信新编》，浙江古籍出版社，2017 年版，第 579 页。

信中提到，邢鹏举因为生了病，故而在家中休养，得知徐志摩归来上海，欣然前往徐志摩家中拜访，不巧徐志摩有事外出了，两个人没有见到面。为了说明缘由，以及交代一些文稿之事，徐志摩给邢鹏举写了封信。信里还透露了徐志摩接下来的日程安排：15 日一早赶赴硖石，16 日坐夜车到宁。①

15 日一早，徐志摩赶赴硖石，16 日，在老家待了一天，17 日下午回到上海。

徐志摩生前好友王映霞在她的自传《王映霞自传》附录三——《陆小曼——浪漫孤寂人生》一文中提及，徐志摩看到因抽鸦片而变得精神恍惚的陆小曼，心里又恨又爱，曾苦口婆心地劝小曼戒鸦片："眉，我爱你，深深地爱着你，所以劝你把鸦片烟戒掉，这对你身体有害。现在，你瘦得成什么样子，我看了，真伤心得很。我的眉啊！"②但是陆小曼并不领情："良药苦口，忠言逆耳。小曼听了，大发雷霆，随手把烟枪往徐志摩的脸上掷去。志摩赶忙躲开，幸未击中，金丝眼镜掉在地上，玻璃碎了。他一怒之下，离开上海到了南京，又搭机北上。"③

我听了达夫的叙述，不觉脱口而出："这件事情，应该怪小曼。志摩在北京大学教书，家却在上海，他平均每月总要在北平与上海之间奔波一次，是够苦的了。"达夫惨兮兮地说："他们的事复杂得很，弄不清楚，专怪小曼也失之过偏。我倒赞赏小曼母亲的话，说得比较公允，叫做'志摩害了小曼，小曼也害了志摩'。"④

陆小曼的烟瘾已到了无法遏制的地步，绝不会听从徐志摩的规劝。徐

---

① 徐志摩著，金黎明、虞坤林编：《徐志摩书信新编》，浙江古籍出版社，2017 年版，第 579 页。
② 王映霞著：《王映霞自传》，传记文学出版社，1990 年版，第 276 页。
③ 王映霞著：《王映霞自传》，传记文学出版社，1990 年版，第 276 页。
④ 王映霞著：《王映霞自传》，传记文学出版社，1990 年版，第 276 页。

志摩知道，却也不知如何处理他们的关系，一时心中郁郁难平。

　　陆小曼的母亲得知徐志摩与陆小曼之间这次激烈的争吵后，言辞责怪了陆小曼，陆小曼心中更加恼恨，于是写了一封言辞狠辣的信放在了徐志摩的桌子上泄愤。

　　这天晚上，徐志摩并没有回家。他心里太苦了，急需有人为他疗伤，于是他去了陈定山的家中诉苦。陈定山，杭州人，名蘧，字蝶野、小蝶，室名醉灵轩，工于书画，是知名的画家。后来，陈定山在他所写的《春申旧闻》一书中也回忆过徐志摩和陆小曼的那次吵架："一日，小曼忽发奋不吸戒烟，将广州的玻罩和西太后御用的景泰蓝烟枪，一起从窗槛里丢下楼去，却打破了志摩的眼镜，志摩也一怒而重返北平，临行他写了一首诗，有：'我悄悄的来，又悄悄的去，不带走天空一片云彩。'谁知后来，竟成了诗谶。"①

　　陈定山回忆，在听徐志摩诉完苦后，他曾问徐志摩："你们为什么不离婚？"徐志摩苦笑说："瑞午不是好人，我要保护她。"这话听来真让人既心酸又想落泪。面对这样的家庭和妻子，徐志摩仍愿意为陆小曼牺牲一切，足可见他爱陆小曼之深。

　　后来陈定山回忆，他的家中也有个烟榻烧着玩儿。徐志摩看到后，心下一横，就让十云替他烧一口。十云很惊讶，问他："你不是不吸的吗？"徐志摩又苦笑，说："我要尝尝它，到底是什么滋味。"②

　　11 月 18 日上午，徐志摩还在陈定山的家中。当日，徐志摩决定去苏州拜访章太炎先生，于是委托查猛济约曹聚仁一起陪同。

　　临行前，徐志摩回到了家里，应该是想与陆小曼缓和一下矛盾。不曾想，他刚到家里，就看到了陆小曼留在桌子上的信，霎时又急又恼，再

---

① 陈定山著：《春申旧闻》，海豚出版社，2015 年版，第 132 页。
② 陈定山著：《春申旧闻》，海豚出版社，2015 年版，第 132 页。

也不跟陆小曼说话，随手抓起一条裤子换上，提起平日出门用的箱子就
走了。

徐志摩极为恼火，他立即打电话告诉曹聚仁等人，称次日一早飞往北
京，暂时不去苏州了，有机会以后再说。①

第五节　不带走一片云彩

徐志摩的整个反常举动，全被陆小曼和她的母亲看在眼里。陆小曼母
女知道，无论怎样都劝不动徐志摩，只得任由他离开，任由他一个人孤独
地远去。

18 日下午，徐志摩乘坐专车到达南京，在何竞武家里落脚。何竞武是
诸暨人，曾任北洋军阀骑兵司令。乘车途中，徐志摩看报时，得知南京戒
严，只好暂时留在南京，另行寻找折返北京的时间。②

徐志摩原本打算乘坐张学良的专机返回北京，但是张学良的行程安排
有变化，徐志摩有点着急，因为林徽因的会议是要在 11 月 19 日召开。

就在焦头烂额时，徐志摩忽然想起来，他离开上海时，带着一张免
费机票。这张免费机票是去年，担任中国航空公司财务组主任的保君健所
赠送。

这张票可以搭乘第二天早上的飞机去北京。

事情办妥以后，徐志摩计划当晚去张歆海的家中聊天，并准备在张歆
海家中过夜。不巧，那天下午，张歆海夫妇不在家，他们和朋友去明陵和
灵谷寺一带游玩了。

---

① 曹聚仁著，曹雷编：《听涛室人物谈谭》，上海人民出版社，1998 年版，第 261 页。
② 徐志摩著：《落叶》，花城出版社，1982 年版，第 281 页。

当天晚上，徐志摩给张歆海打了电话，告诉张歆海他在何竞武家里。徐志摩说起，他晚上还会再到张歆海家里坐坐，并约好十点见面，张歆海的夫人韩湘眉让徐志摩九点半在家里等着。果然，九点半左右，徐志摩就如约而至了。

徐志摩一个人坐在火炉边，一边抽烟，一边喝茶，一边吃糖果。过了一会儿，杨杏佛打电话到张歆海家，徐志摩立即邀请他也过去坐坐。

大约十点，张歆海夫妇回到家里。一进门，他们就听到了徐志摩与杨杏佛的笑谈，氛围相当融洽。徐志摩看到张歆海进来，高兴得仿佛孩子似的，与他们互相拥抱。

随后，众人依次坐了下来，大家继续讨论起上次没有讨论完的题目，那是 11 日晚说起的关于人生与爱情的主题。他们才一个星期不见，张歆海夫妇就发现徐志摩似乎长胖了，一张长脸几乎变成了圆脸。

韩湘眉开玩笑说，徐志摩一定是在上海当了乖孩子，吃得饱、睡得好，所以才长胖的。徐志摩反而苦笑说："哪里，说起又该挨骂了，我这一星期平均每夜睡不到五个钟头。"这句话里的心酸，张歆海夫妇只怕当时并不能完全体会。

当时，韩湘眉还注意到，因屋子里热，徐志摩就把长袍脱了，只穿着一条西装裤子。那条裤子又短又小，腰间还有一个窟窿。由于腰带找不到了，徐志摩还曾螺旋似的转来转去。大家都取笑他，他也跟着取笑自己，声称来得仓促随便穿了一条裤子。

虽是闹了笑话，但徐志摩并未失了礼节。他先拿出来一件送给俞梅的大衣（第二天，韩湘眉找人将这件衣服给俞梅送了过去，只可惜，俞梅收到衣服时，徐志摩已去世了），随后又拿出一堆买给韩湘眉孩子们的糖果，以及当天他在金陵咖啡屋吃茶带的糕饼。

当众人谈及徐志摩乘飞机去北京的事时，韩湘眉似乎有种不好的预感，她提醒徐志摩："Suppose something happens tomorrow，志摩。（明天如果出事该怎么办？志摩。）"

徐志摩玩笑着说："你怕我死么？"韩湘眉当即说："志摩！正经话，总是当心点的好。司机是中国人，还是外国人？"

"不知道！没有关系，I always want to fly。（我一向要飞的。）"

韩湘眉以为那天天气很好，晴空万里，比较适合飞机飞行。可是，女性的敏感，仍旧让她隐隐感觉到异样，于是半晌后，她又问："你这次乘飞机，小曼说什么没有？"

徐志摩连笑带皮地说："小曼说，我若坐飞机死了，她作 Merry widow（风流寡妇）。"这个时候杨杏佛接过话来道："All widows are merry.（寡妇皆风流）。"

这句话说完，众人都笑了起来。这次见面，大家一起聊到朋友，聊到徐志摩在北京的生活，聊到宛如乱麻的国事。不知不觉，已近深夜。杨杏佛起身要走，徐志摩也起来说："一同去罢！"

韩湘眉永远忘不掉那天。杨杏佛走在前面，徐志摩在后边。两个人走了一段路后，徐志摩忽然转过头来，极温柔地，似兄长般，轻吻了韩湘眉的左颊。

大家互道了晚安，韩湘眉对徐志摩说："志摩！到了北京，即刻来信，免得我们挂心。"徐志摩摆摆手答应着，韩湘眉又说道："Let us hear from you before the week is out.（不出这星期就来信。）"

"一定。"徐志摩说着上了汽车，关好门。汽车一路开到了何竞武家。

这天，也就是 11 月 18 日，徐志摩曾给杨杏佛写过一张便条，内容是："才到奉谒，未晤为怅。顷去湘眉处，明早飞北京，虑不获见。北京闻颇恐慌，急于去看看。杏佛兄安好。志摩。"徐志摩先去张歆海家时，由于张歆海不在家，后来又去杨杏佛家，可巧杨杏佛也不在家，所以留给杨杏佛的。

徐志摩遇难后，杨杏佛把徐志摩留给他的便条，再加上他写的跋，组合成文。这篇跋上写道："志摩于二十年十一月十九日下午二时在山东党家庄附近之开山飞行遇祸，此为其十八夜八时半过访不遇时所留之手笔。当晚在湘眉处狂谈至十二时始归，翌晨八时即北飞。竞武云志摩晨起即赴飞机场，十分匆促，故知所书为绝笔也。二十年十一月二十一日，铨。"[①]

11月19日，清晨八点钟，徐志摩到达南京明故宫飞机场，计划乘坐"济南号"起飞。飞机的整个起飞过程，被一位在中国航空公司所属南京明故宫航空站服务的人员所目睹。不久，这位叫湘江的航空服务人员还写了一篇名为《忆徐志摩先生之死》的文章，发表在了《中央副刊》：

民国十九年，我在中国航空公司所属南京明故宫航空站服务。记得在那年十一月的一天早晨，天气相当冷，紫金山顶还覆盖着一层积雪，我与另外两位同事，忙着替一架莱因式客机检查、试车。这架客机是准备在九点钟飞往济南和北平的。虽然我们戴着皮手套工作，可是手指头仍旧冻得发僵。

八点多钟，正驾驶王贯一与副驾驶刘职炎[②]，乘着一辆小包车来了。车子里面，塞满了大包小包的东西。王贯一下车走向飞机时，神情萎靡，频频打着哈欠。看样子，头天晚上准是没睡好觉。他懒洋洋地将飞机察看一番后，随即吩咐在场的小工，将车里的东西搬上飞机，自己站在一旁监视。刘职炎与我们在飞机旁闲谈，据刘职炎说，王贯一昨晚赶着为女儿办嫁妆，同时也打了个通宵麻将。虽然精神不大好，

---

① 徐志摩著：《志摩的书信日记》，北方文艺出版社，2018年版，第152页。
② 作者注：这篇回忆文章提到当时徐志摩乘坐的飞机的副驾驶是刘职炎，但据1931年11月20日《北平晨报》第3版及当时的一些报道，副驾驶不是刘职炎，而是梁壁堂。

可是因为在北平的女儿婚期已近，不得不勉强飞一趟，以便嫁妆及时送去。

正谈论间，公司里的专车已驶到飞机跟前，送来了四位旅客。当他们鱼贯登机时，有位同事指指其中一个穿长袍、外罩黑呢子大衣的人对我说："喏！那个就是有名的文学家徐志摩。"

我还没有来得及看清那个人的面貌，他已躬着身子钻进机舱去了。

接着，机门立即被人关上。发动机也开始转动起来。在一阵"隆隆"的机声中，我们目送着那架客机缓缓地滑进跑道，然后在和煦的阳光中，徐徐升空。[①]

19日9时，徐志摩曾从南京机场发了一份电报给远在北京的林徽因夫妇，告诉他们他下午3点左右会抵达南苑机场。10点10分，飞机到了徐州，停歇了一段时间。这个时候，也许徐志摩身体有点吃不消，就给陆小曼写了一封信，表示头有点疼，不能再远行了。

可不知为何，徐志摩没有听从心里的声音，而是于10时20分，义无反顾地继续乘坐飞机向北而去。

飞机飞到济南时，在党家庄附近忽然遭遇大雾。驾驶员无法分辨障碍物，一下子撞上了山头，机身突发大火，飞机上无一人幸免。

下午三时左右，梁思成安排的人去南苑机场接徐志摩。谁知待到下午四时半，仍旧不见徐志摩的飞机抵达，前去接徐志摩的人便折返了。11月20日，胡适在日记中记述了徐志摩遇难一事：

昨早志摩从南京乘飞机北来，曾由中国航空公司发一电来梁思成家，嘱下午三时雇车去南苑接他。下午汽车去接，至四时半人未到，汽车

---

① 韩石山选编：《难忘徐志摩》，昆仑出版社，2001年版，第296—297页。

回来了。

　　我听徽音说了，颇疑中途有变故。今早我见《北平晨报》记昨日飞机在济南之南遇大雾，误触开山，堕落山下，司机与不知名乘客皆死，我大叫起，已知志摩遭难了。电话上告知徽音，她也信是志摩。

　　上午，十点半我借叔永的车去中国航空公司问信，他们也不知死客姓名。我问是否昨日发电报的人，他们说是的。我请他们发电去问南京公司中人，并请他们转一电给山东教育厅长何思源。十二点钟，回电说是志摩。我们才绝望了！

　　下午，思成、徽音夫妇来，奚若来，陈雪屏、孙大雨来，钱端升来，孟和来，孟真来，皆相对凄惋。奚若恸哭失声。打电话来问的人更无数。朋友之中，如志摩天才之高，性情之厚，真无第二人！他没有一个仇敌；无论是谁都不能抗拒他的吸力。①

　　11月20日，《北平晨报》的第3版刊登了徐志摩遇难的新闻。

中国航空公司第一次惨剧

北上机昨在济南遇雾触山，司机乘客毙命邮件焚毁

　　【济南十九日下午七时本报专电】中国航空公司由京飞平机一架，皓（十九日）下午二时行至济南城南三十里党家庄，因雾大，误触青山山头，全机立毁，当即坠落。司机二人，乘客一人均死，尸体焦黑，不可辨识，机上所载邮件亦全烧化，邮票之灰仿佛可见。闻由平飞京亦停落济南，定翌（二十日）南驶。

　　【济南十九日下午八时本报专电】遇难司机为王冠一②、梁壁堂，乘

---

① 蒋复璁、梁实秋主编：《徐志摩全集》第1辑，传记文学出版社，1980年版，第342—343页。
② 作者注：此处疑为《北平晨报》报道失误，主驾驶员的名字不是王冠一，而是王贯一。

客为中国航空公司总理之友。青山在党家庄以西十八里。①

　　这篇报道大体说明了事情的过程，但并未明确遇难的乘客是徐志摩。时隔一日，《民国日报》第2版又对事件进行了跟踪报道，明确说明遇难者是王贯一、梁璧堂和徐志摩。

　　当时的一些报道提及了空难现场的惨状。《时报》报道："孙等接得警报后，会同搭车至开山山谷查看，一片惨状，不忍入目，其中徐志摩尸身更为凄惨，头部与四肢，均成焦骨，王、梁两飞机师因戴有航空帽及皮大衣，故火烧之处甚少，致命伤皆在胸腰两部，受机身之重压。"②《华北日报》的报道中写道："当时机身即堕于山下，油箱破裂，燃烧，全机被焚，机上三人同时被难身亡，死者均身体焦黑，不可辨识，为状至惨。"③《时事新报》报道："机师王贯一、梁璧堂，乘客徐志摩三人，均已焚毙，焦头烂额，几不能辨别面目，所载邮件，亦完全烧毁。"④《北平晨报》中也提到"司机二人，乘客一人均死，尸体焦黑，不可辨识"。⑤

　　事情发生后，京平航空驻济办事所主任朱凤藻于20日安排机械员白相臣赶赴党家庄开山。王贯一、梁璧堂和徐志摩的尸体被洗干净后运往了党家庄，后经致函省政府，拨了一辆车将尸体运往了济南。⑥

　　时任中国航空公司财务组主任的保君建，因各方函电询问详细情况，于是把整个事情经过电告远在北京的徐志摩的好友胡适，胡适回电：

　　保君建先生，马[21日]电敬悉，已分发表，此间友朋，虽痛志摩惨

---

① 海宁徐志摩研究会、浙江新家园实业集团有限公司编，徐国华、朱琦整理：《空谷忆诗魂》，团结出版社，2021年版，第29页。
② 1931年11月21日《时报》第3版。
③ 1931年11月22日《华北日报》第3版。
④ 1931年11月21日《时事新报》第2版。
⑤ 1931年11月20日《北平晨报》第3版。
⑥ 1931年11月21日《民国日报》第2版。

死，亦如他久欲飞行之意，见诸诗文。济南不幸，适逢其会，遂使全国失一才人。深盼航空事业，能更谋安全，更盼国人，勿因志摩惨祸而畏惧航空。

胡适 [①]

张幼仪得知徐志摩遇难的消息，"完全不敢置信"。她曾回忆徐志摩遇难后，她安排徐志摩长子认领遗体的事，并提及了她、她的八弟以及徐志摩的父亲徐申如得知徐志摩遇难消息时的痛心场面：

电报说：徐志摩坐的包机在飞往北京的途中，坠毁在山东济南；机上唯一的乘客徐志摩和两位飞机师当场死亡。

我穿着长袍，完全不敢置信地站在玄关。我刚刚见过的徐志摩还是活生生的。

"我们怎么办？"中国银行来的那位先生一语点醒了我，"我去过徐志摩家，可是陆小曼不收这电报。她说徐志摩的死讯不是真的，她拒绝认领他的尸体。"

我想到陆小曼关上前门，消失在鸦片烟雾里的情形。她出了什么毛病？她怎么可以拒绝为徐志摩的遗体负责？打从那时候起，我再也不相信徐志摩和陆小曼之间共有的那种爱情了。

我让那信差进到饭厅。一个用人为他端了杯茶，我在一旁整理思绪：阿欢必须以徐志摩儿子的身份认领他的父亲的遗体，而且必须有人和十三岁的阿欢一起料理后事，那个人应该是陆小曼，而不是我。

于是，我打电话给八弟。我告诉他这个噩耗的时候，他开始在电话那头啜泣。

[①]　1931 年 11 月 24 日《小日报》第 1 版。

我问他："你明天能不能带阿欢去济南一趟？"

"当然可以，当然可以。"他控制自己的情绪说。

第二天早上老爷来吃早饭的时候，我告诉他有架飞机失事了。我根本不必讲谁在飞机上，因为所有我认识的人当中，只有徐志摩定期搭飞机。

老爷就问我那乘客的状况。我不敢当场告诉老爷实话，我怕他这么大的年纪会受打击，所以我就假装徐志摩还活着的样子说，他在医院，情况看起来很糟糕。

老爷说，他不愿意在这种情况下到医院看他儿子。他要我去，然后回来向他报告。

第二天早上吃早饭的时候，老爷问我："有什么消息吗？"我低头看着盘子说："他们正在想办法，可是我不晓得他们能怎么样。"

隔天老爷又打听了一次消息，我终于像头一次听到噩耗的时候那样，哭着说："没指望了，他去了。"

这个时候，我看到老爷脸上有好多内容：哀痛、难过、悔恨。他把脸别过去说："好吧，那就算了吧。"

虽然说起来这事很可怕，可是徐志摩太让他伤心了，而且他对徐志摩娶陆小曼进门这件事很生气。①

在张幼仪看来，陆小曼不去认领徐志摩的尸体，是不爱徐志摩的表现。但据1931年11月23日《申报》报道，陆小曼听到徐志摩空难的消息后，"于伤凄痛切之馀，已致疾病矣"。②后来，陆小曼写的《哭摩》文，也传递出她的肝肠寸断之感：

① （美）张邦梅著，谭家瑜译：《小脚与西服：张幼仪与徐志摩的家变》，黄山书社，2011年版，第196-197页。
② 1931年11月23日《申报》第15版。

天呀！可怜我，再让你回来一次吧！我没有得罪你，为什么罚我呢？摩！我这儿叫你呢，我喉咙里叫得直要冒血了，你难道还没有听见么？直叫到铁树开花，枯木发声我还是忍心等着，你一天不回来，我一天地叫，等着我哪天没有了气我才甘心地丢开这唯一的希望。[①]

陆小曼不愿去认领尸体，大概是不愿意正视徐志摩去世这个事实，并且有些爱之深、责之切的因素吧。

除了徐家的人，徐志摩的好友在得知空难的消息后，也纷纷赶到济南为他收殓遗骸："北大张慰慈、清华张奚若及梁启超之子梁思成等，均于昨日（11月21日）下午五时同乘平浦快车赴济，收殓徐氏遗骸，并办理一切善后事宜，拟将徐氏灵柩运往上海暂厝，徐氏之遗著，亦将搜集汇编，以资传世云。"[②]

正如胡适所言，徐志摩是一个热情而又意气风发的人，他性格恣意昂扬，并未结交过什么仇人，所以深得大家的喜欢和关注。徐志摩遇难，震惊了整个文化圈，不少文艺界的社团和组织纷纷举行悼念活动，给这位诗人送行。

22日，徐志摩的一众好友在上海为他举行了以悼念他为主题的笔会。23日《申报》第15版报道了这次笔会："笔会于昨日（二十二日）午间，在大西洋茶馆开常会，到会员及来者叶誉虎、章行严、宋春舫、程演生、曾虚白、罗隆基、孟寿椿、赵景深、沈旭庵、曾今可、汪翰章、陈志皋、邹翰芳、戈公振诸君，及应德蕙、王右家等。餐半，由孟寿椿君主席报告：本会发起人徐志摩先生，乘飞机北上遇难情形，全体起立静默三分钟，表示哀悼，并议决发行特版，为徐志摩先生留纪念，末戈公振君报告

[①] 陆小曼著：《桃花流水在人世》，江苏凤凰文艺出版社，2018年版，第79—80页。
[②] 1931年11月22日《京报》第6版。

会务而散。"①

23 日晚，徐志摩的灵柩到达南京，《益世报》（天津版）报道："【南京廿四日下午四时本报专电】徐志摩柩漾（廿三日）晚到京（南京），蔡元培及中大教职员、学生、文艺界，多往月台致祭，敬（廿四日）运沪。"②

得知徐志摩灵柩会到达浦口时，中山大学教授张歆海等发起邀集与徐志摩素有交往的教育界同人七八十人，计划 24 日早上六点半在下关天泰码头会齐，过江迎接灵柩。③

24 日下午 5 点钟，徐志摩的灵柩到达上海，存放于万国殡仪馆。④

12 月 6 日，马神庙北京大学第二院大礼堂举行了徐志摩追悼会，追悼会现场由林徽因等人布置，《益世报》对此事进行了详细的报道："文学家及北大师生，昨日（六日）假北大二院大礼堂，开徐志摩追悼大会。礼堂正中，以讲台做柩状，盖以黑布，上置徐志摩遗影，四周围以白菊花、白羊绣球、铁树。胡适、余上沅、丁文江、任鸿隽、陈衡哲女士，新闻记者及学生百余人分坐两旁。十一时开会，由西人奏哀乐，首由丁文江致哀词，报告以旧仪式追悼徐氏之意义，次胡适演说，悲哀沉痛，溢于言表，略谓志摩生平在文学上之供 [贡] 献，不限于诗，'散文''通讯'中亦有其特殊之风格。"⑤ 同一天报道此事的《华北日报》则在人员名录里又多了周作人、马裕藻、樊际昌、傅斯年、翟永坤、冯友兰、许君远、朱希祖、马钰、江绍原、张慰慈、张奚若、江秀东、刘复等人，中外男女来

---

① 1931 年 11 月 23 日《申报》第 15 版。
② 1931 年 11 月 25 日《益世报》（天津版）第 3 版。
③ 1931 年 11 月 24 日《中央日报》第 4 版。
④ 1931 年 11 月 25 日《新闻报》第 7 版。
⑤ 1931 年 12 月 7 日《益世报》第 2 版。

宾共计七百余人。①

　　12 月 20 日，众人又在上海的静安寺设奠，一起送这位浪漫主义诗人远行，《申报》进行了较为详细的报道：

　　上午八时起，吊客络绎不绝，礼堂满饰鲜花，中为诗人半身像，高二丈余，奕奕神姿，栩栩欲活。厅屋三进，四周悬挽联，蔡子民、叶玉虎、张啸林、梅兰芳、褚民谊、徐新六氏等，均有唁辞，尤以徐新六氏一联最切当，句云"轮盘永转，新月长悬，虽死难忘裘丽亚""猛虎未除，翡翠终冷，此恨当伴蔓殊斐"，尽集诗人作品书名而成者。公祭团体，有新月同人，光华全体学生，笔会同人，中社同人，时代印刷公司，龙马影片公司，及中公诗社同人等，徐氏生前故好，亦皆到齐。又银行界，法律界，文艺界中人，如叶恭绰、张公权、徐新六、谢寿康、罗隆基、王文柏、张慰慈、潘光旦、吴经熊、应时、杨杏佛、戈公振、钱瘦铁、陈小蝶、韩湘玫、唐瑛、江小鹣、张光宇、邵洵美、张振宇、林徽音、孟寿椿氏等，往来招待，极形忙碌。闻其灵柩，不久即运归硖石原籍，但其挚友蔡子民。叶玉虎，杨杏佛，胡适之氏等，并拟发起用公葬仪式，先正在筹备中。②

　　一代浪漫诗人，因一场空难，生命定格在了三十四岁。

　　徐志摩于 1926 年 3 月 22 日在《晨报副镌》的一首《再不想望高远的天国》和 1925 年 8 月由中华书局出版的《志摩的诗》一书中的一首《天国的消息》，似乎又给人们留下了更多的思考。也许正如徐志摩遇难后胡适与时任中国航空公司财务主任保君建的电报中所言："亦如他久欲飞行之意，见诸诗文。"③

---

① 1931 年 12 月 7 日《华北日报》第 6 版。
② 1931 年 12 月 22 日《申报》第 16 版。
③ 1931 年 11 月 24 日《小日报》第 1 版。

再不想望高远的天国

我心头平添了一块肉。

这辈子算有了归宿！

看白云在天际飞，

听雀儿在枝上啼。

忍不住感恩的热泪，

我喊一声天，我从此知足！

再不想望高远的天国！①

天国的消息

可爱的秋景！无声的落叶，

轻盈的，轻盈的，掉落在这小径，

竹篱内，隐约的，有小儿女的笑声；

呖呖的清音，缭绕著村舍的静谧，

仿佛是幽谷里的小鸟，欢噪著清晨，

驱散了昏夜的晦塞，开始无限光明。

霎那的欢迎，昙花似的涌现，

开豁了我的情绪，忘却了春恋，

---

① 徐志摩著，桑楚主编：《志摩的诗》，民主与建设出版社，2018 年版，第 181 页。

人生的惶惑与悲哀，惆怅与短促——
在这稚子的欢笑声里，想见了天国！
晚霞泛滥著金色的枫林，
凉风吹拂著我孤独的身形；
我灵海里啸响著伟大的波涛，
应和更伟大的脉搏，更伟大的灵潮！ ①

---

① 徐志摩著，桑楚主编：《志摩的诗》，民主与建设出版社，2018 年版，第 150 页。

第六章

只为佳人
难再得

徐志摩的一生短暂但精彩纷呈。他是一位伟大而传奇的诗人，生前既结交过泰戈尔、蔓殊菲儿、罗素、胡适、梁启超等师友，也在哥伦比亚大学和剑桥大学等世界知名学府求过学。归国以后，他更是在北京大学、东吴大学、光华大学等高校任过教，还从事过报刊的编辑工作。他最著名的事迹，就是参与和创办了新月诗派，为我国乃至世界新诗的发展做出了重要贡献。当然，人们提起徐志摩，一定绕不开他与张幼仪、林徽因和陆小曼的故事。徐志摩去世以后，他的这些爱人、朋友、知己，以各种各样的方式去怀缅他。徐志摩去世后，因为有朋友、爱人、知己、亲人等的不断追忆，从而给了我们更多了解他的窗口。

第一节   张幼仪：说不定我最爱他

徐志摩罹难的前一天，张幼仪曾见过他最后一面。张幼仪回忆，那天徐志摩到她的店里跟张嘉铸打过招呼，并告诉张幼仪，希望裁缝师为他做几件衬衫。

这天下午，徐志摩非常焦急，称要马上赶回北京。张幼仪很不理解，就问他为何不等第二天再回去。因为担心徐志摩的安全，张幼仪还提醒他，最好不要搭乘中国航空公司的飞机，就算免费也不要坐，徐志摩扬了扬手，大笑着说他不会有事。

第二天夜里，张幼仪在一个朋友家里打了几圈麻将，很晚才回家。深夜一两点钟，她还在半睡半醒中，一个佣人过来说，一位中国银行来的先生在门口等着她，说是有一封电报要亲手交给她。张幼仪看了电报才知道，徐志摩遇难了。得知这个消息，她呆呆地站在玄关，良久不敢置信。

徐志摩的遗体被安放在济南时，中国银行曾在当地为他举行了公祭和丧礼。年迈的徐申如极为哀恸，亲自为爱子作了一副挽联：

考史诗所载，沉湘捉月，文人横死，各有伤心，尔本超然，岂期邂逅罡风，亦遭惨劫；

自襁褓以来，求学从师，夫妇保持，最怜独子，母今逝矣，忍使凄凉老父，重赋招魂。[①]

上联中，"沉湘"是指楚国诗人屈原沉入湘江支流汨罗江自尽一事；"捉月"是指唐代诗人李白醉酒后想抓住水中的月亮的倒影，不幸跌入水里淹死一事。屈原和李白都是才华横溢的诗人，都死于非命。徐申如将这两个典故用在给儿子的挽联中，哀痛之情溢于言表。

下联，徐申如从徐志摩襁褓时起笔，言及求学从师、娶妻生子、母亲亡故、死于非命诸事，几乎浓缩了徐志摩的一生。

张幼仪本想在丧礼上说些话，可由于自己身份特殊，再加上也不知怎样起头，所以迟迟不知如何表达。张君劢的朋友以张幼仪的名义，为徐志摩作了一首挽联：

万里快鹏飞，独撼翳云逮失路；

一朝惊鹤化，我怜弱息去招魂。[②]

张幼仪后来回忆："其中（上述挽联）提到济南地区的候鸟大鹏，这种鸟的背非常宽大，每年都会迁徙到天池。"[③]也许，张幼仪是借大鹏之名传达对徐志摩的深深缅怀吧。

---

① 徐志摩著，顾永棣编：《徐志摩全集 书信卷》，浙江人民出版社，2015年版，第3页。
② （美）张邦梅著，谭家瑜译：《小脚与西服：张幼仪与徐志摩的家变》，黄山书社，2011年版，第198页。
③ （美）张邦梅著，谭家瑜译：《小脚与西服：张幼仪与徐志摩的家变》，黄山书社，2011年版，第198页。

张邦梅在《小脚与西服》一书中记述了上海公祭那日发生的一件事：

虽然我连去参加上海公祭的打算都没有，不过还是准备了一件黑色旗袍，以备不时之需。公祭那天下午，家里电话铃响了。

"你一定要来一趟。"一个朋友说。

我问为什么。

"你来就是了。"他说。于是我去了公祭礼堂一趟。徐志摩的灵柩已经打开，安置在花朵中，他的脸被黑丝袍衬得十分惨白浮肿，一点也不像他。我深深鞠了三个躬，向他致敬。他才三十五岁，这么年轻，又这么有才气。

我从灵柩旁走开以后，打电话给我的那个朋友出现在我身边。他强调说："你一定要帮忙，陆小曼想把徐志摩的寿衣换成西装，她也不喜欢那棺材，想改成西式的。"

八弟在中国银行的协助下，帮徐志摩用传统的寿板订制了一口棺材。这种棺材有一面是圆的，形状很像树干，而不是长方形的盒子。

把徐志摩的遗体从一个地方挪到另一个地方这种想法，教我觉得恶心；把他的寿衣换掉也是。他的身体怎么可能再承受更多折磨？

我说："就算他是因为自然原因死亡，现在也一切难改了，何况他是在这种意外状况下死的……"

我不想见陆小曼，也不想跟她说话，更不想跟她吵架，就下个结语说："你只要告诉陆小曼，我说不行就好了。"

说完我就离开了，以防万一陆小曼出现。后来我听说他们还是让徐志摩穿着中国寿衣躺在中国棺材里。我搞不懂陆小曼，难道徐志摩洋化到需要在死的时候穿西服吗？我可不这么想。①

---

① （美）张邦梅著，谭家瑜译：《小脚与西服：张幼仪与徐志摩的家变》，黄山书社，2011年版，第198—199页。

　　在张幼仪看来，无论徐志摩的思想多么西化和进步，他都是中国人。既然是中国人，就该遵循中国人的传统和礼俗。说到底，张幼仪还是深爱着徐志摩的。她有些怨愤地说过，徐志摩所追求的西式爱情，最后并没有救他一命。

　　多年后，张幼仪读到徐志摩死前写给陆小曼的信，心里也酸痛无比。她发现徐志摩从未跟陆小曼一起过过家庭生活，陆小曼拒绝搬回北京，因为住在上海比较容易买到鸦片。

　　为了供养陆小曼，徐志摩总是在北京与上海之间来回穿梭。尤其读到徐志摩最后的生活困境时，张幼仪自觉十分难过，她如是评价陆小曼与徐志摩的爱情：

　　人家说徐志摩的第二任太太陆小曼爱徐志摩，可是看了她在他死后的作为（拒绝认领他的遗体），我不认为那叫爱。一个人怎么可以拒绝照顾另一半？爱意味着善尽责任，履行义务。

　　而且，他们两人没有一起过过家庭生活。陆小曼的鸦片瘾把徐志摩弄得一穷二白，老是得向朋友告贷。他也会跟我借钱。可是如果我从自己的腰包掏钱给他，我就会说："这是你爹的钱。"

　　徐志摩本人并没有恶习。他不喝酒，也不吸鸦片，甚至一直到死前一年左右才开始抽香烟。他有一种极好的个性，在任何社交场合都受人喜爱。[1]

　　相比陆小曼的不负责，张幼仪觉得自己尽到了一切该尽的责任。即便是跟徐志摩离了婚，她依然选择照顾徐志摩的父母、家人和儿子。

　　徐志摩的父亲徐申如，也是一个责任感极强的人。徐志摩在世时，

---

① （美）张邦梅著，谭家瑜译：《小脚与西服：张幼仪与徐志摩的家变》，黄山书社，2011年版，第201页。

徐申如每个月都会给他三百元生活费。后来徐志摩去世了，他便把每月的三百元给了陆小曼。因为在他看来，照顾陆小曼是自己应尽的责任。当然，徐申如不想看到陆小曼，就把钱存入陆小曼的银行账户，这样便能避免双方相见。

徐志摩死后，徐申如又活了十三年。这十三年里，他一直跟张幼仪生活在一起。每个月，徐申如都会帮陆小曼的忙，即便得知陆小曼与翁瑞午同居，也从未转变过。

回想起陆小曼与翁瑞午不可言说的事，即便时隔多年，张幼仪依然十分慨叹："翁先生与陆小曼无名无分地同居了很长一段时间，直到他于1961年去世为止。他比陆小曼早死六年。① 而这期间，翁瑞午是已婚身份。我真为他太太和女儿难过。"②

虽说张幼仪对陆小曼深恶痛绝，可每当想到身上的责任，她还是会义无反顾地去帮助她。1944年徐申如去世以后，张幼仪继续每个月把三百元钱汇入陆小曼的户头。这时候的张幼仪认为，供养陆小曼是她儿子的责任。身为人母，她愿意为自己的儿子负责。这样的日子持续了四五年，直到有一天，翁瑞午过来说，他卖了好几吨茶叶，现在的财产足以供养陆小曼和他自己了。自那而后，张幼仪不再给陆小曼寄钱。张幼仪与陆小曼的恩恩怨怨，至此也算告一段落。

不过，一直让张幼仪耿耿于怀的不只陆小曼，还有徐志摩深深爱过的林徽因。张幼仪曾这样说道："你晓得徐志摩为什么在他死前的那天晚上搭飞机走吗？他要赶回北京，参加一场由林徽因主讲的建筑艺术演讲会。他当年就是为了这个女朋友跟我离婚的，到头来又是为了林徽因——从住

---

① 此处张幼仪的回忆有误，陆小曼实于1965年去世。——作者注。
② （美）张邦梅著，谭家瑜译：《小脚与西服：张幼仪与徐志摩的家变》，黄山书社，2011年版，第201页。

沙士顿的时候起，经过他们与泰戈尔同游，甚至在她嫁给梁思成以后，都是这样。她、徐志摩，还有她丈夫，是知心朋友。徐志摩的飞机在山东撞毁的时候，梁思成正巧到山东，所以梁思成和他朋友是搜索队里的第一批人员。"[1] 过去的一些事，一直让张幼仪非常记挂。原因无他，在张幼仪的心中，徐志摩最爱的女人恐怕就是林徽因了。

因为林徽因，徐志摩跟她离婚；又因为林徽因，徐志摩意外死亡。这种种的"命中注定"，早已让张幼仪无法释怀。

1947 年林徽因在住院期间，曾经见过一次张幼仪。那个特殊的画面，张幼仪记忆犹新：

我 1947 年的时候见过林徽因一次。当时我到北京参加一场婚礼，有个朋友过来跟我说，林徽因住在医院，不久以前才因为肺结核动了一次大手术，可能不久于人世；连她丈夫都从他任教的耶鲁大学被召回。我心里虽然嘀咕着林徽因干吗要见我，可还是跟着阿欢和孙子去了。见面的时候，她虚弱得什么话也说不出来，只是望着我们，头转到这边，又转到那边。她也仔细地瞧了瞧我，我不晓得她想看什么。也许是我人长得丑又不会笑。

后来林徽因一直到 1954 年才死于肺结核。[2] 我想她当初之所以想见我，是因为她爱徐志摩，想看看他的孩子。尽管她嫁给了梁思成，她还是爱着徐志摩。但如果她爱徐志摩的话，为什么她在他离婚以后，还任由他晃来晃去？那是爱吗？[3]

---

[1]　（美）张邦梅著，谭家瑜译：《小脚与西服：张幼仪与徐志摩的家变》，黄山书社，2011 年版，第 200 页。
[2]　此处张幼仪的回忆有误，林徽因实于 1955 年去世。——作者注。
[3]　（美）张邦梅著，谭家瑜译：《小脚与西服：张幼仪与徐志摩的家变》，黄山书社，2011 年版，第 200 页。

　　在张幼仪看来，林徽因和徐志摩之间必定有过一段剪不断理还乱的情愫。谁也不知道，林徽因患病之际为何要见张幼仪。也许真如张幼仪所揣测的那般，她是因为想到了徐志摩。

　　1953 年，张幼仪决定嫁给一位苏医生。这位苏医生就住在张幼仪香港家里的楼下，他们是通过朋友介绍认识的。苏医生当时有四个十来岁的小孩。

　　苏医生求婚那日，张幼仪犹豫不决，先给哥哥们写了一封信，后又给儿子也写了一封信，询问他们的意见。兄长们对张幼仪再嫁的问题想法不一，张幼仪也一时拿不定主意。直到她拿到阿欢的回信时，心里才有一个坚定的答案。阿欢在信上写道：

　　母孀居守节，逾三十年，生我抚我，鞠我育我，劬劳之恩，昊天罔极。今幸粗有树立，且能自瞻。诸孙长成，全出母训……综母生平，殊少欢愉。母职已尽，母心宜慰，谁慰母氏？谁伴母氏？母如得人，儿请父事。[1]

　　张幼仪曾说，阿欢迁居美国后从事土木工程师的工作。虽是远居海外，但他写下的这封文言书信，无论拿给谁看，都说能看出来是徐志摩的儿子的手笔。

　　有了儿子的支持，张幼仪答应了苏医生的请求。只不过，有一个问题总是横亘在张幼仪的心里，久久挥散不去。她不停地问自己，究竟爱不爱苏医生。多年后，她心里终于有了一个声音："那我爱不爱他呢？这我没办法讲。我嫁他的时候，心里这么想：我能不能为这个人做什么？我有没

---

① （美）张邦梅著；谭家瑜译：《小脚与西服：张幼仪与徐志摩的家变》，黄山书社，2011 年版，第 207 页。

有能力帮助他成功？"①

　　庆幸的是，张幼仪与苏医生的相处还算温和。他们几无大的争吵，互相之间扶持和帮助，走过了种种风雨。然而，在张幼仪的心里，徐志摩这个名字，永远也割舍不掉。

　　1967 年的时候，我甚至和苏医生一起回到康桥、柏林所有我住过的地方。他大半生都在日本度过，从不曾到西方旅行，我就带他去看看。他和我坐在康河河畔，欣赏这条绕着康桥大学而行的河流。这时我才发觉康桥有多美，以前我从不知道这点。我们还从康桥坐公共汽车到沙士顿。我只是站在我住过的那间小屋外面凝视，没办法相信我住在那儿的时候是那么年轻。

　　我们到柏林以后，看到整座城市都不一样了，很多地区在第二次世界大战期间被炸毁，我连要走去布兰登堡大门或者菩提树下大街都没办法，因为那儿正好在柏林墙后面。不过，我还是想办法站在一两栋建筑外头看到了我以前和彼得、朵拉住过的家。

　　走访过这些地方以后，我决定要让我的孙子们知道徐志摩。这很重要。所以，我请一位学者，也是徐志摩在《新月》月刊的同事梁实秋先生，把徐志摩全部的著作编成一套文集。我提供了一些我的信件，由阿欢带去台湾见梁实秋。我希望留一些纪念徐志摩的东西给我儿子和孙子。②

　　张幼仪对徐志摩有着非常深刻的情感，这种复杂的情感被大时代裹挟

① （美）张邦梅著，谭家瑜译：《小脚与西服：张幼仪与徐志摩的家变》，黄山书社，2011 年版，第 207 页。
② （美）张邦梅著，谭家瑜译：《小脚与西服：张幼仪与徐志摩的家变》，黄山书社，2011 年版，第 208 页。

着，一点点成为她心中久久的惦念。1972 年，苏医生因患肠癌去世后，张幼仪开始了漫长的独居生活。后来张邦梅去采访张幼仪，问起她是否深爱过徐志摩，她如此回答：

> 你总是问我爱不爱徐志摩。你晓得，我没有办法回答这问题。我对这问题很迷惑，因为每个人总是告诉我，我为徐志摩做了这么多事，我一定是爱他的。可是，我没办法说什么叫爱，我这辈子从没跟什么人说过"我爱你"。如果照顾徐志摩和他的家人可称为"爱"的话，那我大概爱他吧。在他一生当中遇到的几个女人里面，说不定我最爱他。①

1988 年，张幼仪以八十八岁高龄逝世于纽约。

第二节　陆小曼：遗文编就答君心

徐志摩去世以后，陆小曼悲痛欲绝，从此素服不出，写下许多悼念徐志摩的文章。尤其是她为徐志摩写下的那副挽联，叫人不忍品读：

> 多少前尘成噩梦，五载哀欢，匆匆永诀，天道复奚论，欲死未能因母老。
> 万千别恨向谁言，一身愁病，渺渺离魂，人间应不久，遗文编就答君心。②

那段时间里，陆小曼的生活跌入无尽的黑暗，经济上也遇到了困难，不得不求助于朋友们。她在给胡适的信中写道："我，生前无以对他，只

---

① （美）张邦梅著，谭家瑜译：《小脚与西服：张幼仪与徐志摩的家变》，黄山书社，2011 年版，第 209 页。
② 陆小曼：《陆小曼自述自画》，中国青年出版社，2013 年版，第 75 页。

得死后来振一振我这一口将死的气，做一些他在时盼我做的事吧。希望天可怜我，给我些精力，不要再叫病魔成天地缠我……我这种终日困在病魔中的人本无多日偷生，我只盼你能将我一二年内的生活费好好与我安排一下，让我在这个时间将志摩与我的未了心愿做就，留下些不死的东西，不负他爱我之情与朋友盼我之意，我即去天边寻我的摩，永远地相亲相爱，那时想象朋辈一定不能再有怨我之处了，只是这二年内我再不能受经济的痛苦了。"①

通过这封信不难看出，陆小曼当时的生活应该十分困难，不然也不会写下如此情真意切的字句，并希望胡适能管她一两年的生活费用。原信中还提到，那两年间，胡适与陆小曼之间有些意见相左，也许是闹得不甚愉快。陆小曼害怕胡适因此不管自己，于是便说"你我之情岂能因细小的误会而有两样么？"这些话已有恳求之意。

陆小曼始终没有忘记要为徐志摩编纂文集的事。她在信中这样提道："志摩还有不少信、日记在京，请你带下，不要随便与人家看，等我看过再发表，我想他的信、日记，以后由我自己编，三个月内一定可以有二本出版，可是亦望你好好地帮我一下，洵美之意也愿意他的东西一起由我自编，最好你能早来海上多等些日子，我们大家一起努力地做一下，我还想通知各好友处，如他的信愿意发表的，也寄给我，他的诗和散文如有，我看请你同他编一下，因为我一人怕来不及，我还想写一本我所知道的志摩，不过我近年于学识是荒废得可怕，我日内即好好地用一下死功……我昨天寻了一天也不见志摩上次在外国给我的那一百封信，真气得我半死……他信虽不少，可是英文的多，最美的还是英文，不知可以发表否？"②

这个时候的陆小曼一心扑在为徐志摩编文集的事上，当然她也知道，

---

① 陆小曼：《陆小曼自述自画》，中国青年出版社，2013年版，第78页。
② 陆小曼：《陆小曼自述自画》，中国青年出版社，2013年版，第78—79页。

徐志摩的文存体量庞大，只她一人难以胜任。所以她在给胡适的信中说，希望胡适可以承担编写她与徐志摩的日记和信件的任务。

为了把信件标记清楚，陆小曼还在每封信的后面加了小注，以期不至有纰漏。遇到一些编辑上的难题，陆小曼还时常与胡适探讨，二人合力推进文集的出版任务。

不过，陆小曼也有自己的要求——她希望文集编辑完成后，一定要先拿给她看完再付印，尤其是她和徐志摩的日记，甚至用了"更盼不要随便给人家看，千万别忘"这样的字眼。

那一段时间里，陆小曼也在想方设法地筹钱用于生活。一方面，她需要家人和朋友们的接济，另一方面又向曾向徐志摩借过钱的人要账。

徐志摩在世时，她一切的吃穿用度全由徐志摩负责。徐志摩离世后，她终于体会到一个人生活的难处，不由得发出这样的感慨："咳，金钱太可恶了，他要不是为经济，许还不至于死，我真恨，恨一切，从此再没有我喜欢的东西了。"[1] 身体上的苦难和精神上的苦难，一重一重地打击着陆小曼，几乎让她艰于呼吸。

1933 年清明时节，陆小曼回到了硖石。看到长满荒草的徐志摩的墓地，一时百感交集，写下一首扫墓诗：

肠断人琴感未消，
此心久已寄云峤。
年来更识荒寒味，
写到湖山总寂寥。[2]

这首诗的末尾，陆小曼还写有一小段话："癸酉清明回硖石为志摩扫

---

[1] 陆小曼：《陆小曼自述自画》，中国青年出版社，2013 年版，第 82—83 页。
[2] 陆小曼：《陆小曼自述自画》，中国青年出版社，2013 年版，第 111 页。

墓，心有所感，因提此博伯父大人一笑，侄媳敬赠"。[①] 这里的伯父大人是指徐志摩的大伯徐蓉初。由此可见，当时陆小曼是与徐蓉初一起去扫墓。一家人说起徐志摩生前的旧事，必是一番慨叹。

1940 年 4 月出版的《良友》画报第 157 期刊登了一篇陆小曼的文章，名字叫《泰戈尔在我家》，这篇文章生动地叙述了她、徐志摩和泰戈尔的交往逸事。

陆小曼写道："本来我同泰戈尔是很生疏的，他第一次来中国的时候，我还未曾遇见志摩；虽然后来志摩同我认识之后，第一次出国的时候，就同我说此去见着泰戈尔一定要介绍给你，还叫我送一张照片给他，可是我脑子里一点感想也没有。"[②]

徐志摩出国拜访了泰戈尔，并把他和陆小曼的照片拿给泰戈尔看过以后，泰戈尔竟然对陆小曼的为人、脾气、性情等全都说了个遍，甚至清清楚楚，仿佛亲眼看到了她的真人一般。这些事，后来被徐志摩写成信件告知陆小曼，她那时才得知了泰戈尔的为人。

最让陆小曼记忆犹新的，当是她和徐志摩新婚不久，泰戈尔发来电报称要在他们家下榻。这下可忙坏了这对新婚夫妻。他们的房子不大，也没有富丽堂皇的装修，更无称心如意的家具。一共三间半的屋子，如果泰戈尔带来的人太多，只怕是住不下。

这一天，终究还是来了，俩人一起去码头迎接泰戈尔。陆小曼曾回忆道："一到码头，船已经到了。我们只见码头上站满了人，五颜六色的人头，在阳光下耀得我眼睛都觉得发花！我奇怪得直叫起来：'怎么今天这儿尽是印度人呀！他们来开会么？'志摩说：'你真糊涂，这不是来接老人家的么？'我这才明白过来，心里不由地暗中发笑，志摩怎么喜欢同印

---

① 陆小曼：《陆小曼自述自画》，中国青年出版社，2013 年版，第 111 页。
② 陆小曼：《陆小曼自述自画》，中国青年出版社，2013 年版，第 132—133 页。

度人交朋友。"① 看到泰戈尔时，陆小曼发现这位老诗人跟自己想象的完全不一样。泰戈尔的目光并不凶狠，脸色也不黑，说话自带一种不可言喻的美，就像是出谷的黄莺在婉转娇啼。他笑眯眯地盯着陆小曼看，陆小曼就像失去知觉一样，呆立在原地良久。

三人谈了半天，陆小曼说起，他们家太小不能见人。泰戈尔反而说，房间愈小他愈喜欢。到达家中时，陆小曼和徐志摩原本希望泰戈尔住在两个人为他精心准备的一间印度风格的房间里。谁知泰戈尔并不要，反倒选中了他们睡的一张破床。

泰戈尔一行人在徐志摩家中住了一个星期，也算是让陆小曼见识了印度人的生活习惯和起居情况。陆小曼这样回忆道："那时情况真是说不出的愉快，志摩是更乐得忘乎所以，一天到夜跟着老头子转。虽然住的时间不长，可是我们三人的感情因此而更加亲热了。这个时候志摩才答应他到八十岁的那年一定亲去祝寿。谁知道志摩就在去的第二年遭难。老头子这时候听到这种霹雳似的恶信，一定不知怎样的痛惜的吧。本来也难怪志摩对他老人家特别地敬爱，他对志摩的亲挚也是异乎平常，不用说别的，一年到头的信是不断的。只可惜那许多难以得着的信，都叫我在摩故后全部遗失了，现在想起来也还痛惜！因为自得噩耗后，我是一直在迷雾中过日子，一切身外之物连问都不问，不然今天我倒可以拿出不少的纪念品来。现在所存的，就是附印在这里泰戈尔为我们两人所作的一首小诗和那幅名贵的自画像而已。"②

一些往事，一点点在陆小曼的世界里翻涌。尤其在徐志摩去世以后，她的怀念一刻也未停息过。1947 年 3 月晨光出版公司出版的《志摩日记》

---

① 陆小曼：《陆小曼自述自画》，中国青年出版社，2013 年版，第 134 页。
② 陆小曼：《陆小曼自述自画》，中国青年出版社，2013 年版，第 135—136 页。

中，陆小曼写过一段序文，而今读来仍叫人黯然神伤：

> 飞一般的日子又带走了整整的十个年头儿，志摩也变了五十岁的人了。若是他还在的话，我敢说十年决老不了他——他还是会一样的孩子气，一样的天真，就是样子也不会变。可是在我们，这十年中所经历的，实在是混乱残酷得使人难以忘怀，一切都变得太两样了，活的受到苦难损失，却不去说它，连死的都连带着遭到了不幸。《志摩全集》的出版计划，也因此搁到今天还不见影踪。
>
> 十年前当我同家璧一起在收集他的文稿准备编印"全集"时，有一次我在梦中好像见到他，他便叫我不要太高兴，"全集"绝不是像你想象般容易出版的，不等九年十年绝不会实现。我醒后，真不信他的话，我屈指算来，"全集"一定会在几个月内出书，谁知后来固然受到了意想不到的打击。一年一年地过去，到今年整整的十年了，他倒五十了，"全集"还是没有影儿，叫我说什么？怪谁，怨谁？①

陆小曼的余生都在为编辑《徐志摩全集》而活，尽管几次重病在身，甚至到了即将病死的险地，可她仍在心里不停地告诫自己"我要活，我只是希望未死前能再看到他的作品出版，可以永远地在世界上流传下去。这是他一生的心血，他的灵魂，决不能让它永远泯灭！我怀着这个愿望活着，每天在盼望它的复活。"②

《徐志摩全集》的出版历经了二十六年的风风雨雨，这中间波折不断，也最让陆小曼费心。徐志摩遇难后，陆小曼伤心过度，加之身染顽疾，卧床一年之久。那段时间里，她几无心力去编辑书稿。病好以后，赵家璧找到她商量出版《徐志摩全集》事宜，陆小曼非常高兴，二人展开了搜寻徐志摩稿件的工作。

---

① 陆小曼：《陆小曼自述自画》，中国青年出版社，2013 年版，第 147—148 页。
② 陆小曼：《陆小曼自述自画》，中国青年出版社，2013 年版，第 166—167 页。

　　他们除了收集已出版的单行本书籍，还收集了散留在各大刊物上的文章。经各方搜集，两个人编出了十本书。陆小曼把这些稿件打包，交给了商务印书馆，并且签订了出版合同。商务印书馆把书籍编排好后，曾去信询问陆小曼要不要自己校对。由于那时处在抗战期间，陆小曼又卧病在床，于是提出等病好后再去看排样。谁知几日后，炮弹便从她的头顶飞来飞去，淞沪会战爆发。

　　受战争影响，《徐志摩全集》的出版陷入僵局。陆小曼除了要与病魔做斗争，还担心徐志摩的全集的命运，生怕它毁于战火。一年年过去了，陆小曼渐渐与商务印书馆失去了联系。抗战结束后，商务印书馆迁回了上海。陆小曼好不容易找到一个熟人，立即去询问《徐志摩全集》的下落。那边的人回应，由于战乱的影响，他们先迁往了香港，随后辗转到了重庆，抗战结束后才迁回上海。这期间，他们一直在出抗战类的刊物，从未想过出版徐志摩的书籍。现在虽然迁回来了，但并不知道徐志摩的全集稿件落在了何处。也许在香港，也许在重庆。听到这个消息后，陆小曼只觉浑身冰冷，几乎连回家的路也找不到了。她活着的意义，就是完成《徐志摩全集》的出版。而今书稿弄丢了，她哪里还有活下去的心力？

　　就在万般无奈之际，陆小曼找到了徐志摩昔日的好友朱经农，刚好此人在商务印书馆担任经理。在朱经农的帮助之下，终于查到《徐志摩全集》的稿件并未遗失，还在香港。只不过，这些稿件并未找回来。

　　时间一个月又一个月地过去了，陆小曼等来等去，始终没有盼来书稿。1949 年，新中国成立，当时的上海处于混乱时期，陆小曼又疾病缠身，面对无望的未来，她只得对着苍天苦笑。直到 1954 年的春天，陆小曼才盼来一个确切的消息——《徐志摩全集》稿件已经寻到，因为不合时代性，所以暂时不能出版。双方取消了合同，稿件也送还了陆小曼。

　　再度拿到徐志摩的心血，陆小曼感慨万千。每当想起徐志摩的理想，陆小曼的心里就如同点燃了一把火："说起来，志摩真是一个不大幸运的青年，自从我认识他之后，我就没有看到他真正地快乐过多少时候。那时他不满现实，他也是一个爱国的青年，可是看到周围种种黑暗的情况（在他许多散文中可以看到他当时的性情），他就一切不问不闻，专心致志在爱情里面，他想在恋爱中寻找真正的快乐。说起来也怪惨的，他所寻找了许多时候的'理想的快乐'，也只不过像昙花一现，在短短的一个时期中就消灭了。这是时代和环境所造成的，我同他遭受了同样的命运。我们的理想快乐生活也只是在婚后实现了一个很短的时期，其间的因素，他从来不谈，我也从来不说，只有我们二人互相了解，其余是没有人能明白的。我记得很清楚，有时他在十分烦闷的情况下，常常同我谈起中外的成名诗人的遭遇。他认为诗人中间很少寻得出一个圆满快乐的人，有的甚至于一生不得志。他平生最崇拜英国的雪莱，尤其奇怪的是他一天到晚羡慕他覆舟的死况。他说：'我希望我将来能得到他那样刹那的解脱，让后世人谈起就寄予无限的同情与悲悯。'他的这种议论无形中给我一种对飞机的恐惧心，所以我一直不许他坐飞机，谁知道他终于还是瞒了我愉快地去坐飞机而丧失了生命。"①

　　陆小曼的这些话为我们描述了一个不一样的徐志摩。他表面上看起来似乎轻松快乐，仿佛一切忧愁都与他无关，可只有最亲近的人才知道，徐志摩的内心深处，实际上郁结着复杂的理想主义，这个理想主义始终未实现，一直横亘心间，久而久之成为一种奢望。

　　为了纾解理想主义寻而不得的精神困境，他只好希望从爱情里寻找到快乐。他一次又一次在情海里跌跌撞撞，最终成就了那个多情的诗人形象，但却终究没有完成自己的夙愿。这个夙愿，徐志摩没有实现，许许多

---

① 陆小曼：《陆小曼自述自画》，中国青年出版社，2013 年版，第 172 页。

多的理想主义者也难以实现。也许正因为是理想主义，所以无数人才在无限接近的路上匍匐前进，直到生命的尽头。

1956 年，上海美协举办了一次画展，陆小曼有几幅作品参展。这次展会上，她的画引起了陈毅的注意。陈毅一边看画一边很惊诧地自言自语道："这画很好嘛！她的丈夫是不是徐志摩？徐志摩是我老师！"[1] 听到陈毅感叹，陪同人员随即说明了陆小曼的近况。陈毅听完皱起了眉头，连声说道："应当安排工作，给以照顾。"[2]

陈毅看完画展不久，陆小曼打电话请赵清阁去找她。两个人简单说了一会儿话，陆小曼就把一封信、一张聘书拿了出来。聘书主要是聘请她为市人民政府参事，信封里有华东医院的就诊卡和文化俱乐部的出入证。赵清阁看罢，十分开心地向她道喜。自那而后，陆小曼发奋作画，也获得了国内外的一致好评。去世前不久，她还很感激地向人们说："若不是共产党的关怀照顾，我早死了；若没有陈老总的知遇鼓励，我的才华也发挥不出来！"[3]

如果说，徐志摩一生的三个女人中，谁最清楚他的精神围城，大概是陆小曼。1965 年 4 月 3 日，陆小曼在上海华东医院病逝。临终前，她把徐志摩文稿的全部清样和纸型交给徐志摩的表妹夫陈从周保存。[4]陆小曼去世时，碍于时势，只能葬在苏州的一处陵园，无法与徐志摩合葬。陆小曼的葬礼也极为简单，她的灵堂上唯一一副挽联是由王亦令撰文、乐宣写的：推心唯赤诚，人世常留遗惠在；出笔多高致，一生半累烟云中。[5]

① 卢得志编著：《陈毅的语言艺术》，山东大学出版社，1994 年版，第 124 页。
② 卢得志编著：《陈毅的语言艺术》，山东大学出版社，1994 年版，第 124 页。
③ 卢得志编著：《陈毅的语言艺术》，山东大学出版社，1994 年版，第 125 页。
④ 赵家璧：《编辑忆旧》，西北大学出版社，2019 年版，第 290 页。
⑤ 乐震文主编，丁一鸣副主编：《海上书画人物年表汇编1》，上海文艺出版社，2016 年版，第 241 页。

第三节 林徽因: 这以后许多思念你的日子

一直以来，我们都有一个困惑，林徽因这一生究竟有没有爱过徐志摩？逝者已矣，历史的真相，也许我们已无法获知。不过，从林徽因于1921年写给徐志摩的信件，我们大抵能揣测到两个人之间细微的情感。

志摩:

我走了，带着记忆的锦盒，里面藏着我们的情，我们的谊，已经说出和还没有说出的话走了。我回国了，伦敦使我痛苦。我知道您一从柏林回来就会打火车站直接来我家的。我怕，怕您那沸腾的热情，也怕我自己心头绞痛着的感情，火，会将我们两人都烧死的。

原谅我的怯懦，我还是个未成熟的少女，我不敢将自己一下子投进那危险的漩涡，引起亲友的误解和指责，社会的喧嚣与排难，我还不具有抗争这一切的勇气和力量。我也还不能过早地失去父亲的宠爱和那由学校和艺术带给我的安宁生活。我降下来帆，拒绝大海的诱惑，逃避那浪涛的拍打……

我说过，看了太多的小说我已经不再惊异人生的遭遇。不过这是诳语，一个自大者的诳语。实际上，我很脆弱，脆弱得像一枝暮夏的柳条，经不住什么风雨。

我忘不了，也受不了那双眼睛。上次您和幼仪去德国，我、爸爸、西滢兄在送别你们时，火车起动的那一瞬间，您和幼仪把头伸出窗外，在您的面孔旁边，她张着一双哀怨、绝望、祈求和嫉意的眼睛定定地望着我。我颤抖了。那目光直透我心灵的底蕴，那里藏着我知晓的秘密，她全看见了。

其实，在您陪着她来向我们辞行时，听说她要单身离您去德国，我就明白你们两人的关系起了变故。起因是什么我不明白，但不会和我无关。我真佩服幼仪镇定自若，从容裕和的风度，做到这一点不是件易事，我就永远也做不到。她待我那么亲切，当然不是假装的，你们走后我哭了一个通宵，多半是为了她。志摩，我理解您对真正爱情幸福的追求，这原无可厚非；但我恳求您理解我对幼仪悲苦的理解。她待您委实是好的，您说过这不是真正的爱情，但获得了这种真切的情分，志摩，您已经大大有福了。尽管幼仪不记恨于我，但是我不能再在伦敦居住下去。我要逃避，逃得远远的，逃回我的故乡，让那里浓荫如盖的棕榈、幽深的古宅来庇护我，庇护我这颗不安宁的心。

我不能等您回来后再做这个决定。那样，也许这个决定永远也无法做出了。我对爸爸说，我很想家，想故乡，想马上回国。他没问什么，但是我知道他一切都清楚，他了解我，他永远是我最好的朋友。他同意了。正好他收到一封国内的来信，也有回国一次的意向，就这样，我们就离开了这留着我的眼泪多于微笑的雾都。

我不能明智如那个破摔瓦盆头也不回的阿拉伯人，我是女人，总免不了拖泥带水，对"过去"要投去留恋的一瞥。我留下这一封最后的紫信——紫色，这个我喜欢的哀愁、忧郁、悲剧性的颜色，就是我们生命邂逅的象征吧。

走了，可我又真的走了吗？我又真的收回留在您生命里的一切吗？又真的奉还了您留在我生命里的一切吗？

我们还会重逢吗？还会继续那残断的梦吗？

我说不清。一切都交给那三个纺线的老婆子吧，听任她们神秘的手将我们生命之线拉扯得怎样，也许，也许……只是，我不期待，不祈求。

微微

附：这一段时间您也没好好念书，从今您该平静下来，发愤用功，希望您尽早用智慧的光芒照亮那灰暗的文坛。①

透过这封信，我们能感受到徐志摩和林徽因之间浓郁的情感。只不过，林徽因的爱很理智，她清楚什么该做什么不该做。面对社会的骂名、家人的失望、自身的责任等问题，她果断地选择了放弃。也许在她看来，爱情是建立在一切友好的基础上的。

1931 年 11 月 19 日徐志摩去世以后，林徽因曾于 12 月 7 日在《北平晨报》上发表了一篇名为《悼志摩》的文章。初得徐志摩死亡的消息时，林徽因异常难过，她这样写道："十一月十九日，我们的好朋友，许多人都爱戴的新诗人——徐志摩，突兀地、不可信地、残酷地，在飞机上遇险而死去。这消息在二十日的早上像一根针刺触到许多朋友的心上，顿使那一早的天墨一般的昏黑，哀恸的哽咽锁住每一个的嗓子……那一天下午初得到消息的许多朋友不是全跑到胡适之先生家里么？但是除去拭泪相对，默然围坐外，谁也没有主意，谁也不知有什么话说，对这死！"②

从相识到徐志摩去世，林徽因与徐志摩相识整十年。她对徐志摩的评价颇高，就像她自己说过的那样——谁都得承认像他这样的一个人，世间便不轻易有几个的，无论在中国或是外国。

当年在伦敦经济学院时，徐志摩曾跟林徽因讲述过"雨后看虹"的故事，林徽因还打趣地问他，最后有没有看到虹，徐志摩说看到了虹，林徽因又问他如何知道准会有虹，徐志摩得意扬扬地告诉她："完美诗意的信仰！"每每回忆起当年的事，尤其徐志摩所说的"完美诗意的信仰"，林徽因就非常难过：

我可要在这里哭了！也就是为这"诗意的信仰"他硬要借航空的方便

---

① 林徽因：《情愿：林徽因回忆徐志摩》，江西教育出版社，2017 年版，第 3—7 页。
② 林徽因：《情愿：林徽因回忆徐志摩》，江西教育出版社，2017 年版，第 8—10 页。

达到他"想飞"的宿愿！"飞机是很稳当的，"他说，"如果要出事那是我的运命！"他真对运命这样完美诗意的信仰！

志摩，我的朋友，死本来也不过是一个新的旅程，我们没有到过的，不免过分地怀疑，死不定就比这生苦，"我们不能轻易断定那一边没有阳光与人情的温慰"，但是我前边说过最难堪的是这永远的静寂。我们生在这没有宗教的时代，对这死实在太没有把握了。这以后许多思念你的日子，怕要全是昏暗的苦楚，不会有一点点光明，除非我也有你那美丽的诗意的信仰。①

林徽因写《悼志摩》一文，是在徐志摩去世半个多月后。那时，林徽因的文字里掺杂着对诗人之死的痛心，以及对好友的缅怀，故而措辞并不甚克制。徐志摩去世四周年时，林徽因又写了一篇名为《纪念志摩去世四周年》的文章，她在文章的开篇这样写道：

今天是你走脱这世界的四周年！朋友，我们这次拿什么来纪念你？前两次的用香花感伤地围上你的照片，抑住嗓子底下叹息和悲哽，朋友和朋友无聊地对望着，完成一种纪念的形式，俨然是愚蠢的失败。因为那时那种近乎感伤，而又不够宗教庄严的举动，除却点明了你和我们中间的距离，生和死的间隔外，实在没有别的成效；几乎完全不能达到任何真实纪念的意义。②

1934 年 11 月 19 日，林徽因办事途中路过徐志摩的家乡。在那昏沉的夜色里，她远眺着黝黑深邃的站台。一些不相连续的记忆残片，仿佛海水一样涌在了眼前，直到生和死之间幻成一片模糊。那一刻，林徽因想起了徐志摩，也想起他写过的一首诗——《火车擒住轨》：

火车擒住轨，在黑夜里奔

---

① 林徽因：《情愿：林徽因回忆徐志摩》，江西教育出版社，2017 年版，第 14 页。
② 林徽因：《情愿：林徽因回忆徐志摩》，江西教育出版社，2017 年版，第 22 页。

过山，过水，过……①

林徽因回忆着这首诗，看着火车慢慢从站台拖出，一程一程地前进，林徽因的心中激出了酸怆的诗意。她坐在靠窗的位置，听着"车的呻吟"，看着庞大的车身过了荒野、穿过池塘……划过嚓口的村庄，直到火车来到第二站。

此刻，林徽因的眼前，蓦地蒙上一层泪雾。在她眼中，世界仍旧一团糟，多少地方是黑云布满着粗筋络往理想的反面猛进。她知道，如果徐志摩还活着，一定会如她一样惆怅。于是，她动情地写下一首诗：

信仰只一细炷香

那点子亮再经不起西风

沙沙的隔着梧桐树吹②

写罢这首诗，林徽因十分不是滋味地抬起头，隔空质问起徐志摩："朋友，你自己说，如果是你现在坐在我这位子上，迎着这一窗太阳；眼看着菊花影在墙上描画作态；手臂下倚着两叠今早的报纸；耳朵里不时隐隐地听着朝阳门外'打靶'的枪弹声；意识的，潜意识的，要明白这生和死的谜，你又该写成怎样一首诗来，纪念一个死别的朋友？"③

无论林徽因如何呐喊，这位挚友是再也回不来了。可即便回不来，林徽因也没有觉得徐志摩的精神离开过大家。这四年间，她觉得徐志摩的身影永远挂在这里、那里，同他生前一样的飘忽，爱在人家不经意时苍止，带着勇气的笑声也总是那么嘹亮。只不过，面对社会上对徐志摩不太真实

---

① 林徽因：《情愿：林徽因回忆徐志摩》，江西教育出版社，2017 年版，第 23 页。
② 林徽因：《情愿：林徽因回忆徐志摩》，江西教育出版社，2017 年版，第 24 页。
③ 林徽因：《情愿：林徽因回忆徐志摩》，江西教育出版社，2017 年版，第 24 页。

的评价，林徽因还是觉得很不舒服。她执起笔，这般申明：

> 人说盖棺论定，前者早已成了事实，这后者在这四年中，说来叫人难受，我还未曾读到一篇中肯或诚实的论评，虽然对你的赞美和攻讦由你去世后一两周间，就纷纷开始了。但是他们每人手里拿的都不像纯文艺的天平，有的喜欢你的为人，有的疑问你私人的道德；有的单单尊崇你诗中所表现的思想哲学，有的仅喜爱那些软弱的细致的句子；有的每发议论必然牵涉到你的个人生活之合乎规矩方圆，或断言你的轻薄，或引证你的浮奢豪侈！朋友，我知道你从不介意过这些，许多人的浅陋老实或刻薄处，你早就领略过一堆，你不只未曾生过气，并且常常表现怜悯同原谅……但是现在的情形与以前却稍稍不同，你自己既已不在这里，做你的朋友的，眼看着你被误解、曲解乃至于谩骂，有时真忍不住替你不平。①

　　由此可见，徐志摩离世的那段时间里，社会舆论没少对他进行讨伐。这样的讨伐，已让林徽因看不下去。作为徐志摩生前最好的朋友，她觉得是该写点文章回应一些事。

　　在林徽因的眼中，徐志摩始终是个逍遥舒畅的人。当年徐志摩要印诗集时，林徽因还替他捏了一把汗，总觉得他在这么多有文采的前辈面前刊印诗集，实在有些难为情。后来，林徽因听说有人找徐志摩办《晨报副刊》，她又为这位朋友着急起来。林徽因这样说道："你居然板起个脸抓起两把鼓槌子为文艺吹打开路乃至于扫地，铺鲜花，不顾旧势力的非难，新势力的怀疑，你干你的事。'事在人为，做了再说'那股子劲，以后别处也还很少见。"②这样的一个为理想前赴后继的徐志摩，十分让人着迷。后来大家提议，要为徐志摩设立一个"志摩奖金"，用来鼓励那些喜欢诗歌的年轻人始终保持文艺创作的热心。

---

① 林徽因：《情愿：林徽因回忆徐志摩》，江西教育出版社，2017年版，第26—27页。
② 林徽因：《情愿：林徽因回忆徐志摩》，江西教育出版社，2017年版，第30页。

　　1935 年，林徽因已在文章里提到了这个奖项。2005 年，也就是 70 年后，海宁市被中国诗歌学会授予"中国诗人之乡"称号，并承办了第一届徐志摩诗歌节，以后每三年举办一次。

　　林徽因嫁给梁思成后，她和徐志摩之间的情事，早已成了心底不可言说的秘密。林徽因和梁思成的好友、著名汉学家费慰梅，曾在《梁思成与林徽因》一文里这样写道："徽因仍然敬重和爱着徐志摩，但她的生活已经牢牢地和思成联系在一起了。长久的计议已定，她就能投身于徐志摩创办的新月社了。"[①]

　　徐志摩、林徽因和梁思成三人的关系温和而安定。费慰梅回忆说，1931 年，一个十几岁的梁家亲戚，曾在梁家见过徐志摩好几次。这位亲戚如此描述徐志摩在她心中的印象："他的出现是戏剧性的。他穿着一身缎子的长袍，脖子上又围着一条英国的精细的马海毛围巾。真是奇怪的组合！所有的眼睛都看着他。他的外表多少有些女性化却富有刺激性。他的出现使全体都充满活力。徽因是活泼愉快的，而思成总是那么热情好客。"[②]

　　这样融洽的关系，这般单纯的相处，渐渐拉近了三人的距离。费慰梅曾说过，林徽因经常找她谈话，两个人一起分享中国和美国不同的价值观和生活方式，同时也追忆一些对方不认识的朋友。费慰梅这样写道："天才的诗人徐志摩当然是其中的一个。她不时对我谈起他，从来没有停止说话来思念他。我时常想，她对我用流利的英语进行的题材广泛、充满激情的谈话可能就是他们之间生动对话的回声，那在她作为一个小女孩在伦敦时就为她打开一个更广阔的世界。"[③]

[①] 林徽因：《情愿：林徽因回忆徐志摩》，江西教育出版社，2017 年版，第 177 页。
[②] 林徽因：《情愿：林徽因回忆徐志摩》，江西教育出版社，2017 年版，第 192 页。
[③] 林徽因：《情愿：林徽因回忆徐志摩》，江西教育出版社，2017 年版，第 199—200 页。

费慰梅虽如是说，但林徽因和徐志摩之间究竟是怎样的情感，他们是否深爱着对方，相信已成为两个人的秘密。我们后世者任何的断言，都是对历史人物的不尊重。一切的风花雪月，也许永远隐藏在历史的角落里，后世人永远也无法知晓了。

第四节   "八宝箱"风波

徐志摩生前有一个小提箱，人称"八宝箱"，又被称为"文字因缘箱"。这个箱子里存放着徐志摩的日记、书信以及其他手稿，甚至涉及一些不能公开或是不能被有关当事人知晓的内容。为避免引起大的麻烦，徐志摩一直把这个箱子随身携带。

1931年12月10日，凌叔华第一次在给胡适的信中提到了这个箱子，并在"八宝箱"的后面注明是"文字因缘箱"。当年徐志摩与陆小曼产生恋情，两个人之间的风流韵事闹得满城风雨。为了抑制舆论的发酵，徐志摩决定远去欧洲避险。这个时候，"八宝箱"由谁保管就成了大问题。林徽因虽是徐志摩最好的朋友，但是箱子里有些内容涉及她，显然不能交给林徽因保管。陆小曼早就知道徐志摩对林徽因念念不忘，如果交给陆小曼，只怕一把火就把箱子烧了。

徐志摩思前想后，最后把箱子交给著名女作家凌叔华保管。前往欧洲之前，徐志摩千叮咛万嘱咐，这个箱子里是一些很重要的日记、信件和文稿，一定不能有闪失。徐志摩甚至还想到了可能发生意外的情况，他说如果自己不幸离世，将来就请凌叔华为自己写一本传记，箱子里的内容或许对写传记有帮助。

凌叔华和徐志摩之间曾存在着某种情缘：当年泰戈尔访华时，就认为性情温婉内敛的凌叔华比林徽因更适合徐志摩。只可惜，双方并不来电，后来徐志摩更是在给陆小曼的信中坦言，凌叔华是唯一有益的真朋友。

徐志摩自欧洲归来后，凌叔华曾想过把"八宝箱"物归原主。哪知徐志摩并不着急要回，也许他是怕此箱子影响到他和陆小曼如胶似漆的情感，故而一直放在凌叔华那里。数年后，徐志摩意外去世，这个箱子仍旧留在凌叔华那里。

凌叔华在写给胡适的信中透露，"八宝箱"里有徐志摩的书信、散文以及诗歌手稿等重要资料。除此之外，还有一摞日记，两本与陆小曼有关，写于两个人热恋期。另外两三本是徐志摩在伦敦时的日记，又被称为《康桥日记》，日记里有爱恋林徽因的相关内容。这本日记里还涉及胡适、张歆海等名人的散言碎语，更是不能公开。

1932 年 1 月 1 日，林徽因在给胡适的信中提到，徐志摩刚离世，他的遗集出版事宜尚毫无头绪，而他文件的归属即"八宝箱"的归属问题，更是引起了纠纷。

林徽因在信中对此事进行了简单的梳理：

（一）大半年前志摩和我谈到我们英国一段事，说到他的《康桥日记》仍存在，回硖石时可找出给我看。如果我肯要，他要给我，因为他知道我留有他当时的旧信，他觉得可收藏在一起。

（二）志摩死后，我对您说了这段话——还当着好几个人说的——在欧美同学会，奚若、思成从渭南回来那天。

（三）十一月二十八日星期六晨，由您处拿到一堆日记簿（有满的一本，有几行的数本，皆中文。有小曼的两本，一大一小，后交叔华由您负责取回的），有两本英文日记，即所谓 Cambridge（康桥，通译剑桥）

日记一本，乃从 July 31, 1921 起。次本从 Dec. 2nd（同年）起始，至回国止，又有一小本英文为志摩一九二五年在意大利写的。此外几包晨副^①原稿，两包晨副零张杂纸，空本子小相片，两把扇面，零零星星纸片，住址本。

（四）由您处取出日记箱（后）约三四日或四五日听到奚若说："公超^②在叔华处看到志摩的《康桥日记》，叔华预备约公超共同为志摩作传的。"

（五）追悼志摩的第二天（十二月七号），叔华来到我家向我要点志摩给我的信，由她编辑，成一种《志摩信札》之类的东西。我告诉她（旧信）全在天津，百分之九十为英文，怕一时拿不出来，拿出来也不能印。我告诉她我拿到有好几本日记，并请她看一遍大概是些什么，并告诉她，当时您有要交给大雨（孙大雨）的意思，我有点儿不赞成。您竟然将全堆"日记类的东西"都交我，我又 Embarrassed（不好意思）却又不敢负您的那种 Trust（信任）——您要我看一遍编个目录——所以我看东西绝对的 Impersonal（非个人化的）带上历史考据眼光。Interesting only in（只有兴趣关于）事实的辗进变化，忘却谁是谁。

最后我向她要公超所看到的志摩日记——我自然作为她不会说"没有"的可能说法，公超既已看到。我说：听说你有志摩的《康桥日记》在你处，可否让我看看等等。她停了一停说可以。

我问她："你处有几本？两本么？"

她说"两——本"，声音拖慢，说后极不高兴。

我问："两本是一对么？"未待答，"是否与这两本（指我处《康桥日记》两本）相同的封皮？"

---

① 指当时的《北平晨报》副刊——作者注。
② 指叶公超。——作者注。

她含糊应了些话，似乎说"是！不是，说不清"等，"似乎一本是——"，现在我是绝对记不清这个答案（这句话待考）。因为当时问此话时，她的神色极不高兴，我大窘。

（六）我说要去她家取，她说她下午不在，我想同她回去，却未敢开口。后约定星期三（十二月九号）遣人到她处去取。

（七）星期三九号晨十一时半，我自己去取，叔华不在家，留一信备给我的，信差带复我的。

此函您已看过，她说（原文）："昨日遍找志摩日记不得，后检自己当年日记，乃知志摩交我乃三本：两小，一大，小者即在君处箱内，阅完放入的。大的一本（满写的）未阅完，想来在字画箱内（因友人物多，加意保全），因三四年中四方奔走，家中书物皆堆叠成山，甚少机缘重为整理，日间得闲当细检一下，必可找出来阅。此两日内，人事烦扰，大约须此星期底才有空翻寻也。"

此箱偏偏又是当日志摩曾寄存她处的一个箱子，曾被她（私开）过的。（此句话志摩曾亲语我。他自叔华老太太处取回箱时，亦大喊"我锁的，如何开了，这是我最紧要的文件箱，如何无锁，怪事——"又"太奇怪，许多东西不见了，Missing（不见了），"旁有思成，Lilian Tailor 及我三人。）

（八）我留字，请她务必找出借我一读。说那是个不幸事的留痕，我欲一读，想她可以原谅我。

（九）我觉得事情有些周折，气得通晓没有睡着，可是，我猜她推到"星期底"必是要抄留一份底子，故或需要时间（她许怕我以后不还她那日记）。我未想到她不给我，更想不到以后收到半册，而这半册日记正巧断在刚要遇到我的前一两日。

（十）十二月十四日（星一）

Half a book with 128 pages received (dated from Nov.17, 1920 ended with sentence "it was badly planned."）叔华送到我家来，我不在家，她留了一个 Note（便条）说"怕我急，赶早送来"的话。

（十一）事后知道里边有故事，却也未胡猜，后奚若来说叔华跑到性仁家说她处有志摩日记（未说清几本）徽音要，她不想给（不愿意给）的话，又说小曼日记两本她拿去也不想还等等，大家都替我生气，觉得叔华这样，实在有些古怪。

（十二）我到底全盘说给公超听了（也说给您听了）。公超看了日记说，这本正是他那天（离十一月二十八日最近的那星期）看到了的，不过当时未注意底下是如何，是否只是半册未注意到。她告诉他是两本，而他看到的只是一本，但他告诉您（适之）"Refuse to be quoted"，底下事不必再讲了。①

在林徽因看来，凌叔华越是不给她看"八宝箱"，就越说明箱子里暗藏着"不必看也不宜看"的内容，她也就越是偏要看。因此，林徽因一定想要回"八宝箱"。

林徽因的聪明之处在于，她知道自己从凌叔华手中要不来"八宝箱"，于是请文坛领袖胡适出马，以《徐志摩全集》编辑委员会的名义去讨要，因而写了上述信件。胡适出马，自然要来了"八宝箱"，并很快转到林徽因手中。

看完"八宝箱"里的《康桥日记》，林徽因发现并不完整，当即给胡适去了一封信，气急败坏地说道："我为人直爽性子，最恨人家小气曲折说（瞎话）。此次因为叔华瞎说，简直气糊涂了。我要不是（因为知道）公超（看到）志摩日记，就不知道叔华处会有的。谁料过了多日，向她要看时，她倒说'遍找不得''在书画箱内多年未检'的话。真叫人

① 林徽因：《情愿：林徽因回忆徐志摩》，江西教育出版社，2017 年版，第 53—59 页。

不寒而栗！"①

随后林徽因的词锋越来越犀利起来，因为她发现自己手中的《康桥日记》并不完整，似乎被凌叔华故意裁去了一部分，于是她恼羞成怒：

我从前不认得她，对她无感情，无理由的，没有看得起她过。后来因她嫁通伯，又有《送车》等作品，觉得也许我狗眼看低了人，始大大谦让真诚地招呼她，万料不到她是这样一个人！真令人寒心。

志摩常说："叔华这人小气极了。"我总说："是么？小心点吧，别得罪了她。"

女人小气虽常有事，像她这种有相当学问知名的人也该学点大方才好。

现在无论日记是谁裁去的，当中一段缺了是事实，她没有坦白地说明以前，对那几句瞎说没有相当解释以前，她永有嫌疑的。（志摩自己不会撕的，小曼尚在可问。）②

林徽因已经怀疑《康桥日记》缺少的内容是被凌叔华撕掉的。这件事触及了林徽因的底线，所以她极为恼怒。林徽因在给胡适的信中先申明了这件事，随后又说起她跟徐志摩的情感旧事，以及她为什么非要看到完整的"八宝箱"里的日记：

关于我想着那段日记，想也是女人小气处或好奇处多事处，不过这心理太 Human（人情）了，我也不觉得惭愧。

实说，我也不会以诗人的美谀为荣，也不会以被人恋爱为辱。我永是"我"，被诗人恭维了也不会增美增能，有过一段不幸的曲折的旧历史也

① 林徽因：《情愿：林徽因回忆徐志摩》，江西教育出版社，2017 年版，第 60—61 页。
② 林徽因：《情愿：林徽因回忆徐志摩》，江西教育出版社，2017 年版，第 61 页。

没有什么可羞惭。（我只是要读读那日记，给我是种满足，好奇心满足，回味这古怪的世事，纪念老朋友而已。）

我觉得这桩事人事方面看来真不幸，精神方面看来这桩事或为造成志摩为诗人的原因，而也给我不少人格上知识上磨练修养的帮助。志摩 In a way（从某方面）不悔他有这一段苦痛历史，我觉得我的一生至少没有太堕入凡俗的满足，也不算一桩坏事。志摩警醒了我，他变成一种 Stimulant（激励）在我生命中，或恨，或怒，或 Happy 或 Sorry（幸运或是遗憾），或难过，或苦痛，我也不悔的，我也不 Roud（得意、骄傲）我自己的倔强，我也不惭愧。

我的教育是旧的，我变不出什么新的人来，我只要"对得起"人——爹娘、丈夫（一个爱我的人，待我极好的人）、儿子、家族，等等，后来更要对得起另一个爱我的人，我自己有时的心，我的性情便弄得十分为难。前几年不管对得起他不，倒容易——现在结果，也许我谁都没有对得起，您看多冤！

我自己也到了相当年纪，也没有什么成就，眼看得机会愈少——我是个兴奋 Type accomplish things by sudden inspiration and master stroke,[1] 不是能用功慢慢修炼的人。现在身体也不好，家常的负担也繁重，真是怕从此平庸处世，做妻生仔地过一世！我禁不住伤心起来。想到志摩今夏的 Inspiring friendship and love[2] 对于我，我难过极了。

这几天思念他得很，但是他如果活着，恐怕我待他仍不能改的。事实上太不可能。也许那就是我不够爱他的缘故，也就是我爱我现在的家在一切之上的确证。志摩也承认过这话。[3]

---

① 兴奋型。靠突然的灵感和神来之笔做事。——作者译注。
② 富于启迪性的友谊和爱。——作者译注。
③ 林徽因：《情愿：林徽因回忆徐志摩》，江西教育出版社，2017年版，第61—63页。

　　胡适显然偏袒林徽因，在得知林徽因想看到完整版的内容后，他又以"材料分散，不便研究"为由，要求凌叔华交出整本。碍于胡适的压力，凌叔华最终把另外半本日记寄了出去。这半本日记，自然流入林徽因之手。另外一些关于胡适的内容，则全被胡适留了下来。

　　凌叔华得知上了胡适的当，自觉很对不起徐志摩，于是当即给胡适去了一封信，信中提及，她听说"八宝箱"落入林徽因之手，心中万分焦急。因为箱子里有两本徐志摩记录与陆小曼初恋的日记，还牵涉到不少骂林徽因的内容。由于木已成舟，凌叔华只好认了这个结果。

　　林徽因得到"八宝箱"后，心里的一块石头落了地。有关"八宝箱"内的资料如何处理的问题，林徽因在1932年春天写给胡适的信中这样说道：

　　此次，您从硖（硖石）带来一部分日记尚未得见，能否早日让我一读，与其他部分作个整个的 Survey（考察）？

　　据我意见看来，此几本日记英文原文并不算好，年轻得厉害，将来与他"整传"大有补助处固甚多，单印出来在英文文学上价值并不太多（至少在我看到那两本中文难字比他后来的作品书札差得很远），并且关系人个个都活着，也极不便，一时只是收储保存问题……"传"不"传"的，我相信志摩的可爱的人格永远会在人们记忆里发亮的，暂时也没有赶紧必要。至多慢慢搜集材料为将来的方面而已。①

　　林徽因不允许这些内容见世，林徽因去世后，"八宝箱"也下落不明。

　　1981年第4期（总第13期）《新文学史料》为纪念徐志摩逝世五十

---

① 林徽因：《情愿：林徽因回忆徐志摩》，江西教育出版社，2017年版，第65页。

周年，出了专辑。赵家璧先生的《回忆徐志摩和〈志摩全集〉》一文，谈
到徐志摩生前曾交给凌叔华一箱子遗稿之事。1982 年 10 月 15 日凌叔华就
此问题写了一封信寄给陈从周先生，陈从周先生后来把这封信公之于世。
通过这封信，我们也许能看到一些历史的真相。

　　信件原文摘录如下：

从周先生：

　　前几日方收到余同希世兄给我的一册《徐志摩年谱》，十分感激你的
厚意，居然记得送我一册。

　　我匆匆的读了一遍觉得志摩忽然又活了。这情形已是三四十年前
的了！说到志摩，我至今仍觉得我知道他的个性及身世比许多朋友更多
一点，因为他死的前两年，在他去欧找泰戈尔那年，他诚恳的把一只
小提箱提来交我保管，他半开玩笑的说：你得给我写一传，若是不能
回来的话（他说是意外），这箱里倒有你所需的证件（日记、文稿，
等等）。

　　他的生活与恋史一切早已不厌其烦的讲与不少朋友知道了，他和
林徽因、陆小曼等等恋爱也一点不隐藏的坦白的告诉我多次了，本来在
他的噩信传来，我还想到如何找一二个值得为他写传的朋友，把这个担
子托付了，也算了掉我对志摩的心思（那时他虽与小曼结婚，住到上海
去，但他从不来取箱子！）不意在他飞行丧生的后几日，在胡适家有一
些他的朋友，闹着要求把他的箱子取出来公开，我说可以交给小曼保
管，但胡帮着林徽音（因）一群人要求我交出来（大约是林和他的友人
怕志摩恋爱日记公开了，对他不便，故格外逼胡适向我要求交出来），
我说我应交小曼，但胡适说不必。他们人多势众，我没法拒绝，只好原
封交与胡适。可惜里面不少稿子及日记，世人没见过面的，都埋没或

遗失了。

　　我后来回去武大，办《武汉文艺周刊》，只好把志摩写与我的信（多半论文艺的）七八十封信，每期登载一二封（那是很美的散文）。可惜战争一来，《武汉文艺》便销灭掉。后来我们逃到四川住了三年，也无法把稿子带去。至今以为憾事。《武汉文艺周刊》是附属于《武汉日报》的。不知你们有无办法可以找到一九三六至一九三七《武汉文艺周刊》的日报？事隔多年，想来不会有办法了吧？

　　至于志摩同我的感情，真是如同手足之亲，而我对文艺的心得，大半都是由他的培植。小曼知道很清楚。可惜小曼也被友人忽视了，她有的错处，是一般青年女人常犯的，但大家对她，多不原谅。想到小曼，我在一九七二年到上海想看看她，说她在艺专教画生活，但不能见外人（现在她已去世多时了）。我听了也甚安慰，因为我劝她学画，并带她去拜陈半丁为师。否则在"文革"时她不能生活。①

　　我到西方快三十年了，文艺写作未离岗位，对往日朋友说来，还不惭愧改了行。孙大雨现尚在沪否？在日本占上海时，他和郑振铎到旅馆来看我，教给我一些行路难方策，我逃出敌人陷阱，如见面乞代致意，专颂

　　文祺

凌叔华上　一九八二年十月十五日 ②

　　我们从这封信中可以看到，凌叔华虽然身居英国，但是对林徽因当年设法拿走"八宝箱"这件事仍旧耿耿于怀。可此事真相究竟如何，以及"八宝箱"下落何处，甚至"八宝箱"里的文稿究竟记载了哪些事，都已成了谜。

---

① 从周按："小曼死于一九六五年四月三日。"此处"文革"及上文的"一九七二年"，凌叔华在时间上记忆有误。

② 徐志摩著，蔡登山辑注：《谁数得清恒河的沙》，上海三联书店，2014年版，第54—55页。

第五节   他不曾白来了一世

徐志摩去世以后，他的亲朋们纷纷写下一副副挽联，借以缅怀徐志摩。这些挽联字字句句溢满了感人至深的情谊，读来不禁让人凄然泪下。徐志摩的舅舅沈佐辰是徐申如第一任妻子沈氏的弟弟，也是同邑国学生沈炳华之子。徐志摩遇难后，他写了这样一副挽联：

> 一周星两丧诗人，苏之南湖（廉泉），浙之东海，
>
> 八阅月重挥悲泪，昔哭老姊，今哭贤甥。
>
> ——沈佐辰（葆恩）（志摩之舅）①

徐志摩的两位授业恩师也写了挽联：一位是家塾开蒙业师孙荫轩，一位是开智学堂的老师张仲梧。早年，徐志摩师从孙荫轩先生，两人相识较为久远，已逾三十年，所以孙先生的挽联主要是追忆幼年时期的徐志摩，以及对他的早年离世和才华凋落表示哀恸：

> 讲帷谬参，三十年前晨夕欣从，初学聪明超侪辈；
>
> 行程远大，三千里外风云倏变，中华文化失传人。
>
> ——孙荫轩（志摩业师）②

早在开智学堂时，张仲梧先生就培养了徐志摩、吴其昌和许国葆这样出类拔萃的弟子，尤其徐志摩还是他所培养的三大桐城派古文高足之一。

---

① 王蘧常著，林子青、柳亚子、柳无忌等编：《民国丛书 第3编 77 历史地理类 严机道年谱、弘一大师年谱、苏曼殊年谱及其他、徐志摩年谱》，上海书店，1991 年版，第 87 页。

② 徐志摩著，赵遐秋等编：《徐志摩全集 第5卷 书信、日记集》，广西民族出版社，1991 年版，第 438 页。

得知弟子不幸殒命，老先生极为伤心，献上一副感人至深的挽联：

噩梦千里，再见难期，最可怜父老母亡，妻孥子幼，忽与刘安同升，真堪一恸；

耿报二传，惊心欲裂，惨莫如仙龙佛化，骨碎头焦，若比仲由之醢，更苦十分。

——张仲梧（志摩业师）[①]

著名外交家张歆海先生与徐志摩交情匪浅，徐志摩飞机失事的前一天晚上，就住在他的家里。张歆海毕业于清华学堂和哈佛大学，回国后在清华大学和北京大学担任过教授，也曾任驻葡萄牙和波兰公使。

张歆海的夫人韩湘眉是中国二十世纪二三十年代文坛的"四大美人"之一，余下三人分别是冰心、林徽因和凌叔华。韩湘眉是山东历城人，著名的美籍华人学者，1926年获得英国文学硕士学位，同年执教于南京东南大学，是我国最早的大学女教授之一。

早在国外留学期间，徐志摩就与韩湘眉认识，并与韩湘眉的丈夫张歆海成为挚友。当年，徐志摩把翻译的一首李清照的词手稿送给了张歆海。这篇手稿经古建专家陈从周（徐志摩的表妹夫）依据字体推断，大概写于1924年。

当时徐志摩正在进行新诗探索，读到李清照的《漱玉词》时，吟诵之间觉得有趣，就用新诗的笔调前后翻译出十余首，这篇《漱玉词》的手稿就是其中一首。后来，这些译作手稿被徐志摩送给了张歆海，张歆海则将手稿随身带了数十年。

晚年的张歆海定居美国，徐志摩的儿子徐积锴曾去看望这位父亲的老

---

① 曾庆瑞、赵遐秋著：《新编徐志摩年谱》，中国传媒大学出版社，2007年版，第310页。

友。张歆海拿出了十二张复印的徐志摩的译诗交给了他，也算是完成了一种传承。

数十年来，张歆海对徐志摩这位老友一直念念不忘。徐志摩去世时，他和夫人韩湘眉各自敬献了挽联：

十数年相知，情同手足，
一刹那惨别，痛彻肺腑。

——张歆海

温柔诚挚乃朋友中朋友，
纯洁天真是诗人的诗人。

——韩湘眉①

郁达夫是徐志摩的同学，也是同年。徐志摩去世以后，郁达夫托杭州的陈紫荷先生代写了一副挽联。郁达夫坦言，自己不会写挽联，尤其是文言的对句。在他看来，文句做得太好，对仗得太工整，反而不太适合哀婉的本意。这副代写的挽联原文，现摘录如下：

新诗传宇宙，竟尔乘风归去，同学同庚，老友如君先宿草；
华表托精灵，何当化鹤重来，一生一死，深闺有妇赋招魂。

——郁达夫（陈紫荷代作）②

郁达夫对悲伤有着自己的理解，他在《志摩在回忆里》一文中这样写道："悲哀的最大表示，是自然的目瞪口呆，僵若木鸡的那一种样子。这我在小曼夫人当初次接到志摩的凶耗的时候曾经亲眼见到过。其次是扶棺的一哭，这我在万国殡仪馆中，当日来吊的许多志摩的亲友之间曾经看到

---

① 曾庆瑞、赵遐秋著：《新编徐志摩年谱》，中国传媒大学出版社，2007年版，第289页。
② 曾庆瑞、赵遐秋著：《新编徐志摩年谱》，中国传媒大学出版社，2007年版，第289页。

过。"①除了表达悲痛，郁达夫还表达了他对徐志摩之死的意义的理解，他这样写道："文人之中，有两种人最可以羡慕。一种是高尔基一样，活到了六七十岁，而能写许多有声有色的回忆文的老寿星，其他的一种是如叶赛宁一样的光芒还没有吐尽的天才夭折者。前者可以写许多文学史上所不载的文坛起伏的经历，他个人就是一部纵的文学史。后者则可以要求每个同时代的文人都写一篇吊他哀他或评他骂他的文字，而成一部横的放大的文苑传。"②徐志摩之死在郁达夫看来很像叶赛宁之死。叶赛宁全名是谢尔盖·亚历山德罗维奇·叶赛宁，是俄罗斯田园派诗人，1895年10月3日生于梁赞县一个农民家庭，逝世于1925年12月28日，只活了三十岁。他也经历过不幸的婚姻，生活之重负于他身，曾经让他艰于呼吸，于是拂晓在列宁格勒的一家旅馆投缳自尽。当然，徐志摩是死于意外，这点与叶赛宁的自缢有本质的不同。

不过，天才年轻诗人的夭折，到底成为文化领域里的一个话题。生前，他们写的诗作已成为缅怀和追忆的文本；死后，现实又给他们赋予了世世代代写不完的文化阐述。正如郁达夫所言，吊、哀、评、骂使得他们之死构成一部横的、放大的文苑传。

《志摩在回忆里》的末尾，郁达夫写了一段附记。这篇附记里提到，他在写完这篇文章后，仔细想了想，又在陈先生代作的挽联里加入了一点事实，缀成了一副四十二字的挽联：

两卷新诗，廿年旧友，相逢同是天涯，只为佳人难再得；
一声河满，九点齐烟，化鹤重归华表，应愁高处不胜寒。

——郁达夫③

① 郁达夫：《郁达夫全集（第三卷）》，浙江文艺出版社，1992年版，第146页。
② 郁达夫：《郁达夫全集（第三卷）》，浙江文艺出版社，1992年版，第151页。
③ 郁达夫：《郁达夫全集（第三卷）》，浙江文艺出版社，1992年版，第151页。

　　蔡元培是北京大学的校长，徐志摩在北京大学求过学，也当过专任教授，因而与蔡元培相交颇深。陈西滢在《关于蔡先生的回忆》一文中提到蔡元培与徐志摩之间的一段往事：

　　蔡元培以北大校长的身份到英国考察，伦敦大学政治学教授、社会心理学者怀拉斯盛情邀请他到家里聚会。当时怀拉斯的夫人和女儿作陪，蔡元培则邀请了徐志摩和陈西滢一起赴会。起初徐、陈两人充当翻译，可聊着聊着，徐志摩忽然开口说，蔡元培在法国住了很多年，可以讲法语。怀拉斯的夫人和女儿听到后非常开心，就用法语跟蔡元培交流。哪里知道蔡元培听罢，一时不知如何回答。

　　幸好陈西滢察觉到端倪，他了然蔡元培应该不擅法语，立即解释说，蔡校长只是在法国寓公，求学地是德国，因而德语比法语好一些。怀拉斯的夫人和女儿不会说德语，只好就此作罢。怀拉斯这时说他以前去过德国，由于许久不说德语，早已忘得七七八八。

　　不过，他还是跟蔡元培用德语交流了几句。陈西滢隐约记得，怀拉斯指着窗外风景说 SCHON，蔡元培回应说 IEBRACBON。两个人都是只言片语的交流，无法更深入进行下去，只好让徐志摩和陈西滢继续充当翻译。①

　　徐志摩去世以后，陈西滢和蔡元培等好友都万分伤心。一年夏末，陈西滢在南京偶遇了蔡元培，由于两个人都是北上，因而相约同行。陈西滢在《关于蔡先生的回忆》一文中写道："特别是过泰安附近时，我们在窗口凭吊志摩遇难的地点，谈了不少关于志摩的回忆，蔡先生带了几瓶南京老万全的香雪酒，是朱骝先送他在车上喝的。"②两位徐志摩的生前旧友，再度路过遇难地点，彼此都很难过，只能饮酒缅怀故人了。遥想

① 中国蔡元培研究会编：《蔡元培纪念集》，浙江教育出版社，1998年版，第376页。
② 中国蔡元培研究会编：《蔡元培纪念集》，浙江教育出版社，1998年版，第378页。

当年，就在徐志摩的葬礼上，蔡元培还曾献上过一副对徐志摩评价颇高的挽联：

活得风流，死得火速，不愧文学家态度；

逝者目暝，存者魂销，仍是历史上白科。

谈话是诗，举动是诗，毕生行径都是诗，诗的意味渗透了，随遇自有乐土；

乘船可死，驱车可死，斗室生卧也可死，死于飞机偶然者，不必视为畏途。

——蔡元培[①]

胡适是徐志摩生前最好的朋友之一，他十分清楚徐志摩的信仰，也与他有深厚的交际。在胡适看来，徐志摩是一个追求纯粹信仰的理想主义者。他的人生观极为单纯，他待人接物也充满了天真和热情，自由、爱和美是他一生的追求。

然而，在这种美好的皮囊之下，其实是一次彻头彻尾的失败。徐志摩去世以后，胡适在一篇《追悼志摩》的文章里这样谈到徐志摩的失败："他的失败是一个单纯的理想主义者的失败。他的追求，使我们惭愧，因为我们的信心太小了，从不敢梦想他的梦想。他的失败，也应该使我们对他表示更深厚的恭敬与同情，因为偌大的世界之中，只有他有这信心，冒了绝大的危险，费了无数的麻烦，牺牲了一切平凡安逸，牺牲家庭的友谊和人间的名誉，去追求，去试验一个'梦想之神圣境界'而终于免不了惨酷的失败，也不完全是他的人生观的失败。他的失败是因为他的信仰太单纯了，而这个世界太复杂了，他的单纯的信仰禁不起这个现实世界的摧

① 蔡元培著：《蔡元培文录》，商务印书馆，2019年版，第336页。

毁；正如易卜生的诗剧 Brand 里的那个理想主义者，抱着他的理想，在人间处处碰钉子，碰的焦头烂额，失败而死。"①胡适的眼光是独到的，他看到了朋友连自己也看不到的缺陷，更能一针见血地指出缺陷的致命点。只有彼此相互了解到一定程度，才能做到这种鞭辟入里。

1925 年 10 月，徐志摩接手《晨报副刊》编辑的任务时，曾经跟著名教育家、政治活动家章士钊先生展开过一次笔战。两个人你来我往，争执不休。后来章士钊写了一篇《答志摩》的文章，徐志摩读罢又给章士钊回了一封用文言文写下的信。

尽管双方意见不合，但徐志摩很清楚，章士钊是远赴盛名的政论作家，也是相交不短也不浅的朋友。就算两个人学术上有争论，但私下里还是要好的朋友。徐志摩最反感在学术论战里夹杂个人好恶的人，他比较喜欢纯粹的人情往来，也喜欢纯粹的学术争论。②

著名作家、翻译家、报人许君远在《怀志摩先生》一文中写道："为'晨副'他挨过骂，为译曼殊菲儿的小说他挨过骂，甚至于用文言给老虎报（《甲寅》）总编辑写封信也要挨骂。他挨过不少的骂，受了不少的讥讪（可怕的讥讪！）。朋友们全为他不平，而他独能泰然处之。记得一次一位文学家在《京报》副刊批评我的小说，我很生气，写信给志摩，他劝我说，'你只管作，他只管骂，单看他骂的好玩不好玩'。是的，这就是他对待敌人优容的态度，而'好玩'这两个字乃是他自己解嘲的秘诀。——这并不是怯懦，这是旁人不能及的好德性。"③正因为如此，徐志摩才能收获一众好友。这些好友，也许与他之前起过龃龉，但大家最后无不被徐

---

① 胡适著：《南游杂忆》，吉林出版集团股份有限公司，2017 年版，第 161 页。
② 耿宝强：《徐志摩章士钊关于信仰的论争述评》，《石家庄铁道大学学报（社会科学版）》，2015 年 6 月，第 9 卷，第 2 期。
③ 许君远著：《许君远文集上》，百花文艺出版社，2007 年版，第 14 页。

志摩的人格魅力所吸引。同样，章士钊也很欣赏徐志摩。

两个人虽然展开了激烈的笔战，但是他们从未失去联系。徐志摩与陆小曼结婚南归后，两个人依旧有书信往来。1927 年 12 月 16 日，徐志摩给章士钊写了一封信，上面提道："《甲寅》又蹶起，毅勇可佩，想必有新来烟土披里纯，亟盼拜观。"①这是一段贺语，用词诚恳，情意深重，可见两个人的交情不浅。徐志摩去世以后，章士钊也带着深厚的情感，挥笔为他写下一副挽联：

器利国滋昏，事同无定河边，虾种横行，壮志奈何赍粉化；

文章交有道，忆列南皮宴上，龙头先去，新诗至竟结缘难。

——章士钊②

章士钊虽是一代文豪大家，但是他一生所写的挽联很少，被他送过挽联的人屈指可数：孙中山、张勋、宋教仁、蒋百里、戴笠和徐悲鸿。徐志摩也是其中之一，可见他在章士钊心中的地位。③

杨杏佛名铨，号杏佛，字宏甫，江西清江县人。他和徐志摩、刘海粟都是好友，是近代经济管理学家，社会活动家，中国人权运动的先驱，中国管理科学的先驱。

早年，杨杏佛留学于美国康奈尔大学和哈佛大学，回国后担任过国立东南大学教授，也担任过孙中山的秘书。徐志摩去世前夕，曾给杨杏佛写过一张便条。徐志摩去世后，杨杏佛心痛欲裂，亲自送上一副挽联：

红妆齐下泪，青鬓早成名，最怜落拓奇才，遗爱新诗双不朽；

① 徐志摩著，顾永棣编：《徐志摩全集 书信卷》，浙江人民出版社，2015 年版，第 344 页。
② 陈从周等编：《民国丛书 第 3 编 77 历史 地理类 徐志摩年谱》，上海书店出版社，1926 年版，第 55 页。
③ 耿宝强：《徐志摩章士钊关于信仰的论争述评》，《石家庄铁道大学学报（社会科学版）》，2015 年 6 月，第 9 卷，第 2 期。

小别竟千秋，高谈犹昨日，共吊飘零词客，天荒地老独飞还。

——杨杏佛（铨）[①]

徐志摩交友广泛，除了上述朋友们，他还曾与京剧泰斗梅兰芳先生有过一段深交。曾经，徐志摩因赞扬梅兰芳开罪于新剧界，后来泰戈尔访华期间，两个人还有过频繁的交往。

梅兰芳访美前后，徐志摩与他也有过亲密接触。他们一起为中法戏剧文化交流做出了卓越的贡献，友谊之好，甚至达到"无三日不见"的程度。[②]

李小红在《被忽略的友谊——梅兰芳与徐志摩》一文中指出，他看到过梅兰芳为徐志摩作的一幅《兰石》图，上题："徐志摩大诗家清拂，庚午大暑同客海上。"落款是"梅兰芳"，篆书印章"兰芳"。

"庚午大暑"是 1930 年 7 月 23 日，即梅兰芳访美归来的第四天，而梅兰芳登门拜访胡适是在 1930 年 7 月 25 日，由此，李小红推断，梅兰芳与徐志摩的关系比与胡适的关系更近。[③]

法国国家歌剧院秘书长赖鲁雅访华期间，徐志摩曾宴请过他。这场宴会上，梅兰芳赫然在列。1931 年 10 月 10 日，徐志摩在给陆小曼的信中这样写道："前晚，我和袁守和、温源宁在北平图书馆大请客；我说给你听听，活象耍猴儿戏，主客是 Laloy 和 Elie Faure 两个法国人，陪客有 Reclus Momastiere、小叶夫妇、思成、玉海、守和、源宁夫妇、周名洗七小姐、蒯叔平女教授、大雨（见了 Rose 就张大嘴！）、陈任先、梅兰芳、程艳秋一大群人。"[④]一个多月前，徐志摩和梅兰芳还在谈笑风生。谁能想到，

---

① 陈从周等编：《民国丛书 第 3 编 77 历史 地理类 徐志摩年谱》，上海书店出版社，1926 年版，第 95—96 页。

② 李小红：《被忽略的友谊——梅兰芳与徐志摩》，《文艺研究》，2015 年版，第 11 期。

③ 李小红：《被忽略的友谊——梅兰芳与徐志摩》，《文艺研究》，2015 年版，第 11 期。

④ 徐志摩著，金黎明、虞坤林整理：《徐志摩书信新编 增补本》，浙江古籍出版社，2017 年版，第 570 页。

一个多月后，两个人竟阴阳相隔。徐志摩的葬礼上，梅兰芳送去了一副挽联：

> 归神于九霄之间，直着噫籁成诗，更忆招花微笑貌；
> 北来无三日不见，已诺为余编剧，谁怜推枕失声时。

——梅兰芳^①

徐志摩的生前好友们还有很多，在他离世之后，大家纷纷撰写回忆类文章表达追思。诸如，贺天健的《志摩遭劫前二日之晚上》、艸艸的《关于徐志摩先生》、刘海粟的《志摩之死》、张奚若的《我所认识的志摩》、莽莽的《近一年中在北大的鳞片》、王一心的《怀诗人徐志摩》、何家槐的《怀志摩先生》、高植的《志摩与我》、陈家梦的《纪念志摩》、张尚志的《忆徐志摩》、王任的《徐志摩遇难史迹考》等。

这些文章已成为珍贵的历史资料，为我们研究徐志摩的一生，了解徐志摩的为人，撰写徐志摩的传记等提供了丰富的素材。时至今日，徐志摩的朋友们没有忘记过他，后世人也没有忘记过他。正如胡适在《追悼志摩》一文结尾所写：

> 朋友们，志摩是走了，但他投的影子会永远留在我们心里，他放的光亮也会永远在人间，他不曾白来了一世。我们有了他做朋友，也可以安慰自己说不曾白来了一世。我们忘不了和我们在那交会时互放的光亮！^②

---

① 梅兰芳著，傅谨主编：《梅兰芳全集 第8卷》，北京：中国戏剧出版社，2016年版，第48页。
② 胡适著：《南游杂忆》，吉林出版集团股份有限公司，2017年版，第163页。

后 记

想写徐志摩，由来已久。

2015 年，我曾写过一本关于徐志摩的小书。那本书粗粗窥探了徐志摩的情感生活，而对于他一生的精神生活和文化遗产等内容，只是点到即止。

2016 年，我开始攻读历史学硕士，掌握了一些历史学的研究方法和技巧。2021 年，我又开始攻读文学博士，心中渐渐滋生出了新的文学建构与思辨。

这次，我做好了充分的准备，希望利用历史学中的考据和文学里的审美，写出一部内容丰厚、味道纯正、思想独特的徐志摩传记。

本书参考资料大致分为以下六类：

一、传记类：主要参考了韩石山先生的《徐志摩传》、宋炳辉先生的《徐志摩传》、顾永棣先生的《风流诗人徐志摩》等书。

二、亲人回忆录：主要参考了金庸等人所著的《旧梦：表弟眼中的徐志摩》，张幼仪、徐积锴、徐善曾所著的《回望：家人眼中的徐志摩》，（美）张邦梅著、谭家瑜译的《小脚与西服：张幼仪与徐志摩的家变》，吴其昌所著《志摩在家乡》等书和一些回忆文章。

三、徐志摩全集：主要参考了上海书店版《徐志摩全集》、齐鲁书社版《徐志摩精选集》、天津人民出版社版《徐志摩散文全编》等书目。

四、亲友与徐志摩的书信集：主要参考了浙江古籍出版社的《徐志摩书信新编》、长城出版社的《小说书信日记》、中国青年出版社的《梁启超家书》、台北联经出版社的《胡适日记全集》等书目。

五、徐志摩和林徽因等人的年谱：主要参考了陈从周的《徐志摩：年谱与评述》、乐震文主编的《海上书画人物年表汇编》、陈学勇先生的《〈林徽因年表〉补》等年谱资料。

六、当年的报刊资料：主要有《东方杂志》《申报》《大公报》《晨报》《民国日报》等报刊。

以上只是粗粗分类，所引用的具体书目不再逐一枚举，本书的页下注均已列清。

本书的最大特色是从多角度探索徐志摩的一生。徐志摩的经历不可复制，徐志摩的思想也极为复杂。读罢本书，你会发现，这位浪漫激昂的诗人，时而至纯至真，至情至性；时而热情澎湃，壮志凌云；时而彷徨失措，哀怨悲憾……

褪去后世人给他追加的光环，徐志摩也是个普普通通的人。有时面临精神围城，他不得不在现实世界里挣扎和抗争，直到痛苦摇曳，甚至是无可奈何。

徐志摩不只是诗人和文学家，他还涉足过化学、物理学、数学、音乐、戏剧、绘画、政治学、哲学等领域。每个领域，几乎都留下了他或深或浅的脚印。

面对这样的传主，我们希望还原他多元化的思想世界。本书除了涉及历史学和文学两个重要元素，还涉及了政治学、社会学、哲学、自然科学、档案学等复杂而综合的内容，并非简单的故事陈述与人物考证。

徐志摩的一生虽然短暂，但是他生活的时代历史画面不可不谓波澜壮阔。1897 年到 1931 年，中华大地上依次经历了清末维新变法、辛亥革命、中华民国建立、中国共产党成立、国共合作、抗日战争等大历史。这些历史在潜移默化中对徐志摩的生活产生了方方面面的影响。因而在写作格局上，本书既想展现徐志摩个人史的丰富和细腻，又力图把整个国家大历史的纵横交织加以呈现。

当然，理想很丰满，现实往往很骨感。纵然我的设想很好，可要把想法全部化为文字，终究是一个不小的挑战。这里，我只能说，我已尽我所能。

希望这本书没有愧对喜欢徐志摩的读者们。

希望读者能从书中摄取些许自己所需要的精神营养。

还希望，大家看罢本书，可以观照自己的生活，过好自己的每日每月。

晓松溪月

2021 年 11 月 6 日于苏州大学

ル